SPSS(v.23)의 활용

통계 프로그래밍 실습

박동준 · 윤 민 지음

자유아카데미

머리말

SPSS는 사회과학을 위한 통계 패키지를 의미하지만, 사회과학 분야뿐만 아니라 경영과학, 인문과학, 공학에서도 자료분석에 많이 사용되고 있다. 또한 SPSS는 초보자도 쉽게 사용할 수 있는데, 화면 상단에 위치한 메뉴와 연속해서 나타나는 부 메뉴와 부 메뉴를 선택하였을 때 나타나는 창의 옵션들을 적절하게 선택하여 분석에 필요한 여러 가지 통계 계산을 할 수 있다. 그러므로 SPSS 사용자들은 무슨 분석을 할 것인지를 사전에 계획해야 할 필요가 있다.

이 교재는 기초 통계학 과정을 2학기 정도 배운 학생이라면 누구나 실습을 할 수 있도록 실습위주의 연습용 교재로 만들었다. 이론에 맞추어 실습하기 위해서 SPSS를 활용하였다. SPSS는 매우 빨리 개정되는데, 이 교재에서는 현재 널리 보급된 버전인 23에 맞추어 과거의 실습자료를 개정하여 활용할 수 있게 만들었다.

이 교재를 활용하는 데 유의사항은 기초적인 통계적 개념 없이 무조건적으로 SPSS를 활용할 경우 자료를 분석한 결과를 잘 이해할 수 없을 뿐만 아니라 그 의미를 왜곡할 수 있으므로 실습을 함에 있어서 기본적인 통계개념을 잘 적용해야 한다는 것이다. 만약 분석을 하는 동안 부 메뉴에서 나타난 대화상자의 필요한 옵션을 잘 이해하지 못한다면 그 대화상자에 나타난 "도움" 기능을 활용하여 옵션에서 어떠한 계산 기능이 제공되는지 우선적으로 이해해야 한다. "도움"을 클릭하면 인터넷 화면으로 접속되어 사용하려는 옵션에 대한 설명서가 나타나게 되는데 그 설명을 자세히 이해해야만 SPSS의 옵션 기능에서 계산된 값을 충분히 해석할 수 있다.

마지막으로 이 교재는 기본적인 자료 입력 방법부터 시작하여 기초적인 자료의 정리, 확률분포, 모평균의 추정과 검정, 두 모평균의 차이에 대한 추정과 검정, 범주형 자료분석, 회귀분석, 분산분석 등에 관하여 설명하였고 통계학의 기본적인 개념을 가진 학생들에게 한 학기 실습용 책으로 적합하도록 만들었다. 출간 후에라도 수정사항이 있을 경우에는 자유아카데미 홈페이지(www.freeaca.com) 자료실에 제공할 예정이다.

부경대학교 대연캠퍼스에서 저자 씀

2017년 7월

차례

1장

서론

1.1 SPSS의 시작

SPSS 아이콘의 모양은 다음과 같다.

다음 그림은 SPSS 아이콘을 더블 클릭하였을 때 초기화면에 나타나는 창으로서 SPSS 23의 개요를 설명한다.

(1) 필요한 경우 관심 있는 부분을 클릭하여 사용하고, 불필요한 경우에는 "취소" 또는 ×를 눌러서 초기화면으로 넘어간다.

(2) 아래의 창에 앞서서 "유니코드 모드"에 대한 안내를 하는 창이 나타나기도 하므로 필요에 따라 선택하고 초기화면으로 진행한다.

1.2 SPSS의 초기화면

(1) 도구상자(tool box)의 종류: 마우스를 도구상자에 가져가서 도구상자의 내용을 이해한다.

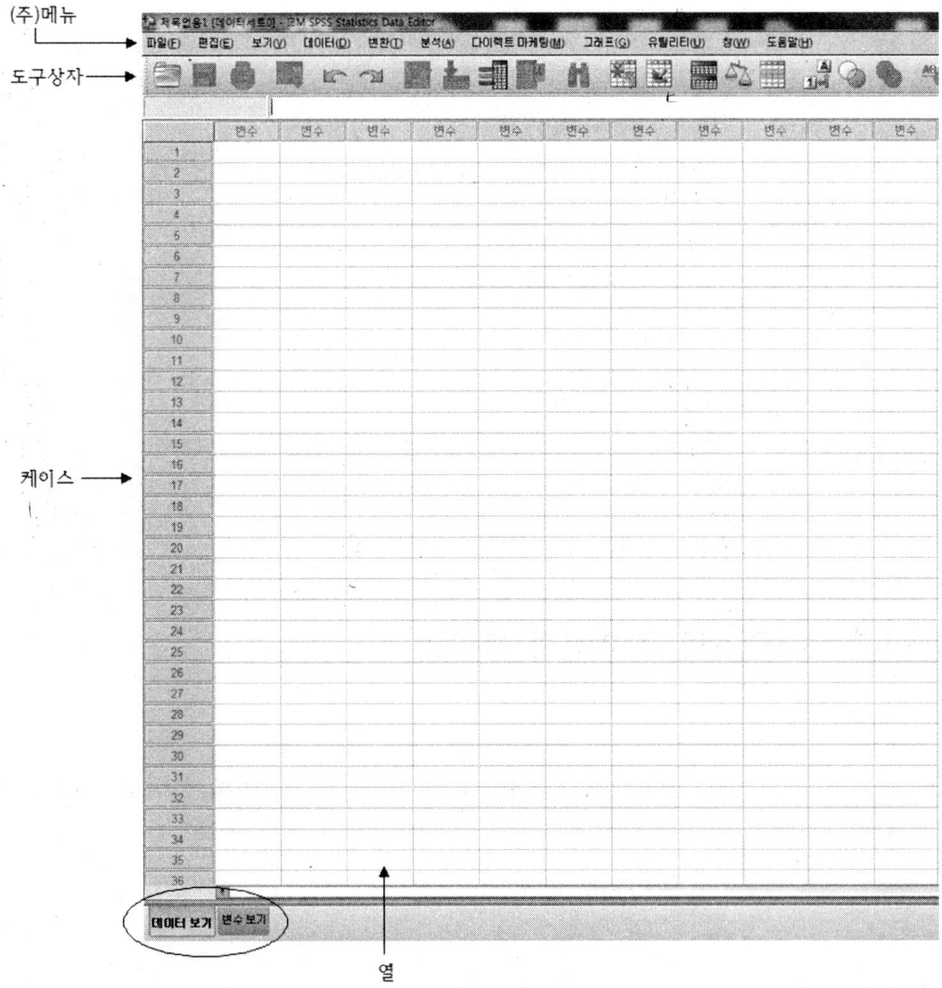

① 데이터 보기 화면에서 "행"은 "케이스"로서 "관찰값(observation)"을 의미한다.

② 데이터 보기 화면에서 "열"은 "변수(variable)"를 의미한다.

(2) 초기화면의 아래쪽에 "데이터 보기"와 "변수 보기"를 차례로 눌러서 화면의 변화를 이해한다.

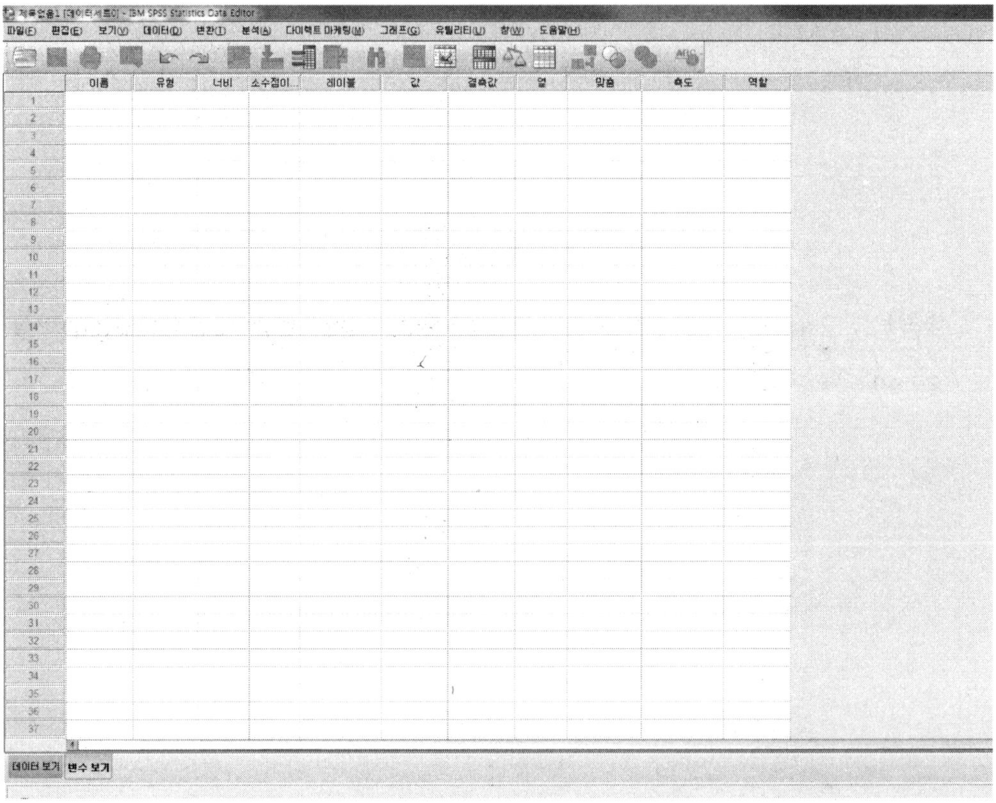

1.3 SPSS의 주 메뉴와 부 메뉴

주(main) 메뉴의 종류: 마우스를 주 메뉴에 가져간 다음 클릭하여 어떤 부(sub) 메뉴가 있는지 이해한다.

(1) 파일의 메뉴

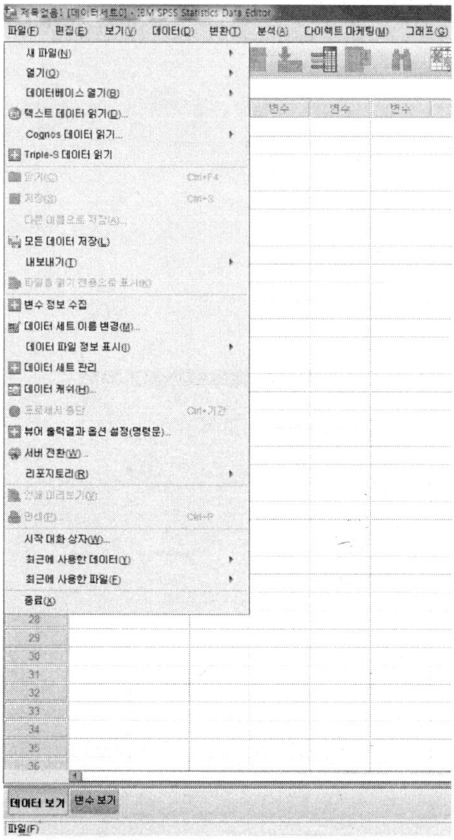

(2) 편집의 메뉴

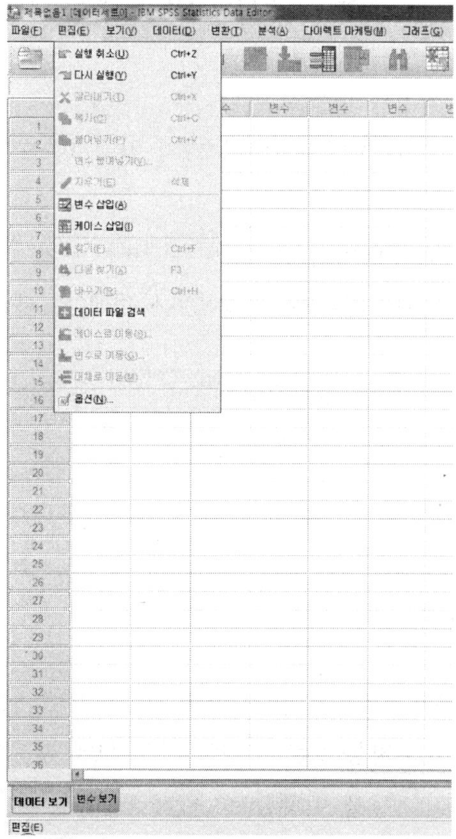

(3) 그 외에도 주 메뉴인 보기, 데이터, 변환, 분석, 다이렉트 마케팅, 그래프, 유틸리티, 창, 도움말을 모두 클릭하여 어떤 종류의 부 메뉴들이 있는지 본다.

(4) 도움말 메뉴를 클릭하면 아래와 같이 부 메뉴 아래에 또 다른 메뉴가 보인다.

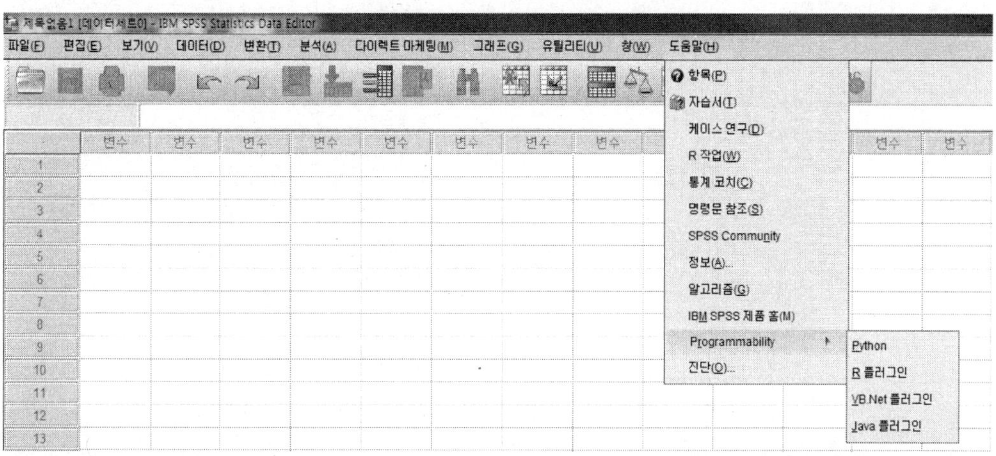

1.4 SPSS의 도움말 기능과 인터넷 연결

SPSS 작업 시 여러 가지 참고 및 도움 기능을 연결할 수 있다.

(1) "데이터 보기" 또는 "변수 보기" 화면에서

① [메뉴 → 도움말 → 항목]을 선택한다.

(2) 자동으로 인터넷의 "도움말" 기능으로 연결되어 필요한 메뉴를 선택하여 여러 기능을 이해할 수 있다.

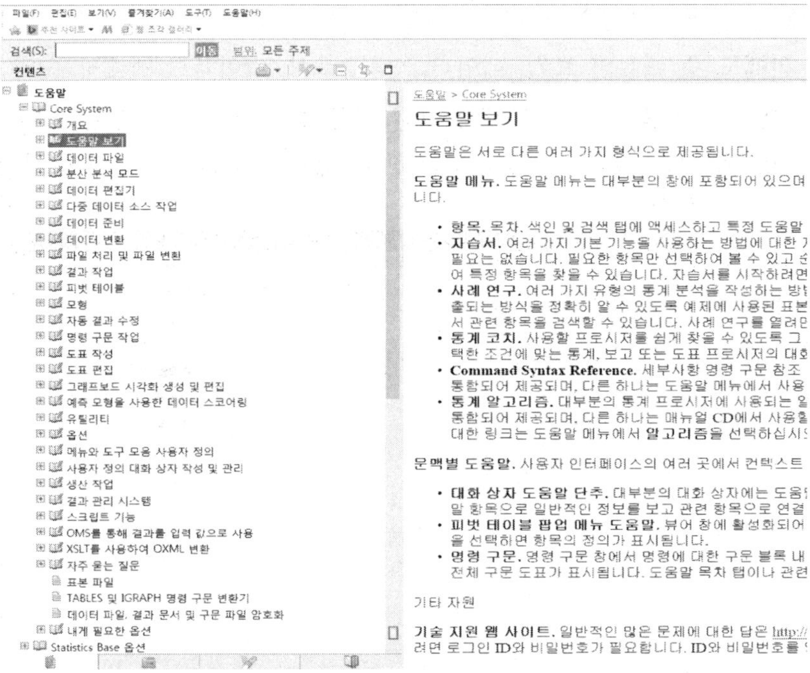

(3) 왼쪽 부분의 "Core System"의 펼쳐진 메뉴를 접으면 자세한 메뉴들은 주요 메뉴 안으로 들어가서 SPSS "데이터 보기" 화면의 부 메뉴와 유사한 중요한 메뉴들만 나타난다.

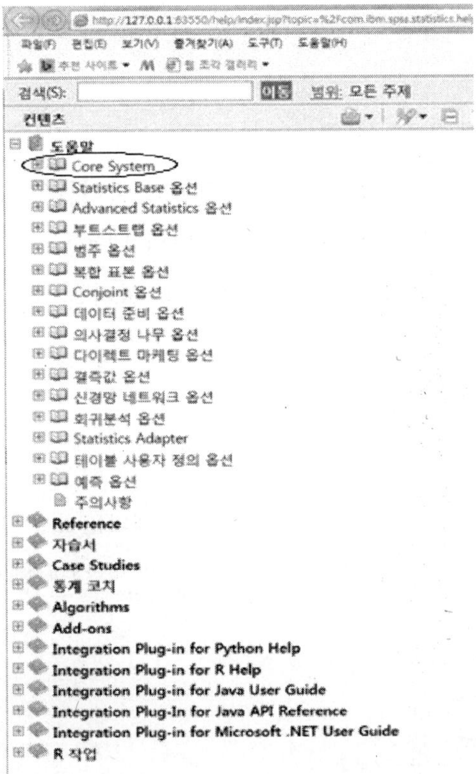

(4) 위에서 "도움말"의 부 메뉴들을 더 접으면 다음과 같이 가장 큰 가지의 메뉴들로 나타난다. 여기서 한글로 적힌 메뉴들은 한글로, 영어로 적힌 메뉴들은 영어로 설명되어 있다.

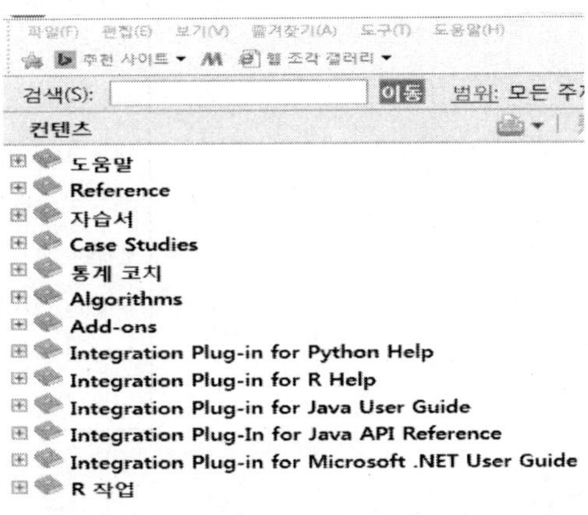

1.5 인터넷의 도움말

인터넷으로 연결된 "도움말" 가운데 필요한 내용을 살펴보면 다음과 같다.

(1) 데이터 파일 열기

① 도움말에서 "데이터 파일 열기"를 클릭하면 불러들일 수 있는 파일들과 방법들의 설명을 볼 수 있다: 아래의 우측 화면의 내용을 보면 SPSS 파일, Excel 파일, dBASE 파일, Stata 파일, 텍스트 파일 등을 불러올 수 있음을 알 수 있다.

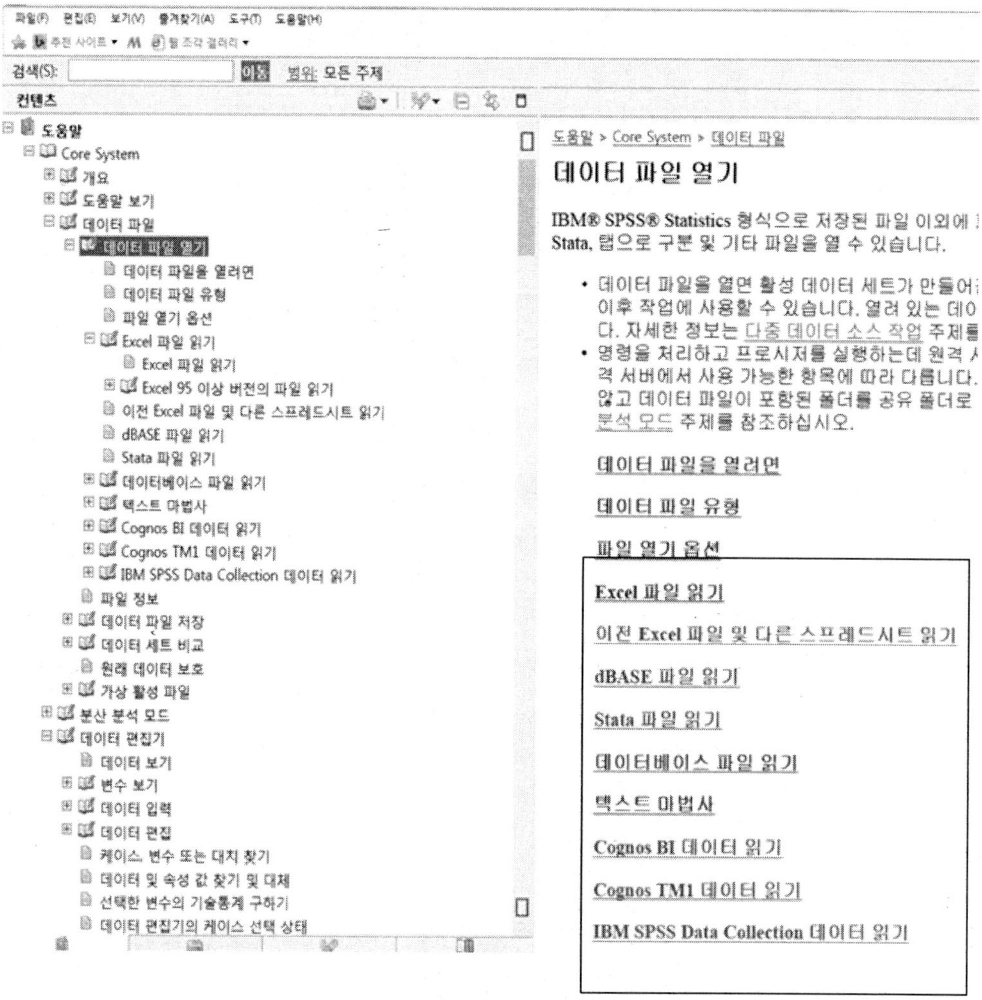

② "데이터 파일 열기" 아래의 "데이터 파일을 열려면"을 클릭하면 오른쪽 화면에 "SPSS 데이터 파일"을 여는 설명이 나타난다. 즉, 메뉴에서 [파일 → 열기 → 데이터]를 누르고 "파일"을 선택한 후, "열기"를 클릭한다.

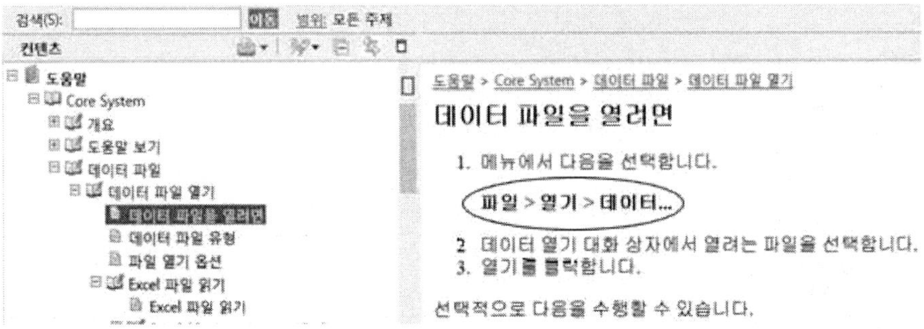

(2) 데이터 파일 저장하기

① 데이터 파일을 저장하는 방법은 아래의 왼쪽 화면에서 보는 바와 같이 "수정한 데이터 파일 저장"하는 방법과 "코드 페이지 문자 인코딩으로 데이터 파일 저장"하는 방법 두 가지가 있다.

② 만약 "다른 이름으로 저장"을 원하는 경우에는 아래의 방법을 따른다.

③ 필요한 경우에는 아래와 같이 "저장 유형"을 선택할 수 있다.

④ 또한 아래와 같이 "SPSS 파일 형식"이 아닌 "다른 형식"의 파일로도 저장할 수 있다.

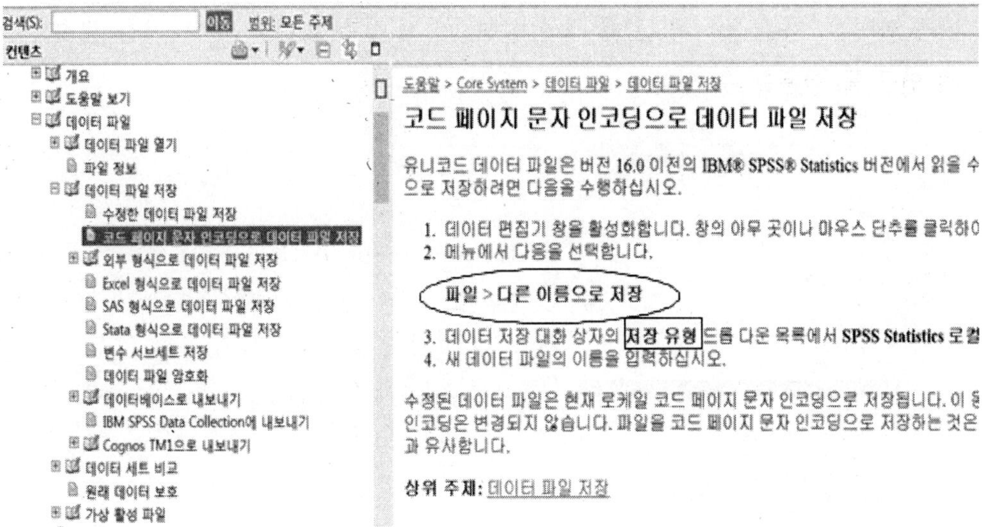

(3) 데이터 편집하기

아래의 화면에서는 SPSS의 "데이터 보기" 화면과 "변수 보기" 화면에서 자료를 입력하고 편집하여 변수를 결정하는 데 필요한 정보를 제공한다.

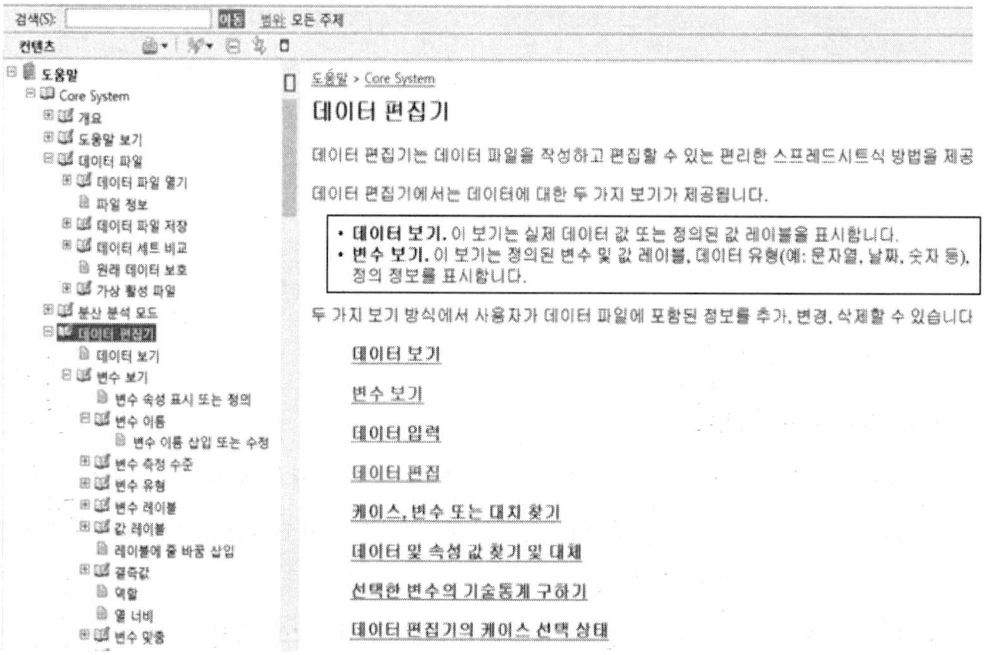

(4) 자주 묻는 질문 찾기

아래 화면은 "자주 묻는 질문"에 대한 설명으로서 우측 화면과 같이 "자습서" 또는 "사례 연구"를 이용할 수 있다.

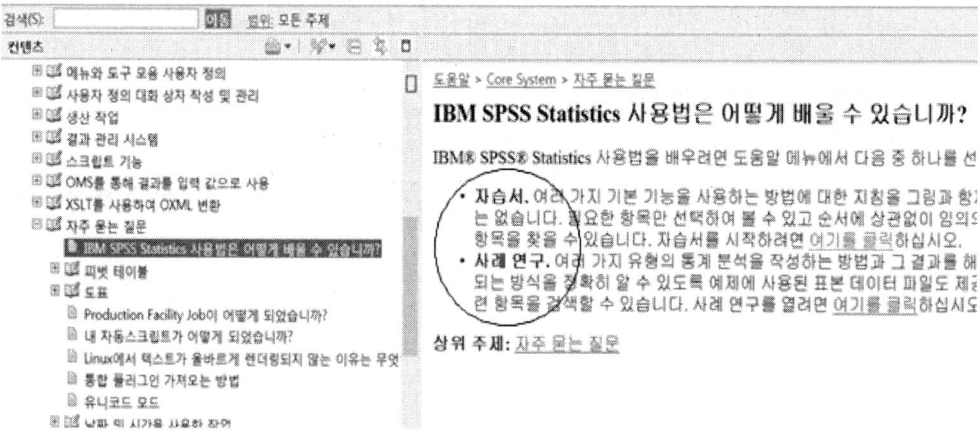

(5) 자료 분석하기

아래 화면에는 SPSS에서 수행할 수 있는 여러 가지 분석 작업을 할 수 있는 도움말을 제공한다.

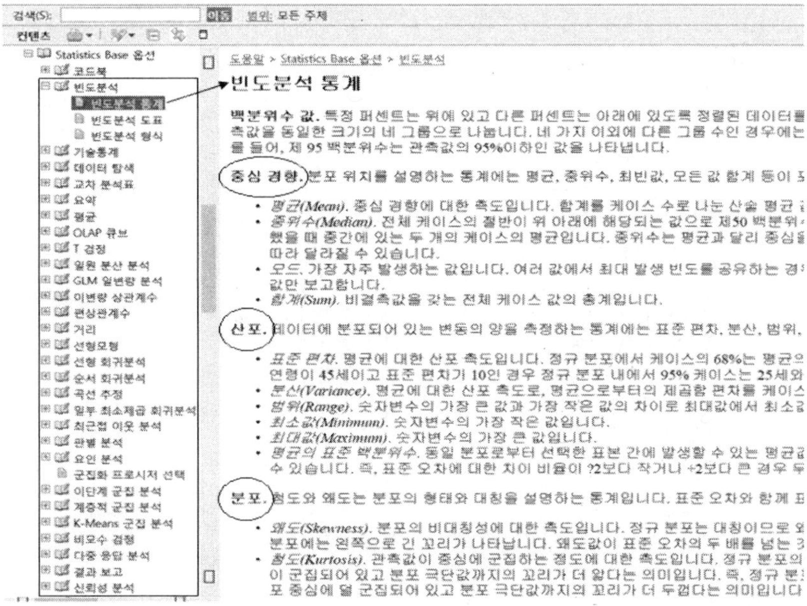

(6) 자습서 돌아보기

① 자습서에서 "데이터 파일 열기"를 선택하면 아래와 같이 SPSS에서 실제로 작업할 파일을 여는 과정과 "데이터 보기" 화면에서 나타나는 파일의 모습을 볼 수 있다.

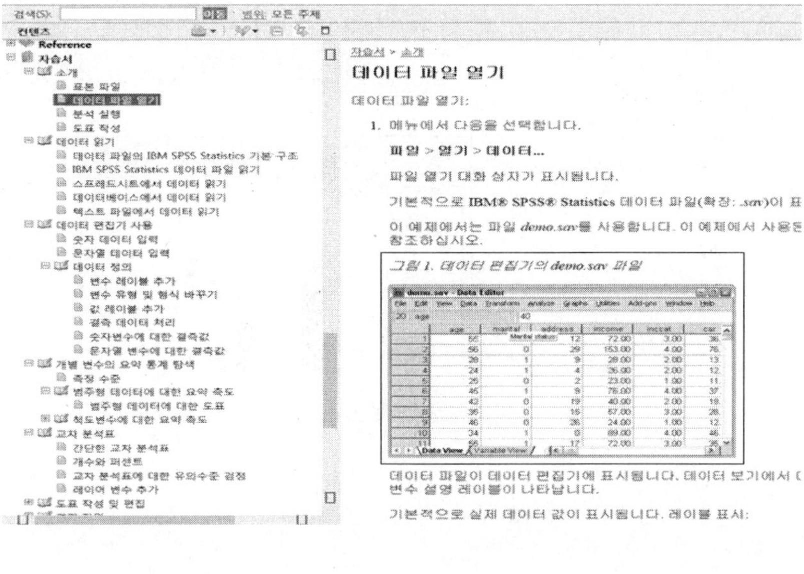

(7) 분석 실행

아래 화면은 “데이터 보기” 화면에서 필요한 분석을 실행하면 나타나는 대화상자의 모습을 보인다.

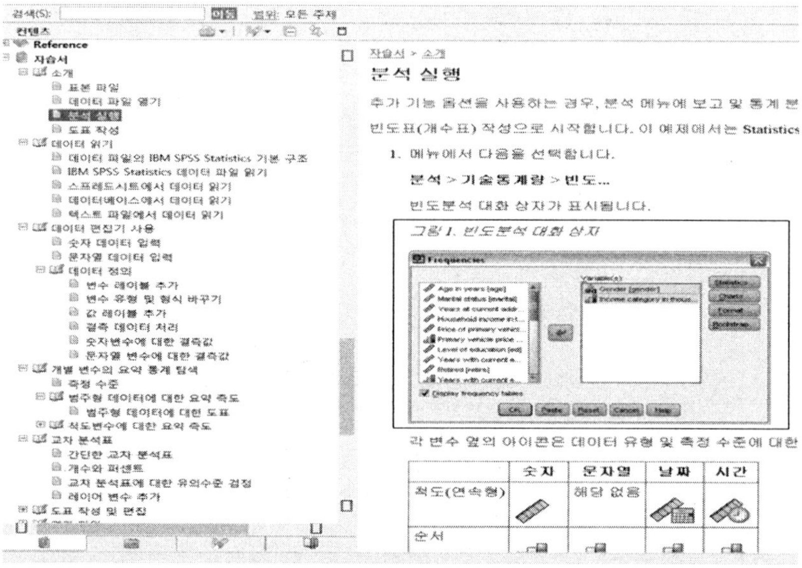

(8) 뷰어 화면

아래 화면은 필요한 분석을 실행하였을 때 “뷰어” 화면에서 나타나는 결과의 모습을 보인다.

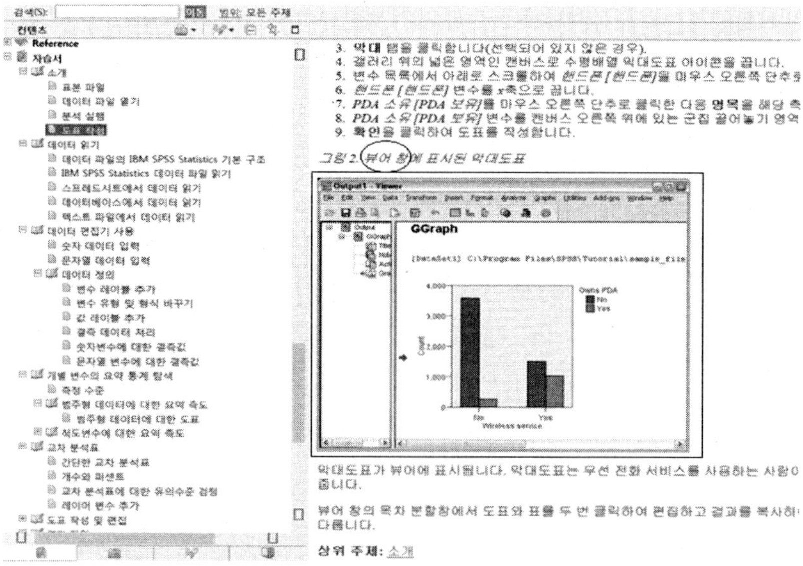

(9) 사례 연구

① Case Studies(사례 연구)는 비록 영어로 적혀져 있으나 분석과정에 필요한 절차들을 상세히 적어놓았으므로 향후 자료분석 시 어려움이 있을 경우 매우 유용한 정보를 얻을 수 있는 부분이다.

② 예를 들면, 명목자료(Norminal Data)의 빈도분석과정은 아래와 같다.

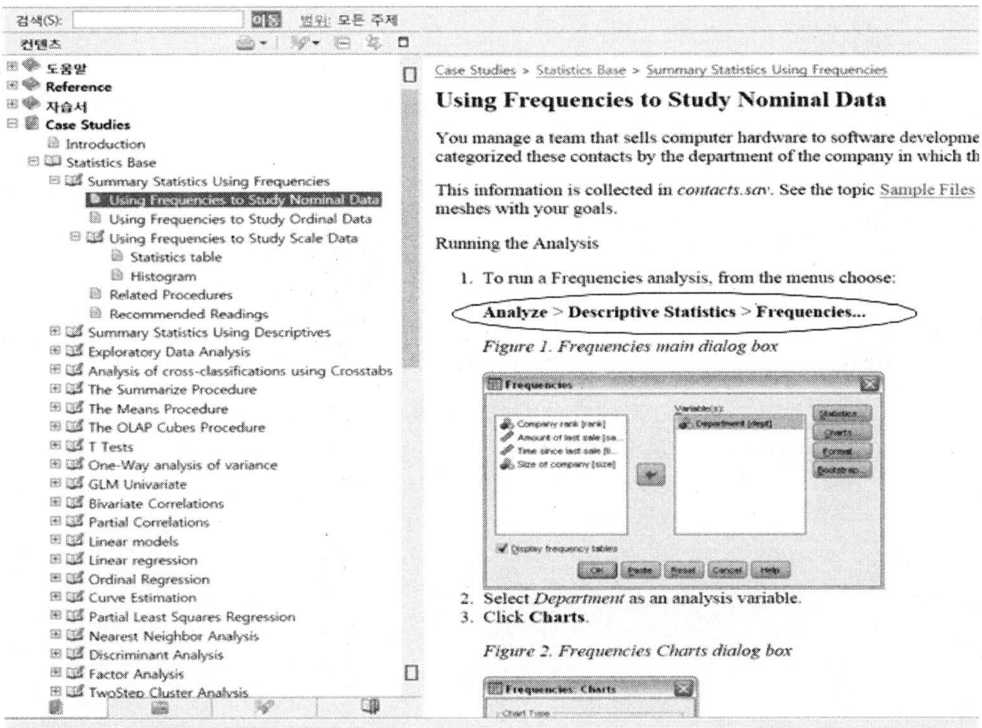

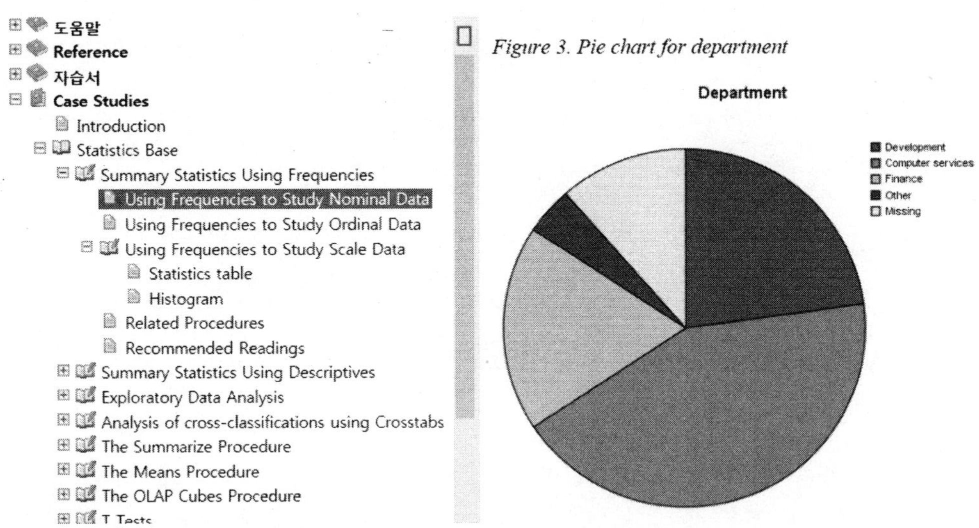

(10) R 작업 돌아보기

① 아래 화면은 최근 많은 수요가 있는 R과 SPSS 작업을 병행하는 절차에 대한 소개가 나와 있으므로 참고하여 유용한 정보를 얻을 수 있다.

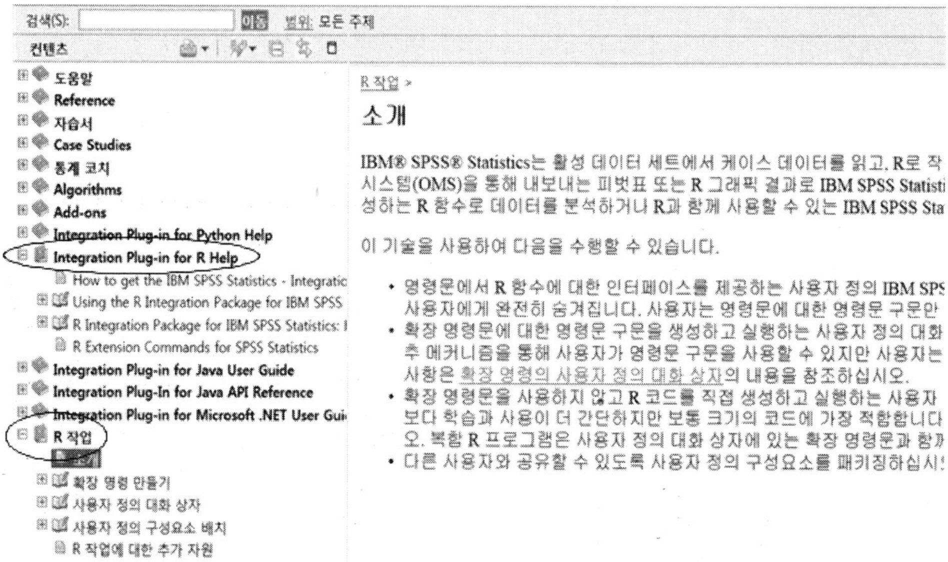

연 습 문 제

1. 데이터 보기 화면에서 나타난 도구상자는 모두 몇 개인가?

2. 데이터 보기 화면의 도구상자 위에 마우스를 옮겨가면서 나타나는 글자를 보고 각 도구상자의 의미를 적어라.

3. 데이터 보기 화면에 있는 주 메뉴의 종류를 모두 적어라.

4. 데이터 보기 화면의 주 메뉴를 하나씩 눌러서 나타난 부 메뉴의 이름을 순서대로 적어라.

5. 변수 보기 화면에서 나타나는 도구상자의 개수와 데이터 보기 화면에서 나타난 도구상자의 개수는 차이가 있는가?

6. 변수 보기 화면에서 나타나는 주 메뉴와 데이터 보기 화면에서 나타나는 주 메뉴는 차이가 있는가?

7. 변수 보기 화면에서 새롭게 나타나는 각 열의 종류와 의미를 모두 적어라.

8. 변수 보기 화면에서 각 열의 첫 번째 행에 마우스를 차례대로 눌러서 각 열의 첫 번째 행이 어떻게 변화하는지 자세히 적어라.

9. 뷰어 화면에 나타난 메뉴를 모두 적어라.

10. 뷰어 화면의 각 도구상자와 그 도구상자의 의미를 모두 적어라.

11. 뷰어 화면에서 왼쪽 화면과 오른쪽 화면에 나타나는 메시지의 의미를 적어라.

12. 데이터 보기 화면의 주 메뉴의 도움말 아래의 정보를 눌러서 SPSS의 버전 정보를 적어라.

13. 데이터 보기 화면의 주 메뉴의 도움말 아래의 명령문 참조를 눌렀을 때 어떤 결과가 나타나는가?

14. 데이터 보기 화면의 주 메뉴의 도움말 아래의 IBM SPSS 제품 홈을 눌러서 나타난 초기화면을 보고 답하여라.

① SPSS란 무엇인가?

② IBM SPSS Statistics를 눌러서 SPSS Statistical Software에는 어떤 종류가 있는지 모두 적어라.

15. 데이터 보기 화면에서 주 메뉴인 도움말을 누르고, [Core System → 데이터 파일 → 데이터 파일 열기]를 눌러서 SPSS에서 불러올 수 있는 파일의 종류를 5개만 적어라.

16. 데이터 보기 화면에서 주 메뉴인 도움말을 누르고, Statistics Base 옵션을 눌러서 SPSS에서 분석할 수 있는 기법들을 10개만 적어라.

17. 데이터 보기 화면에서 주 메뉴인 도움말을 누르고, [Statistics Base → 기술통계 → 기술통계 옵션]을 눌러서 산포의 측도로 제시되는 통계량은 어떤 것들이 있는지 모두 적어라.

18. 데이터 보기 화면에서 주 메뉴인 도움말을 누르고, [자습서 → 데이터 편집기 사용 → 데이터 정의 → 결측 데이터 처리]를 눌러서 결측 데이터 처리의 내용을 적어라.

19. 데이터 보기 화면에서 주 메뉴인 도움말을 누르고, [자습서 → 개별 변수의 요약 통계 탐색 → 범주형 데이터에 대한 요약 측도 → 범주형 데이터]에 대한 도표를 누르고, [자습서 → 개별 변수의 요약 통계 탐색 → 척도변수에 대한 요약 측도 → 척도변수]에 대한 히스토그램을 눌러서 막대도표와 히스토그램의 차이점을 설명하여라.

20. 데이터 보기 화면에서 주 메뉴인 도움말을 누르고, [데이터 값 수정 → 새로운 변수 계산 → 표현식 → 함수 사용]을 눌러서 표현식의 설명을 읽고 답하여라.

① 표현식은 무엇인가?

② 표현식의 종류를 모두 적어라.

2장 자료의 직접 입력

2.1 자습서의 활용

(1) 자습서를 통한 데이터 파일 열기

① 주 메뉴의 "도움말" 안의 "자습서"를 클릭하여 인터넷으로 연결한다.

② 인터넷으로 연결된 "도움말의 화면"에서 "데이터 파일 열기"를 클릭한다.

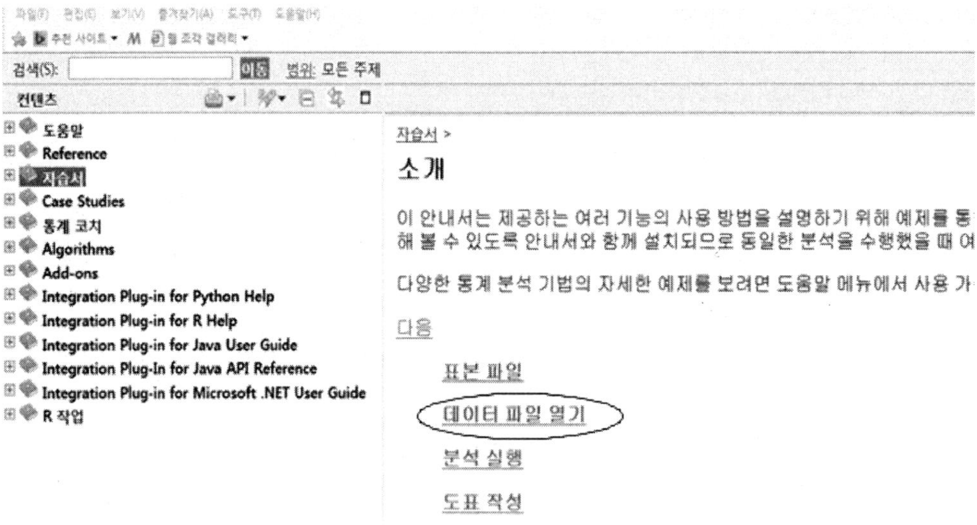

③ 데이터 파일을 여는 방법을 기억한다.

자습서 > 소개

데이터 파일 열기

데이터 파일 열기:

1. 메뉴에서 다음을 선택합니다.

파일 > 열기 > 데이터...

파일 열기 대화 상자가 표시됩니다.

기본적으로 IBM® SPSS® Statistics 데이터 파일(확장: *.sav*)이 표시됩니다.

이 예제에서는 파일 *demo.sav*를 사용합니다. 이 예제에서 사용된 데이터 파일을 열기 원하실 ㅎ
오.

그림 1. 데이터 편집기의 demo.sav 파일

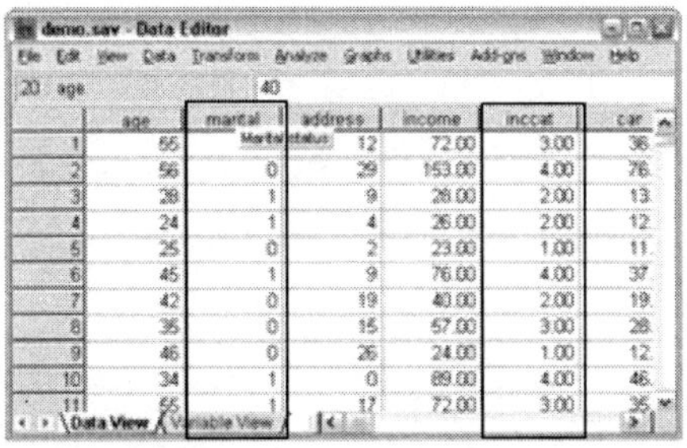

	age	marital	address	income	inccat	car
1	55	[illegible]	12	72.00	3.00	36.
2	56	0	29	153.00	4.00	76.
3	28	1	9	28.00	2.00	13.
4	24	1	4	26.00	2.00	12.
5	25	0	2	23.00	1.00	11.
6	45	1	9	76.00	4.00	37.
7	42	0	19	40.00	2.00	19.
8	35	0	15	57.00	3.00	28.
9	46	0	26	24.00	1.00	12.
10	34	1	0	89.00	4.00	46.
11	55	1	17	72.00	3.00	35.

데이터 파일이 데이터 편집기에 표시됩니다. 데이터 보기에서 마우스 커서를 변수 이름(열 머
이블이 나타납니다.

④ 각 변수에 나타난 숫자의 의미를 이해하기 위한 방법을 기억한다.

보기 > 값 레이블

그림 2. 값 레이블 단추

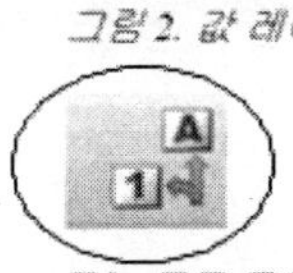

또는 도구 모음의 값 레이블 단추를 사용할 수도 있습니다.

그림 3. 데이터 편집기에 표시된 값 레이블

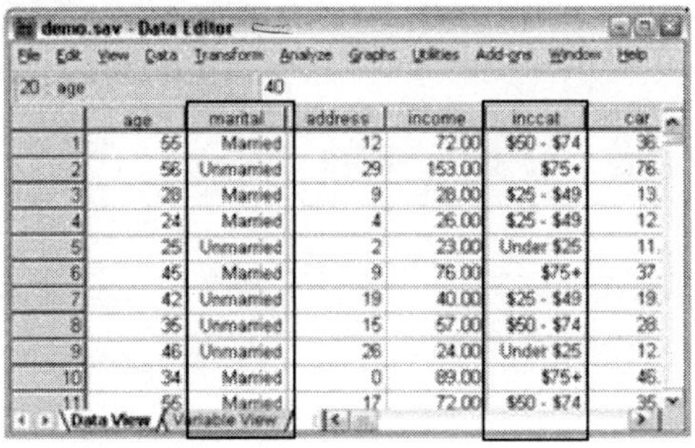

	age	marital	address	income	inccat	car
1	55	Married	12	72.00	$50 - $74	36.
2	56	Unmarried	29	153.00	$75+	76.
3	28	Married	9	28.00	$25 - $49	13.
4	24	Married	4	26.00	$25 - $49	12.
5	25	Unmarried	2	23.00	Under $25	11.
6	45	Married	9	76.00	$75+	37.
7	42	Unmarried	19	40.00	$25 - $49	19.
8	35	Unmarried	15	57.00	$50 - $74	28.
9	46	Unmarried	26	24.00	Under $25	12.
10	34	Married	0	89.00	$75+	46.
11	55	Married	17	72.00	$50 - $74	35.

이제 구체적인 값 레이블이 표시되어 반응을 쉽게 이해할 수 있습니다.

다음

⑤ 가장 밑에 있는 다음을 눌러서 다음 화면으로 넘어간다.

(2) 자습서를 통한 분석 실행

① 주 메뉴의 “도움말”의 부 메뉴 가운데서 “자습서”를 통하여 “분석 실행”하는 방법을 이해한다.

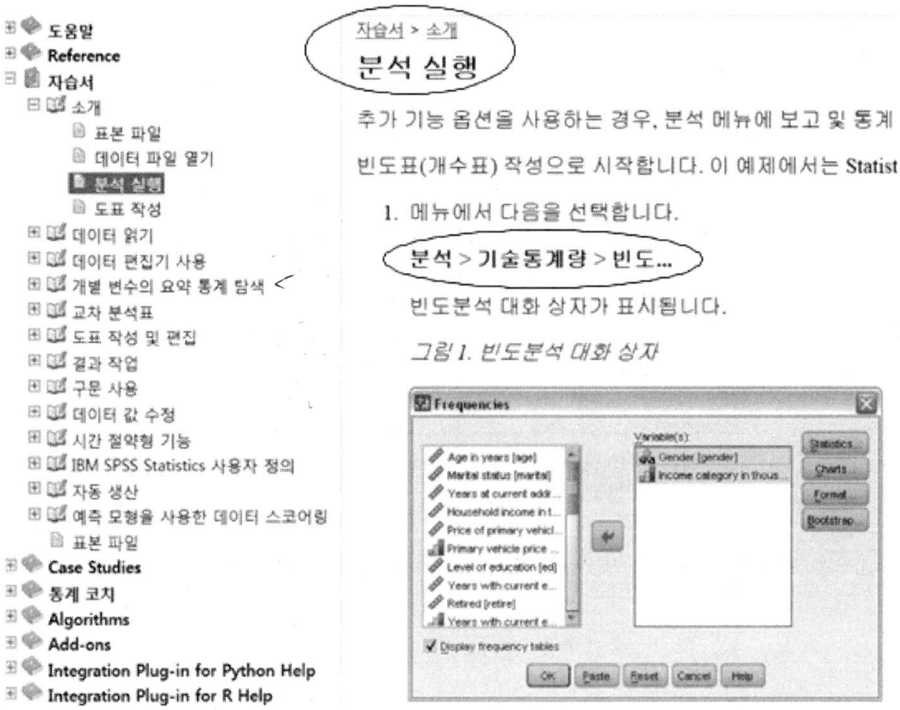

각 변수 옆의 아이콘은 데이터 유형 및 측정 수준에 대한 정보를 제공합니다.

	숫자	문자열	날짜	시간
척도(연속형)		해당 없음		
순서				
명목				

2. 소스 변수 목록에서 *성별 [성별]*을 클릭하고 변수를 대상 변수 목록으로 끌어다 놓습니다.
3. 소스 목록의 *가구소득범주 [단위: 1000] [소득범주]*를 클릭한 다음 대상 목록으로 끌어다 놓습니다.

그림 2. 분석을 위해 선택한 변수

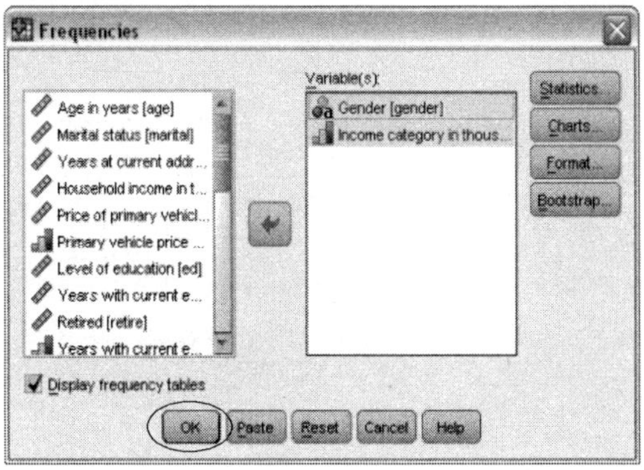

4. **확인**을 클릭하여 프로시저를 실행합니다.

결과가 뷰어 창에 표시됩니다.

그림 3. 가구소득 범주에 대한 빈도표

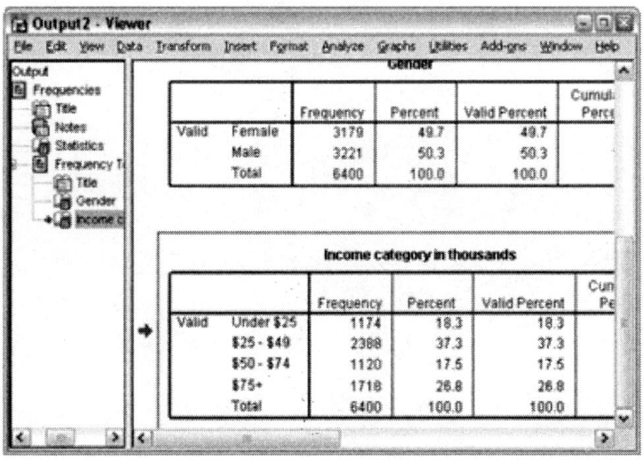

다음

상위 주제: 소개

② 가장 밑에 있는 다음을 눌러서 다음 화면으로 넘어간다. “도표 작성”의 화면을 따라가며 작성절차를 이해한다(※ 위의 “빈도표”란 “도수분포표”를 의미한다).

(3) 자습서를 통한 숫자 데이터 입력

① 주 메뉴의 “도움말”의 부 메뉴 가운데서 “자습서”를 통하여 “데이터 편집기 사용”

을 클릭한다.

② 다음 화면의 "숫자 데이터 입력"을 누른다.

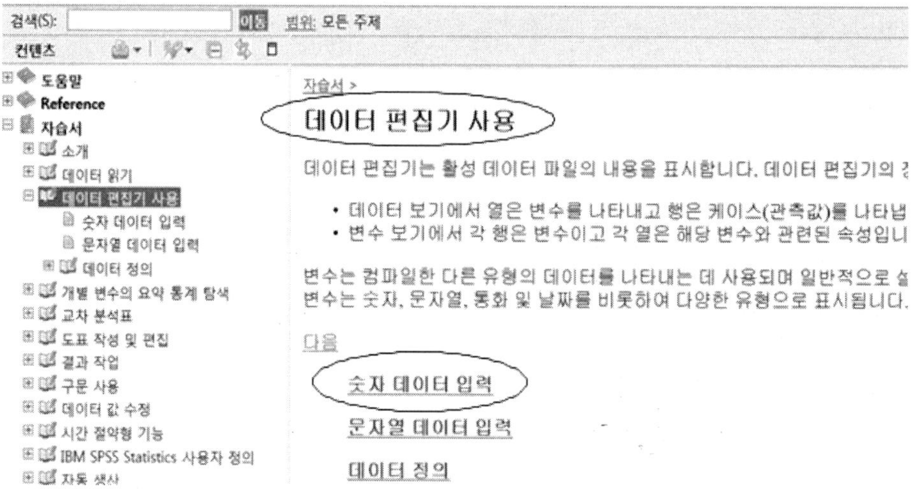

③ 다음 화면과 같이 변수 이름을 입력하려면 "변수 보기" 화면으로 이동하여 첫 번째 열인 "이름(Name)" 아래에 차례대로 "연령(age)", "결혼 상태(marital)", "가구 소득(income)"을 입력한다.

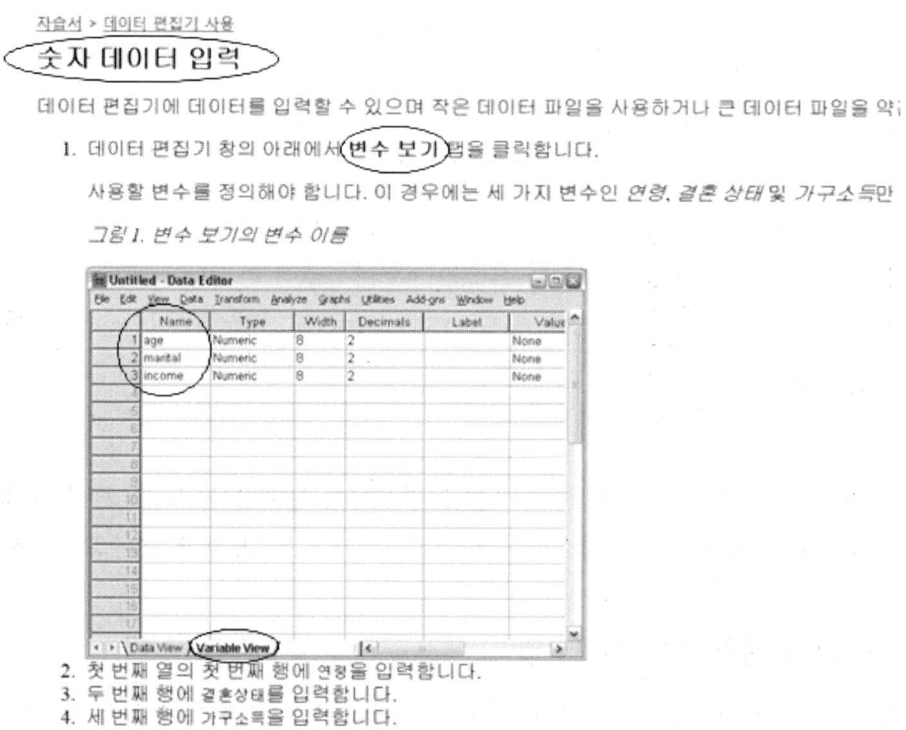

④ 두 번째 열은 "유형(Type)", 세 번째 열은 "너비(Width)", 네 번째 열은 "소수점이하자리(Decimals)", 다섯 번째 열은 "레이블(Label)", 여섯 번째 열은 "값(Value)" 등을 의미한다.

⑤ 다음 화면과 같이 각 변수들의 자료들을 입력하려면 "데이터 보기" 화면으로 이동하여 각 변수에 따른 자료값들을 입력한다.

5. **데이터 보기** 탭을 클릭하여 데이터 입력을 계속합니다.

변수 보기에 입력한 이름이 이제 데이터 보기의 처음 세 개 열에서 머리말이 됩니다.

첫 번째 열부터 시작하여 첫 번째 행에 데이터 입력을 시작합니다.

그림 2. 데이터 보기에 입력한 값

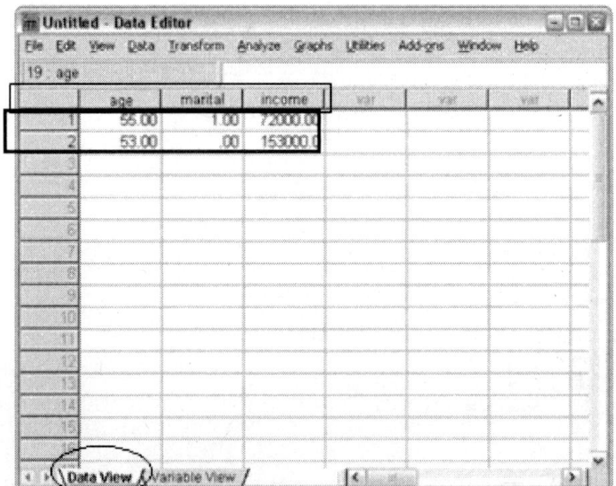

6. *연령* 열에 55를 입력합니다.
7. *결혼상태* 열에 1을 입력합니다.
8. *가구소득* 열에 72000을 입력합니다.
9. 커서를 첫 번째 열의 두 번째 행으로 이동하여 다음 개체의 데이터를 추가합니다.
10. *연령* 열에 53을 입력합니다.
11. *결혼상태* 열에 0을 입력합니다.
12. *가구소득* 열에 153000을 입력합니다.

13. 데이터 편집기 창의 아래에서 **변수 보기** 탭을 클릭합니다.
14. *연령* 행의 *소수점이하자리* 열에 0을 입력하여 소수점이하자리를 감춥니다.
15. *결혼상태* 행의 *소수점이하자리* 열에 0을 입력하여 소수점이하자리를 감춥니다.

다음

상위 주제: 데이터 편집기 사용

⑥ 가장 밑에 있는 다음을 눌러서 다음 화면으로 넘어간다.

(4) 자습서를 통한 문자열 데이터 입력

다음 화면은 "문자열 데이터 입력"에 관한 설명이다.

① "변수 보기" 화면에서 "유형(Type)" 아래의 빈 칸을 마우스로 누르면 아래와 같이 대화상자가 나타난다.

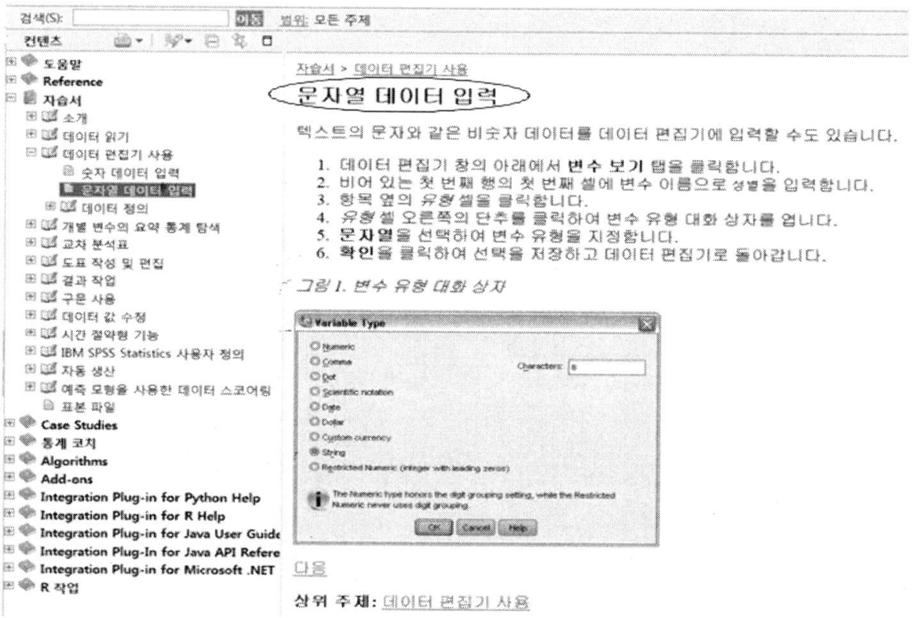

② 대화상자에서 "문자열"의 크기만큼 충분한 너비를 숫자로 입력해야만 입력하는 문자들이 입력된다.

③ 다음은 SPSS 버전 23에서 실제로 "유형" 아래의 빈 칸을 눌렀을 때 나타나는 "변수 유형"의 "대화상자"이다. "◉ 숫자" 대신 "◉ 문자"를 선택하면 다음과 같이 변화한다.

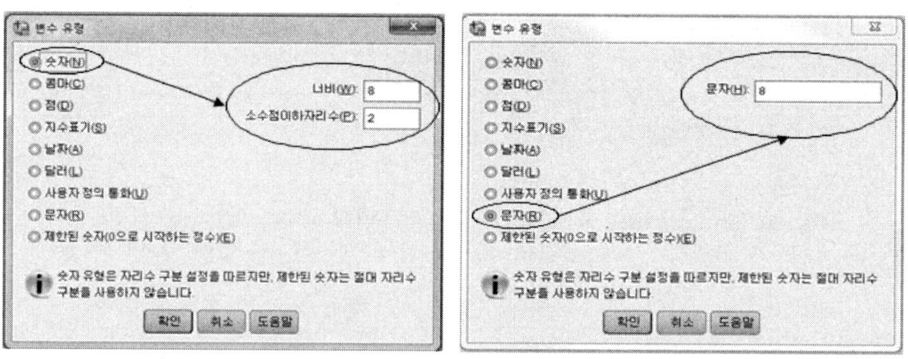

2.2 데이터 보기 화면에서 자료의 직접 입력

다음은 간이 설문조사를 통하여 랜덤으로 수집한 자연과학대학생 20명과 수산과학대학생 20명의 인적사항이다. 4개의 표로 작성된 각각의 자료의 이름을 N1major, F1major, N2height, F2height라고 하자.

N1major 자료

일련번호	단과대학	학번 끝 세 자리	이름	성별	전공	주거형태	고향
1	자연대	256	최정민	여	응용수학	자취	마산
2	자연대	233	추성호	남	화학	본가	부산
3	자연대	362	이상호	남	통계학	자취	양산
4	자연대	117	김태형	남	미생물학	자취	울산
5	자연대	644	나석원	남	물리학	자취	하동
6	자연대	291	박대민	남	통계학	본가	부산
7	자연대	423	김창원	남	화학	기숙사	의성
8	자연대	526	김현태	남	응용수학	본가	부산
9	자연대	918	이나래	여	물리학	기숙사	울산
10	자연대	537	곽진아	여	물리학	본가	부산
11	자연대	369	김상현	남	응용수학	기숙사	포항
12	자연대	227	이석홍	남	화학	본가	부산
13	자연대	661	정현석	남	미생물학	자취	대구
14	자연대	427	주민철	남	통계학	본가	부산
15	자연대	828	최영현	여	응용수학	자취	창원
16	자연대	911	진철민	남	화학	본가	부산
17	자연대	839	김수아	여	통계학	기숙사	창원
18	자연대	221	정수진	여	화학	기숙사	양산
19	자연대	621	박가희	여	물리학	기숙사	창원
20	자연대	327	김현숙	여	응용수학	자취	진주

F1major 자료

일련번호	단과대학	학번 끝 세 자리	이름	성별	전공	주거형태	고향
1	수과대	945	김민정	여	식품공학	기숙사	창원
2	수과대	012	김석원	남	생물공학	본가	부산
3	수과대	354	이정민	남	양식학	기숙사	김해
4	수과대	231	기원정	남	생물공학	자취	마산
5	수과대	936	남영석	남	자원생물	기숙사	진주
6	수과대	201	박기태	남	식품영양	본가	부산
7	수과대	124	이창웅	남	식품공학	자취	대구
8	수과대	785	예현석	남	자원생물	본가	부산
9	수과대	561	이희영	여	양식학	기숙사	울산
10	수과대	629	이진미	여	식품공학	본가	부산
11	수과대	236	김상아	여	식품공학	기숙사	포항
12	수과대	542	김홍석	남	식품영양	본가	부산
13	수과대	981	조영일	남	식품영양	자취	양산
14	수과대	234	이철민	남	양식학	본가	부산
15	수과대	681	최영재	여	양식학	자취	마산
16	수과대	534	정순철	남	생물공학	본가	부산
17	수과대	419	강수지	여	식품공학	기숙사	창원
18	수과대	273	전홍준	남	자원생물	본가	부산
19	수과대	612	황순철	남	양식학	자취	울산
20	수과대	975	나영석	남	식품영양	본가	부산

N2height 자료

일련번호	단과대학	학번 끝 세 자리	이름	키	몸무게	IQ	평점
1	자연대	256	최정민	155	62	115	3.02
2	자연대	233	추성호	171	75	153	4.41
3	자연대	362	이상호	176	85	107	3.62
4	자연대	117	김태형	170	72	103	3.75
5	자연대	644	나석원	179	86	109	3.46
6	자연대	291	박대민	186	96	126	3.91
7	자연대	423	김창원	180	74	142	4.23
8	자연대	526	김현태	175	67	117	3.26
9	자연대	918	이나래	168	59	122	4.21
10	자연대	537	곽진아	172	74	130	4.31
11	자연대	369	김상현	179	66	117	4.00
12	자연대	227	이석홍	189	74	120	3.95
13	자연대	661	정현석	178	70	101	3.33
14	자연대	427	주민철	163	79	120	4.03
15	자연대	828	최영현	158	52	114	3.87
16	자연대	911	진철민	174	77	102	3.96
17	자연대	839	김수아	170	61	131	4.06
18	자연대	221	정수진	163	52	100	4.01
19	자연대	621	박가희	159	47	120	3.97
20	자연대	327	김현숙	160	53	127	3.69

F2height 자료

일련번호	단과대학	학번 끝 세 자리	이름	키	몸무게	IQ	평점
1	수과대	945	김민정	162	63	124	4.12
2	수과대	012	김석원	174	80	117	3.98
3	수과대	354	이정민	167	60	110	4.01
4	수과대	231	기원정	179	74	109	3.46
5	수과대	936	남영석	182	77	100	4.11
6	수과대	201	박기태	175	81	130	4.26
7	수과대	124	이창웅	174	70	120	3.24
8	수과대	785	예현석	162	70	110	3.65
9	수과대	561	이희영	152	59	98	4.11
10	수과대	629	이진미	159	65	127	3.97
11	수과대	236	김상아	157	50	107	4.03
12	수과대	542	김흥석	170	85	152	4.49
13	수과대	981	조영일	176	66	113	3.22
14	수과대	234	이철민	181	95	134	3.85
15	수과대	681	최영재	170	78	107	3.32
16	수과대	534	정순철	163	53	104	3.99
17	수과대	419	강수지	169	70	117	4.17
18	수과대	273	전홍준	177	68	130	3.67
19	수과대	612	황순철	183	95	104	3.01
20	수과대	975	나영석	179	71	119	3.82

2.3 변수 보기 화면에서 입력된 변수의 조절

SPSS의 "데이터 보기" 화면과 "변수 보기" 화면에 앞의 N1major, F1major, N2height, F2height 자료를 입력한다.

(1) "변수 보기" 화면에서 1열의 "이름"에 각각의 변수 이름을 한글로 입력한다.

(2) 3행에 있는 "변수 이름"을 "**학번 끝 세 자리**"로 입력하면 입력되지 않으므로 **빈 칸 없이 모두 붙여서 "학번끝세자리"**로 입력한다(**※수과대 두 번째 학생 김석원의 학번 012는 다음의 절차로 첫째 숫자 0을 입력한다**).

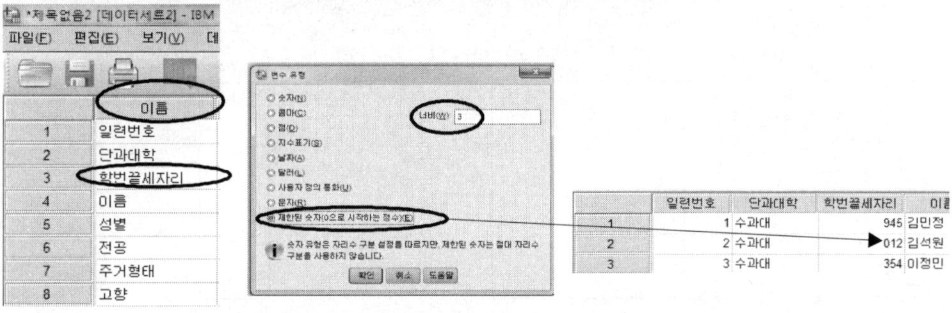

(3) 입력할 값이 "숫자"가 아닌 "문자"일 경우에는 필요한 만큼 "너비"를 크게 해야 값들이 입력된다: 변수 "단과대학", "이름", "성별", "전공", "주거형태", "고향"의 "유형"에서 [...]을 두 번 누르고 너비를 조절해 가며 입력한다.

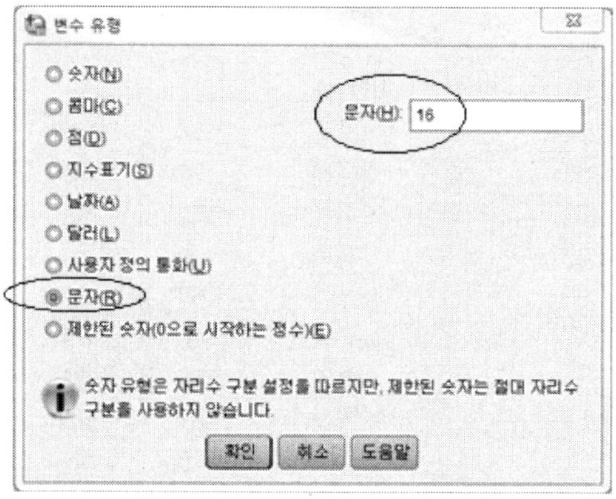

(4) 입력할 값이 "숫자"일 경우에는 4열의 "소수점이하자리"를 "0"으로 조절하여 불필요한 소수점을 없앤다.

	이름	유형	너비	소수점이하자리
1	일련번호	숫자	8	0
2	단과대학	문자	16	0
3	학번끝세자리	숫자	8	0
4	이름	문자	16	0
5	성별	문자	8	0
6	전공	문자	16	0
7	주거형태	문자	16	0
8	고향	문자	8	0

(5) 완성된 "변수 보기" 화면은 다음과 같다(유형이 "문자"로 지정되면 "명목형"이 되므로 측도를 열어서 "척도", "순서형"으로 조절가능).

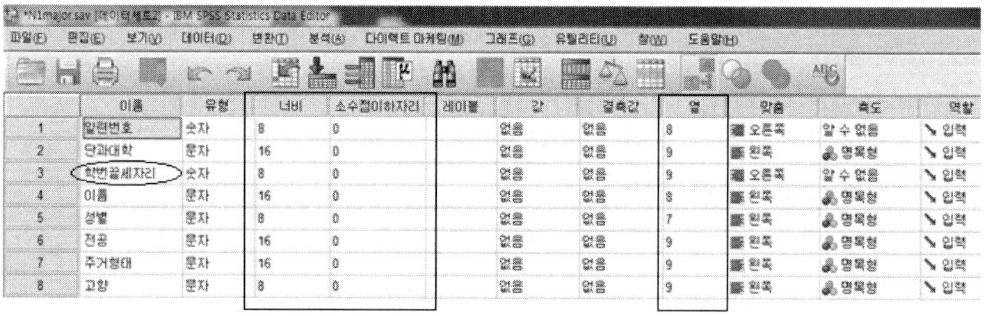

	이름	유형	너비	소수점이하자리	레이블	값	결측값	열	맞춤	측도	역할
1	일련번호	숫자	8	0		없음	없음	8	오른쪽	알 수 없음	입력
2	단과대학	문자	16	0		없음	없음	9	왼쪽	명목형	입력
3	학번끝세자리	숫자	8	0		없음	없음	9	오른쪽	알 수 없음	입력
4	이름	문자	16	0		없음	없음	8	왼쪽	명목형	입력
5	성별	문자	8	0		없음	없음	7	왼쪽	명목형	입력
6	전공	문자	16	0		없음	없음	9	왼쪽	명목형	입력
7	주거형태	문자	16	0		없음	없음	9	왼쪽	명목형	입력
8	고향	문자	8	0		없음	없음	9	왼쪽	명목형	입력

(6) "데이터 보기" 화면에서 N1major 표 안에 있는 자료를 모두 입력하여 완성하면 다음과 같다.

	일련번호	단과대학	학번끝세자리	이름	성별	전공	주거형태	고향
1	1	자연대	256	최정민	여	응용수학	자취	마산
2	2	자연대	233	추성호	남	화학	본가	부산
3	3	자연대	362	이상호	남	통계학	자취	양산
4	4	자연대	117	김태형	남	미생물학	자취	울산
5	5	자연대	644	나석원	남	물리학	자취	하동
6	6	자연대	291	박대민	남	통계학	본가	부산
7	7	자연대	423	김창원	남	화학	기숙사	의성
8	8	자연대	526	김현태	남	응용수학	본가	부산
9	9	자연대	918	이나래	여	물리학	기숙사	울산
10	10	자연대	537	곽진아	여	물리학	본가	부산
11	11	자연대	369	김상현	남	응용수학	기숙사	포항
12	12	자연대	227	이석홍	남	화학	본가	부산
13	13	자연대	661	정현석	남	미생물학	자취	대구
14	14	자연대	427	주민철	남	통계학	본가	부산
15	15	자연대	828	최영현	여	응용수학	자취	창원
16	16	자연대	911	진철민	남	화학	본가	부산
17	17	자연대	839	김수아	여	통계학	기숙사	창원
18	18	자연대	221	정수진	여	화학	기숙사	양산
19	19	자연대	621	박가희	여	물리학	기숙사	창원
20	20	자연대	327	김현숙	여	응용수학	자취	진주

2.4 입력 자료의 저장

20개의 자료값들을 모두 입력한 후 SPSS 데이터 파일로 저장하기 위하여 메뉴에서 [파일 → 저장]을 누르고 본인이 원하는 디렉터리에서 "파일 이름"에 "N1major"를 적고 "저장"을 누른다. 지정한 디렉터리에서 "N1major.sav"로 저장되었음을 볼 수 있다.

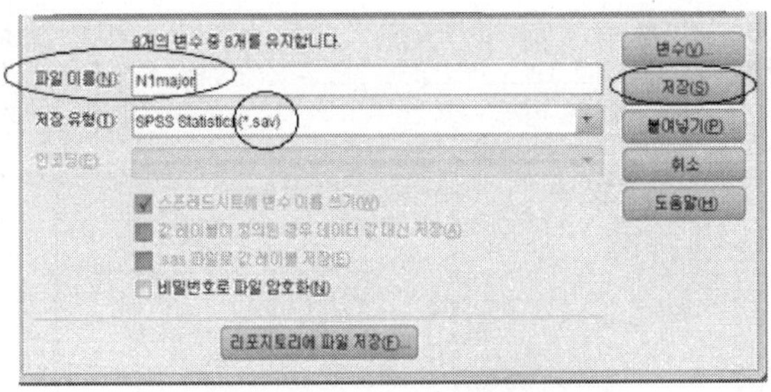

2.5 수치 자료에 대한 "값 레이블" 활용

(1) 범주형 자료들이 "문자변수" 대신 "수치"로 입력되었을 때는 "수치"가 의미하는 뜻을 "값 레이블"을 이용하여 "데이터 보기" 화면에서 변환해 가며 확인할 수 있다.

(2) 앞의 "N1major" 자료에서 "명목형 변수"인 "성별"이 아래와 같이 입력되었다고 가정하자.

N1major 자료

일련번호	단과대학	학번 끝 세 자리	이름	성별	전공	주거형태	고향
1	자연대	256	최정민	0	응용수학	자취	마산
2	자연대	233	추성호	1	화학	본가	부산
3	자연대	362	이상호	1	통계학	자취	양산
4	자연대	117	김태형	1	미생물학	자취	울산
5	자연대	644	나석원	1	물리학	자취	하동
6	자연대	291	박대민	1	통계학	본가	부산
7	자연대	423	김창원	1	화학	기숙사	의성
8	자연대	526	김현태	1	응용수학	본가	부산
9	자연대	918	이나래	0	물리학	기숙사	울산
10	자연대	537	곽진아	0	물리학	본가	부산
11	자연대	369	김상현	1	응용수학	기숙사	포항
12	자연대	227	이석홍	1	화학	본가	부산
13	자연대	661	정현석	1	미생물학	자취	대구
14	자연대	427	주민철	1	통계학	본가	부산
15	자연대	828	최영현	0	응용수학	자취	창원
16	자연대	911	진철민	1	화학	본가	부산
17	자연대	839	김수아	0	통계학	기숙사	창원
18	자연대	221	정수진	0	화학	기숙사	양산
19	자연대	621	박가희	0	물리학	기숙사	창원
20	자연대	327	김현숙	0	응용수학	자취	진주

여기서 "0"는 "여자", "1"은 "남자"를 의미한다.

(3) 다음과 같이 "데이터 보기" 화면에서 성별의 값들이 "0" 또는 "1"로 입력되었다.

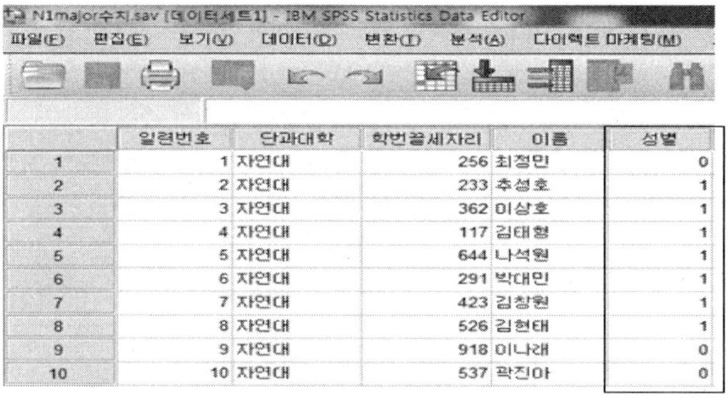

	일련번호	단과대학	학번끝세자리	이름	성별
1	1	자연대	256	최정민	0
2	2	자연대	233	추성호	1
3	3	자연대	362	이상호	1
4	4	자연대	117	김태형	1
5	5	자연대	644	나석원	1
6	6	자연대	291	박대민	1
7	7	자연대	423	김창원	1
8	8	자연대	526	김현태	1
9	9	자연대	918	이나래	0
10	10	자연대	537	곽진아	0

(4) 이 경우 "변수 보기" 화면으로 가면 "성별"의 유형은 "숫자"로 되어 있다.

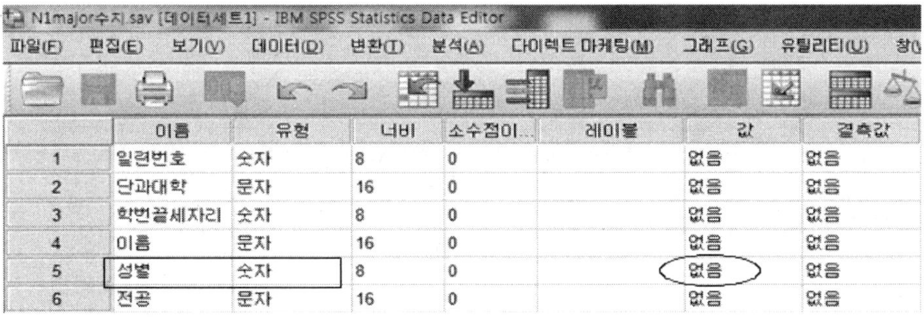

	이름	유형	너비	소수점이...	레이블	값	결측값
1	일련번호	숫자	8	0		없음	없음
2	단과대학	문자	16	0		없음	없음
3	학번끝세자리	숫자	8	0		없음	없음
4	이름	문자	16	0		없음	없음
5	성별	숫자	8	0		없음	없음
6	전공	문자	16	0		없음	없음

(5) 이때 "성별"의 행에서 "값"의 "없음"으로 나타난 곳을 마우스로 누른다.

① 그러면 다음과 같이 "값 레이블"의 대화상자가 나타난다.

② "기준값"의 빈 칸에 "0"을 입력하고, "레이블"의 빈 칸에 "여자"를 입력한 후, "추가"를 누른다.

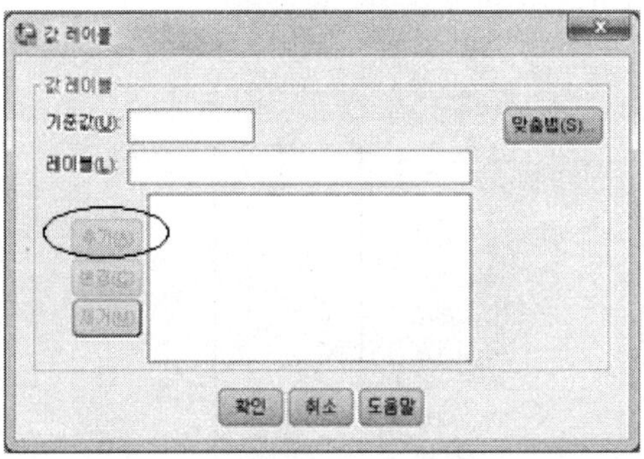

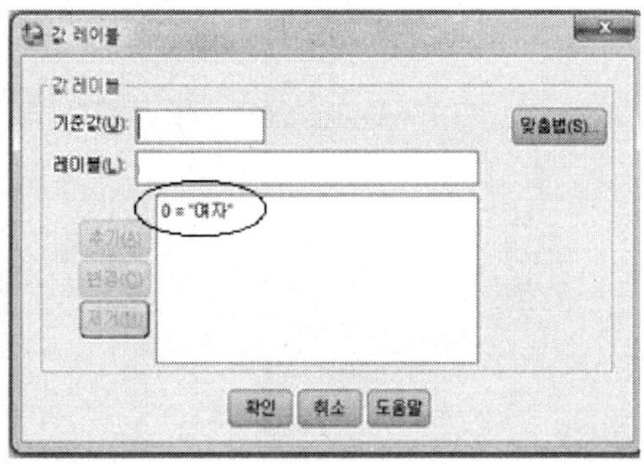

③ 같은 방법으로 "기준값"의 빈 칸에 "1"과 "레이블"의 빈 칸에 "남자"를 입력한 후, "추가"를 누른다.

④ 마지막으로 "확인"을 누른다.

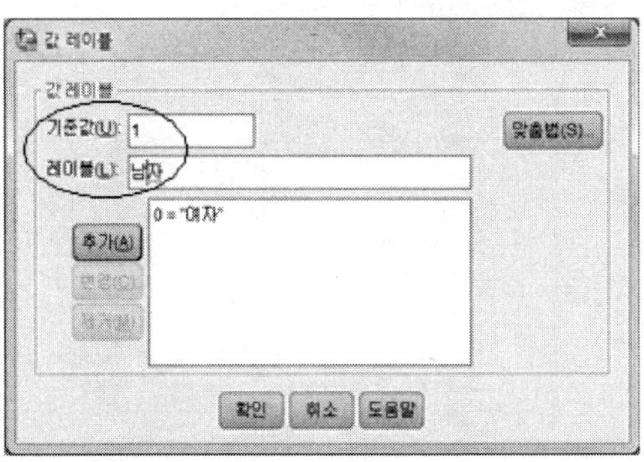

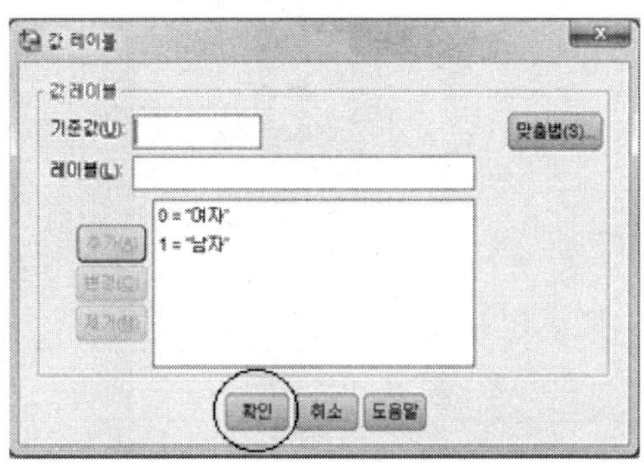

⑤ 완성된 "변수 보기" 화면은 다음과 같다.

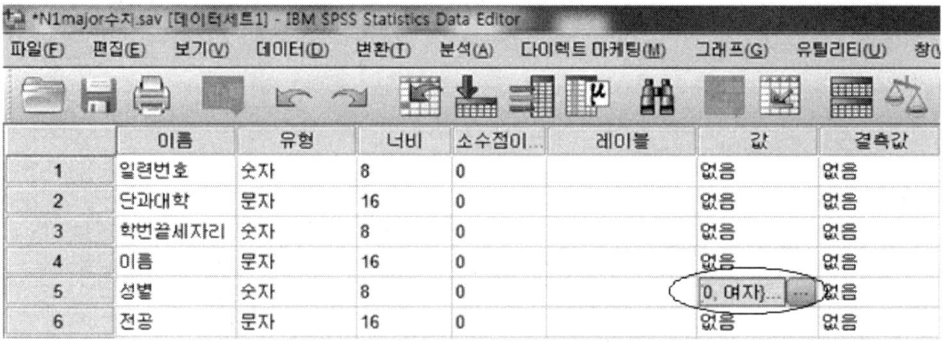

(6) "데이터 보기" 화면으로 돌아온 후, 메뉴에서 [보기 → 값 레이블]을 누르거나 도구상자에서 "값 레이블의 변환" 아이콘을 누르면 "0"과 "1" 대신에 "여자"와 "남자"로 바뀌는 것을 확인할 수 있다.

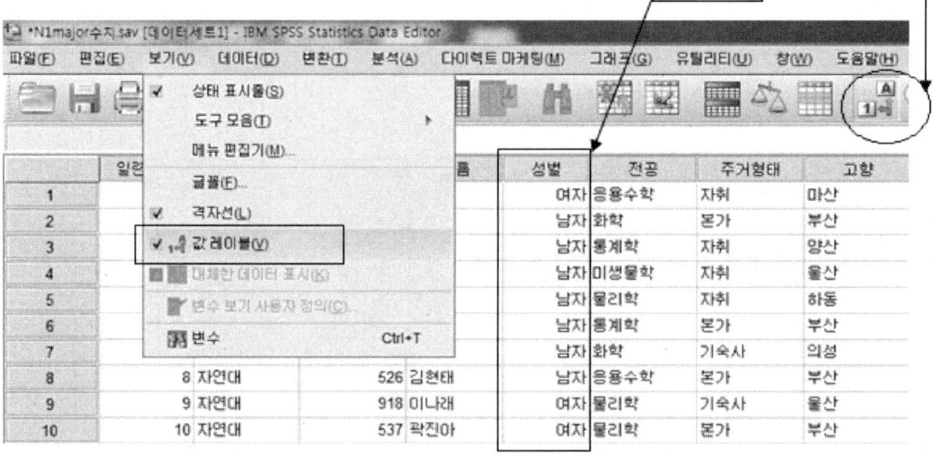

연 습 문 제

1. F1major 자료를 "데이터 보기" 화면에 입력하고 "변수 보기" 화면에서 각 변수들의 "열"의 크기가 모두 같도록 조정하여라.

2. N2height 자료를 "데이터 보기" 화면에 입력하고 "변수 보기" 화면에서 각 변수들의 "열"의 크기가 모두 같도록 조정하여라.

3. F2height 자료를 "데이터 보기" 화면에 입력하고 "변수 보기" 화면에서 각 변수들의 "열"의 크기가 모두 같도록 조정하여라.

3장
자료의 열기와 저장

3.1 텍스트 파일의 자료 열기

앞에서 사용한 "N1major" 자료가 다음과 같이 "메모장"에 저장되어 있다고 가정하자. 실제 파일 이름은 "N1major.txt"로서 "텍스트" 파일로 저장되어 있다.

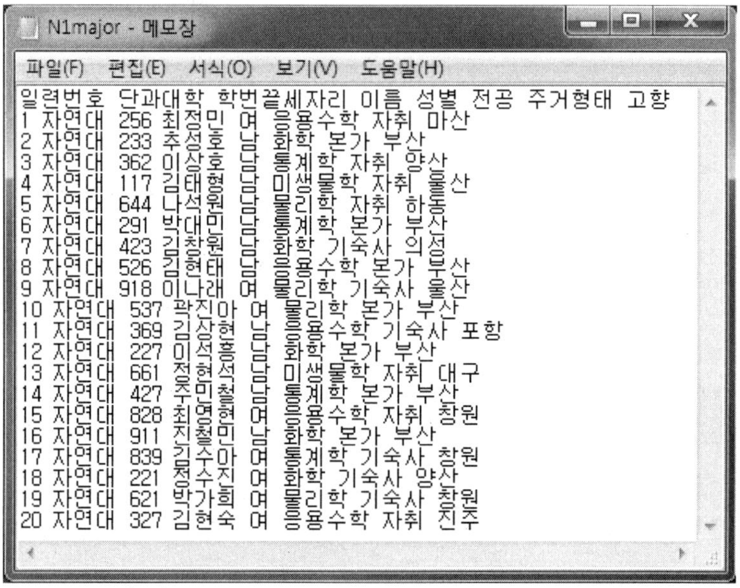

저장된 텍스트 파일을 "데이터 보기" 화면에서 다음과 같이 부른다.

(1) 사용 중인 화면을 그냥 두고, 새롭게 비어 있는 "데이터 보기" 화면을 만들기 위해서 메뉴에서 [파일 → 새파일 → 데이터]를 누른다.

(2) 메뉴에서 [파일 → 텍스트 데이터 읽기]를 누르면 "데이터 열기" 창이 나타난다. 열려고 하는 파일인 "N1major.txt"를 찾아서 클릭한 후, "열기"를 누른다.

(3) 나타나는 "텍스트 가져오기 마법사 - 6단계 중 1단계"에서 "텍스트 파일이 사전 정의된 형식과 일치합니까?"의 "◎예, ◉아니오"의 해당되는 부분을 선택하고 "다음"을 누른다.

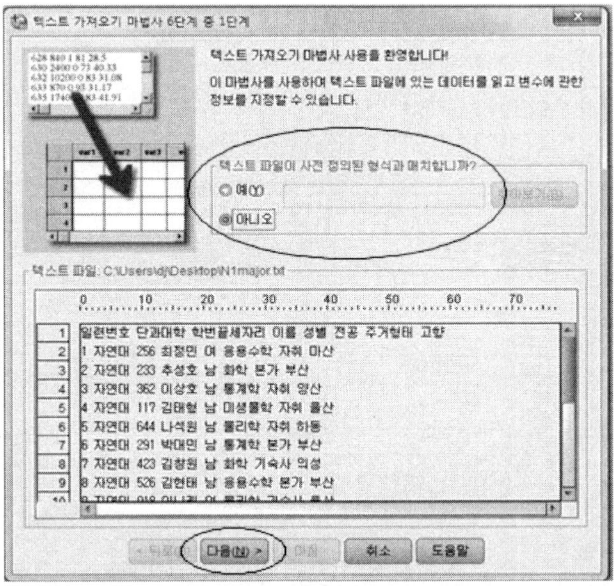

(4) "텍스트 가져오기 마법사 - 6단계 중 2단계"에서 "변수는 어떻게 배열되어 있습니까?", "변수이름이 파일의 처음에 있습니까?"의 해당되는 부분을 선택하고 "다음"을 누른다.

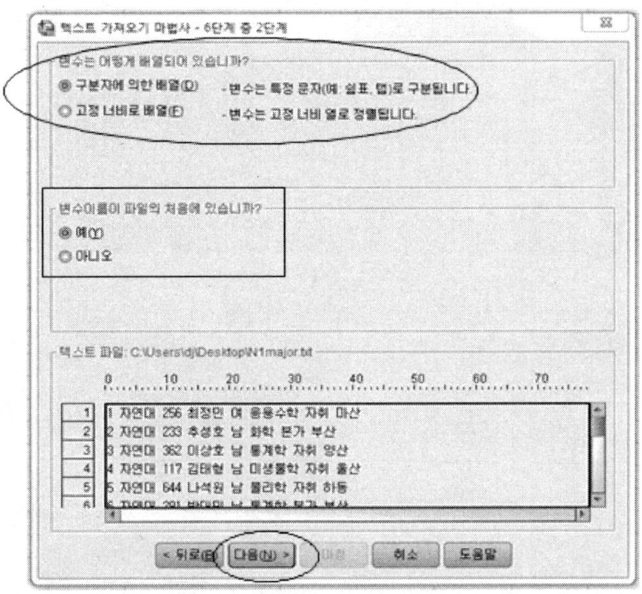

(5) “텍스트 가져오기 마법사 - 6단계 중 3단계”의 “데이터의 첫 번째 케이스가 몇 번째 줄에서 시작합니까?”, “케이스가 어떻게 표시되고 있습니까?”, “몇 개의 케이스를 가져오시겠습니까?”에서 필요한 것을 선택하고 “다음”을 누른다.

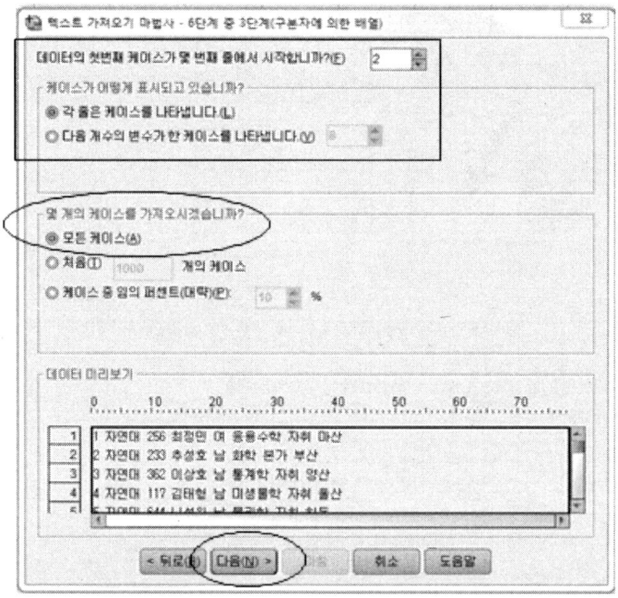

(6) “텍스트 가져오기 마법사 - 6단계 중 4단계”의 “변수 사이에 어떤 구분자를 사용했습니까?”에서 필요한 것을 선택하고 “다음”을 누른다.

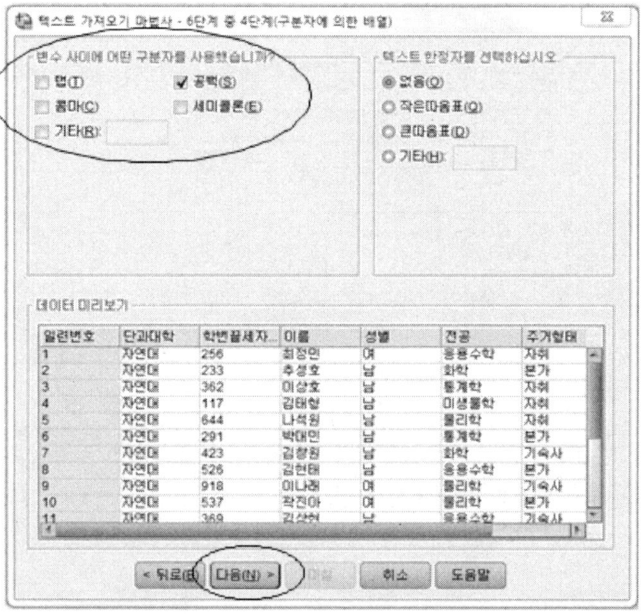

(7) "텍스트 가져오기 마법사 - 6단계 중 5단계"에서 "변수이름"에 "일련번호", "데이터 형식"에 "숫자"를 입력하고 "다음"을 누른다. "데이터 미리 보기"는 "데이터 보기" 화면에 나타날 부분을 보여준다.

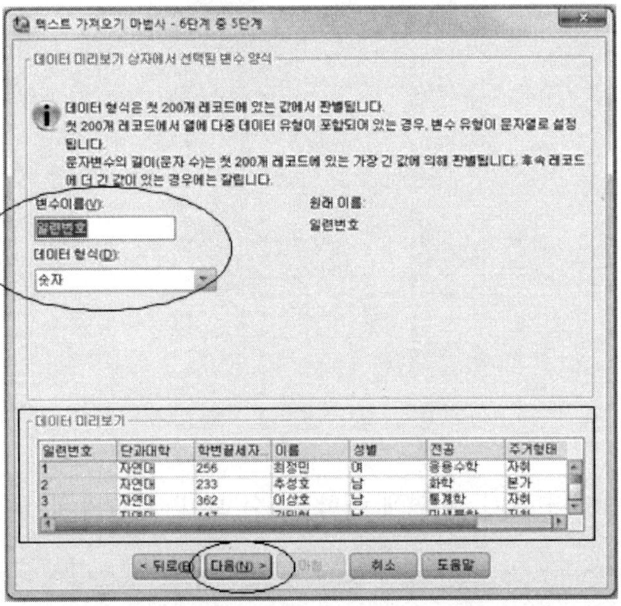

(8) "텍스트 가져오기 마법사 - 6단계 중 6단계"의 "텍스트 파일의 형식을 정의하였습니다", "명령문을 붙여넣으시..."의 필요 부분을 선택하고 "마침"을 누른다.

(9) 최종적으로 메모장에 저장된 "N1major.txt" 파일이 "데이터 보기" 화면에 다음과 같이 나타난다.

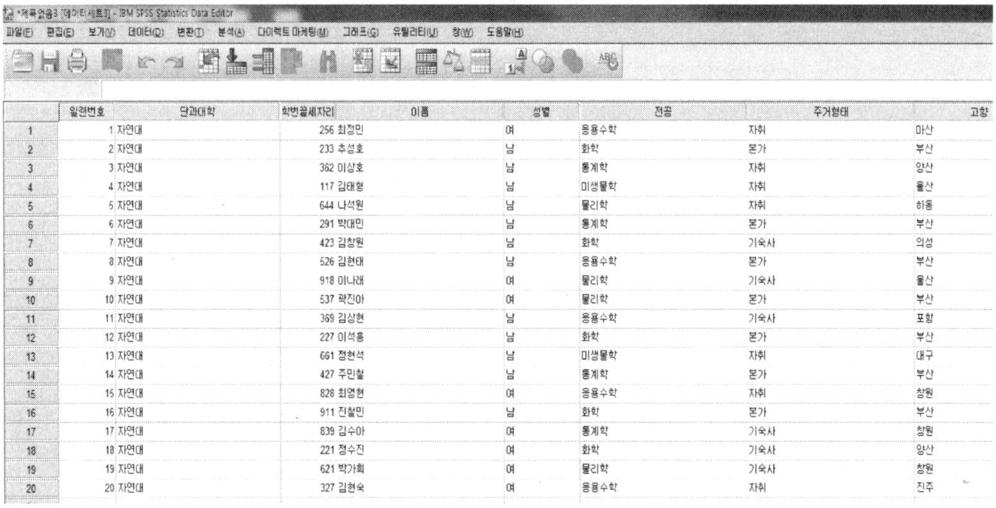

	일련번호	단과대학	학번끝세자리	이름	성별	전공	주거형태	고향
1	1	자연대	256	최정민	여	응용수학	자취	마산
2	2	자연대	233	추성호	남	화학	본가	부산
3	3	자연대	362	이상호	남	통계학	자취	양산
4	4	자연대	117	김태형	남	미생물학	자취	울산
5	5	자연대	644	나석원	남	물리학	자취	하동
6	6	자연대	291	박대민	남	통계학	본가	부산
7	7	자연대	423	김창원	남	화학	기숙사	의성
8	8	자연대	526	김현태	남	응용수학	본가	부산
9	9	자연대	918	이나래	여	물리학	기숙사	울산
10	10	자연대	537	곽진아	여	물리학	본가	부산
11	11	자연대	369	김상현	남	응용수학	기숙사	포항
12	12	자연대	227	이석홍	남	화학	본가	부산
13	13	자연대	661	정현석	남	미생물학	자취	대구
14	14	자연대	427	주민철	남	통계학	본가	부산
15	15	자연대	828	최영현	여	응용수학	자취	창원
16	16	자연대	911	진철민	남	화학	본가	부산
17	17	자연대	839	김수아	여	통계학	기숙사	창원
18	18	자연대	221	정수진	여	화학	기숙사	양산
19	19	자연대	621	박가희	여	물리학	기숙사	창원
20	20	자연대	327	김현숙	여	응용수학	자취	진주

(10) 위의 "데이터 보기" 화면에 대한 "변수 보기" 화면의 값들은 다음과 같다.

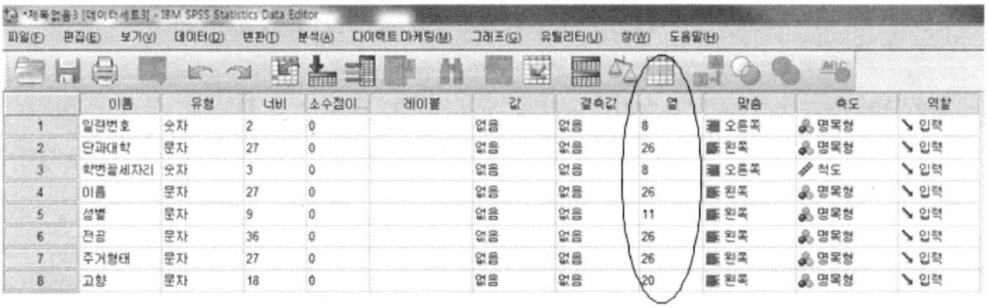

	이름	유형	너비	소수점이...	레이블	값	결측값	열	맞춤	측도	역할
1	일련번호	숫자	2	0		없음	없음	8	오른쪽	명목형	입력
2	단과대학	문자	27	0		없음	없음	26	왼쪽	명목형	입력
3	학번끝세자리	숫자	3	0		없음	없음	8	오른쪽	척도	입력
4	이름	문자	27	0		없음	없음	26	왼쪽	명목형	입력
5	성별	문자	9	0		없음	없음	11	왼쪽	명목형	입력
6	전공	문자	36	0		없음	없음	26	왼쪽	명목형	입력
7	주거형태	문자	27	0		없음	없음	26	왼쪽	명목형	입력
8	고향	문자	18	0		없음	없음	20	왼쪽	명목형	입력

(11) "데이터 보기" 화면의 폭이 너무 넓으므로 다음과 같이 각 변수들의 "열"을 동일하게 "8"로 맞춘다.

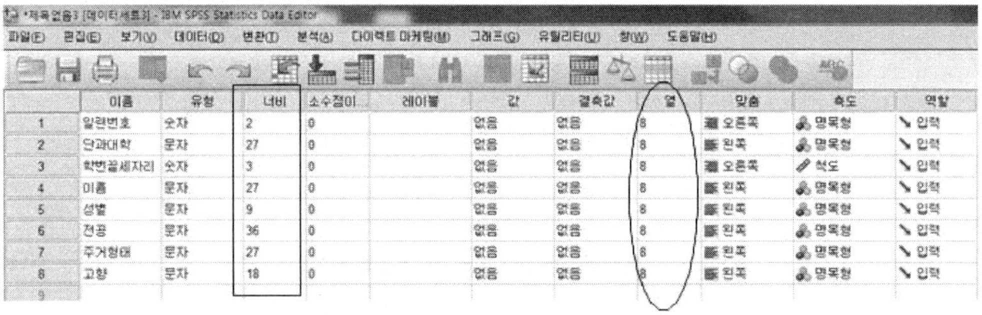

	이름	유형	너비	소수점이	레이블	값	결측값	열	맞춤	측도	역할
1	일련번호	숫자	2	0		없음	없음	8	오른쪽	명목형	입력
2	단과대학	문자	27	0		없음	없음	8	왼쪽	명목형	입력
3	학번끝세자리	숫자	3	0		없음	없음	8	오른쪽	척도	입력
4	이름	문자	27	0		없음	없음	8	왼쪽	명목형	입력
5	성별	문자	9	0		없음	없음	8	왼쪽	명목형	입력
6	전공	문자	36	0		없음	없음	8	왼쪽	명목형	입력
7	주거형태	문자	27	0		없음	없음	8	왼쪽	명목형	입력
8	고향	문자	18	0		없음	없음	8	왼쪽	명목형	입력
9											

(12) "열"을 동일하게 맞춘 결과는 다음과 같다. 그러나 위의 "변수 보기" 화면에서 "너비"를 너무 작게 수정하면 변수들의 모든 글자들이 "데이터 보기" 화면에서 나타나지 않고 잘리는 경우가 있으므로 유의한다.

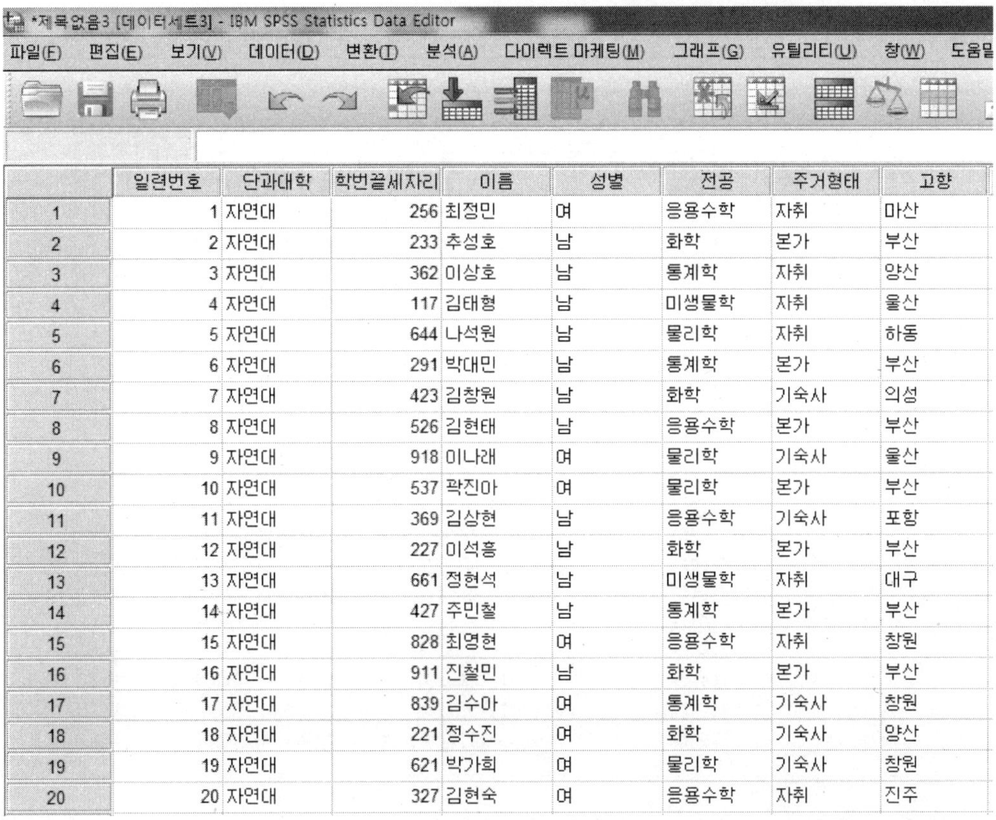

	일련번호	단과대학	학번끝세자리	이름	성별	전공	주거형태	고향
1	1	자연대	256	최정민	여	응용수학	자취	마산
2	2	자연대	233	추성호	남	화학	본가	부산
3	3	자연대	362	이상호	남	통계학	자취	양산
4	4	자연대	117	김태형	남	미생물학	자취	울산
5	5	자연대	644	나석원	남	물리학	자취	하동
6	6	자연대	291	박대민	남	통계학	본가	부산
7	7	자연대	423	김창원	남	화학	기숙사	의성
8	8	자연대	526	김현태	남	응용수학	본가	부산
9	9	자연대	918	이나래	여	물리학	기숙사	울산
10	10	자연대	537	곽진아	여	물리학	본가	부산
11	11	자연대	369	김상현	남	응용수학	기숙사	포항
12	12	자연대	227	이석흥	남	화학	본가	부산
13	13	자연대	661	정현석	남	미생물학	자취	대구
14	14	자연대	427	주민철	남	통계학	본가	부산
15	15	자연대	828	최영현	여	응용수학	자취	창원
16	16	자연대	911	진철민	남	화학	본가	부산
17	17	자연대	839	김수아	여	통계학	기숙사	창원
18	18	자연대	221	정수진	여	화학	기숙사	양산
19	19	자연대	621	박가희	여	물리학	기숙사	창원
20	20	자연대	327	김현숙	여	응용수학	자취	진주

3.2 엑셀 파일의 자료 열기

앞에서 사용한 "N1major" 자료가 다음과 같이 "엑셀"에 저장되어 있다고 가정하자. 실제 파일 이름은 "N1major.xlsx"로서 "엑셀" 파일로 저장되어 있다.

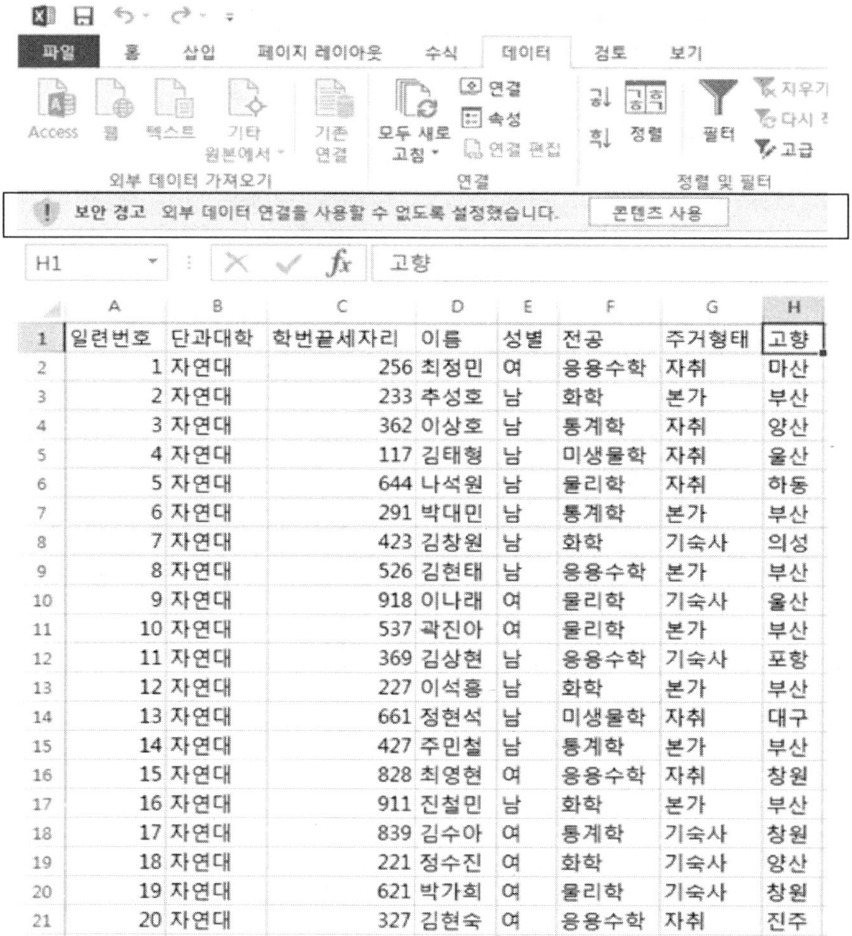

	A	B	C	D	E	F	G	H
1	일련번호	단과대학	학번끝세자리	이름	성별	전공	주거형태	고향
2	1	자연대	256	최정민	여	응용수학	자취	마산
3	2	자연대	233	추성호	남	화학	본가	부산
4	3	자연대	362	이상호	남	통계학	자취	양산
5	4	자연대	117	김태형	남	미생물학	자취	울산
6	5	자연대	644	나석원	남	물리학	자취	하동
7	6	자연대	291	박대민	남	통계학	본가	부산
8	7	자연대	423	김창원	남	화학	기숙사	의성
9	8	자연대	526	김현태	남	응용수학	본가	부산
10	9	자연대	918	이나래	여	물리학	기숙사	울산
11	10	자연대	537	곽진아	여	물리학	본가	부산
12	11	자연대	369	김상현	남	응용수학	기숙사	포항
13	12	자연대	227	이석홍	남	화학	본가	부산
14	13	자연대	661	정현석	남	미생물학	자취	대구
15	14	자연대	427	주민철	남	통계학	본가	부산
16	15	자연대	828	최영현	여	응용수학	자취	창원
17	16	자연대	911	진철민	남	화학	본가	부산
18	17	자연대	839	김수아	여	통계학	기숙사	창원
19	18	자연대	221	정수진	여	화학	기숙사	양산
20	19	자연대	621	박가희	여	물리학	기숙사	창원
21	20	자연대	327	김현숙	여	응용수학	자취	진주

저장된 텍스트 파일을 "데이터 보기" 화면에서 다음과 같이 부른다.

(1) 사용 중인 화면을 그냥 두고, 새롭게 비어 있는 "데이터 보기" 화면을 만들기 위해서 메뉴에서 [파일 → 새 파일 → 데이터]를 누른다.

(2) 메뉴에서 [파일 → 텍스트 데이터 읽기]를 누르면 "데이터 열기" 창이 나타난다. 열려고 하는 파일인 "N1major.xlsx"를 찾아서 클릭한 후, "열기"를 누른다.

(3) 나타나는 "Excel 데이터 소스 열기"에서 불러오려는 파일이 "N1major.xlsx"인지를 확인한다. 그리고 읽으려는 워크시트가 Sheet1의 "A1"부터 "H21"까지가 맞는지 확인하고 "확인"을 누른다. "데이터 보기" 화면에서 엑셀 파일의 원하는 부분의 자료가 읽혀지지 않으면 "범위"를 지정하여 조절한다.

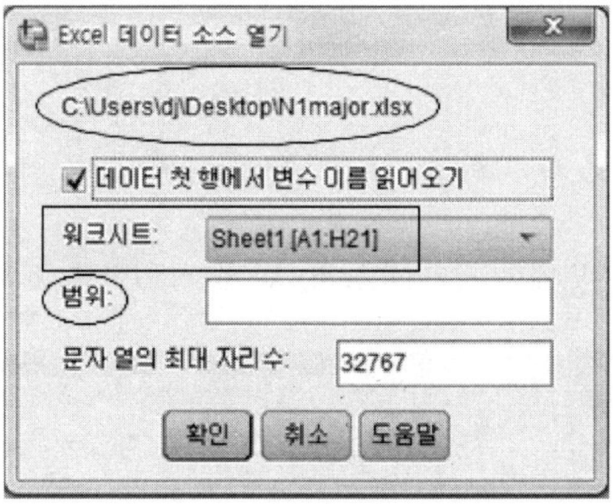

(4) "데이터 보기" 화면에 다음과 같이 불러온다.

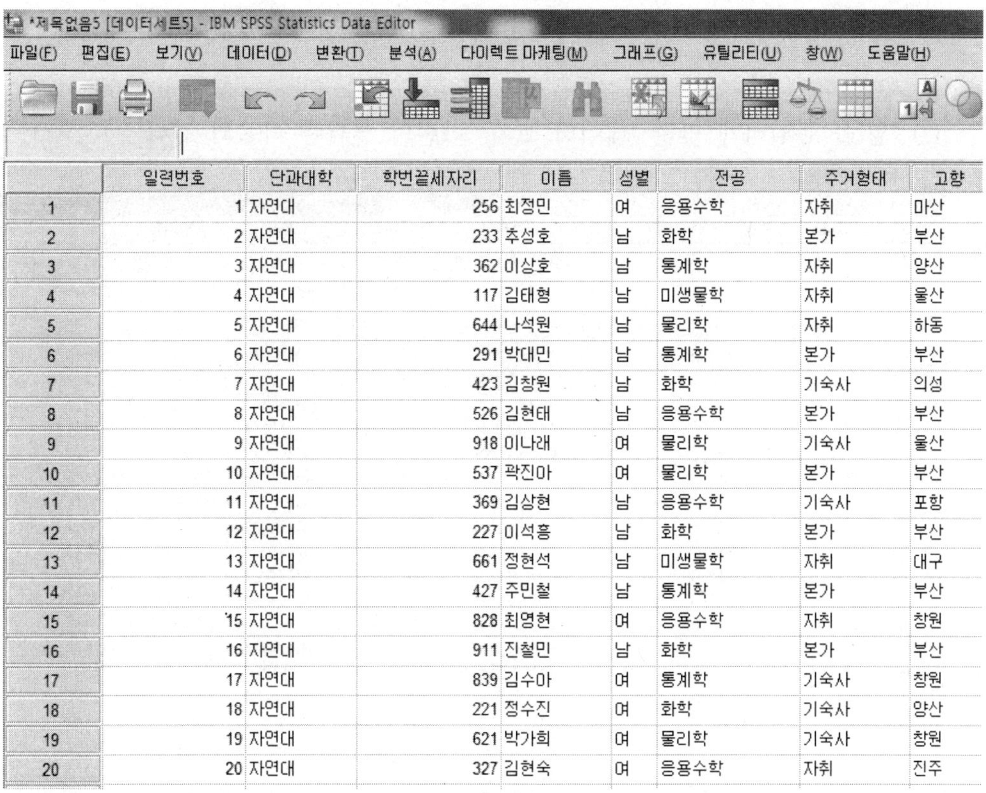

	일련번호	단과대학	학번끝세자리	이름	성별	전공	주거형태	고향
1	1	자연대	256	최정민	여	응용수학	자취	마산
2	2	자연대	233	추성호	남	화학	본가	부산
3	3	자연대	362	이상호	남	통계학	자취	양산
4	4	자연대	117	김태형	남	미생물학	자취	울산
5	5	자연대	644	나석원	남	물리학	자취	하동
6	6	자연대	291	박대민	남	통계학	본가	부산
7	7	자연대	423	김창원	남	화학	기숙사	의성
8	8	자연대	526	김현태	남	응용수학	본가	부산
9	9	자연대	918	이나래	여	물리학	기숙사	울산
10	10	자연대	537	곽진아	여	물리학	본가	부산
11	11	자연대	369	김상현	남	응용수학	기숙사	포항
12	12	자연대	227	이석훙	남	화학	본가	부산
13	13	자연대	661	정현석	남	미생물학	자취	대구
14	14	자연대	427	주민철	남	통계학	본가	부산
15	15	자연대	828	최영현	여	응용수학	자취	창원
16	16	자연대	911	진철민	남	화학	본가	부산
17	17	자연대	839	김수아	여	통계학	기숙사	창원
18	18	자연대	221	정수진	여	화학	기숙사	양산
19	19	자연대	621	박가희	여	물리학	기숙사	창원
20	20	자연대	327	김현숙	여	응용수학	자취	진주

(5) 앞의 "데이터 보기" 화면에 대한 "변수 보기" 화면의 값들은 다음과 같다.

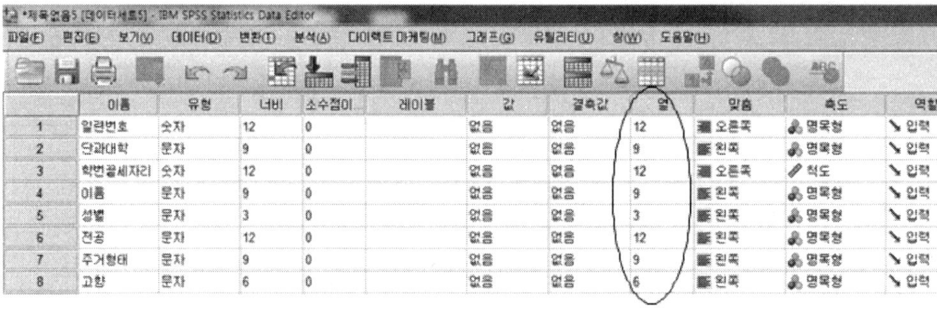

	이름	유형	너비	소수점이	레이블	값	결측값	열	맞춤	측도	역할
1	일련번호	숫자	12	0		없음	없음	12	오른쪽	명목형	입력
2	단과대학	문자	9	0		없음	없음	9	왼쪽	명목형	입력
3	학번끝세자리	숫자	12	0		없음	없음	12	오른쪽	척도	입력
4	이름	문자	9	0		없음	없음	9	왼쪽	명목형	입력
5	성별	문자	3	0		없음	없음	3	왼쪽	명목형	입력
6	전공	문자	12	0		없음	없음	12	왼쪽	명목형	입력
7	주거형태	문자	9	0		없음	없음	9	왼쪽	명목형	입력
8	고향	문자	6	0		없음	없음	6	왼쪽	명목형	입력

(6) "변수 보기" 화면에서 각 변수들의 "열"을 동일하게 "8"로 맞춘다.

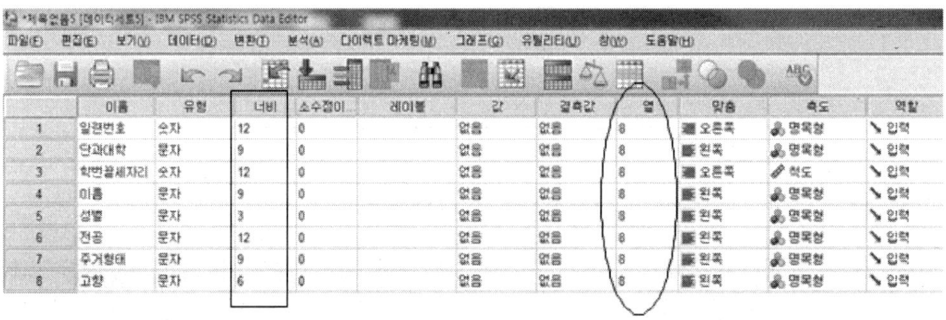

	이름	유형	너비	소수점이	레이블	값	결측값	열	맞춤	측도	역할
1	일련번호	숫자	12	0		없음	없음	8	오른쪽	명목형	입력
2	단과대학	문자	9	0		없음	없음	8	왼쪽	명목형	입력
3	학번끝세자리	숫자	12	0		없음	없음	8	오른쪽	척도	입력
4	이름	문자	9	0		없음	없음	8	왼쪽	명목형	입력
5	성별	문자	3	0		없음	없음	8	왼쪽	명목형	입력
6	전공	문자	12	0		없음	없음	8	왼쪽	명목형	입력
7	주거형태	문자	9	0		없음	없음	8	왼쪽	명목형	입력
8	고향	문자	6	0		없음	없음	8	왼쪽	명목형	입력

(7) "열"을 동일하게 맞춘 "데이터 보기" 화면의 결과는 다음과 같다.

	일련번호	단과대학	학번끝세자리	이름	성별	전공	주거형태	고향
1	1	자연대	256	최정민	여	응용수학	자취	마산
2	2	자연대	233	추성호	남	화학	본가	부산
3	3	자연대	362	이상호	남	통계학	자취	양산
4	4	자연대	117	김태형	남	미생물학	자취	울산
5	5	자연대	644	나석원	남	물리학	자취	하동
6	6	자연대	291	박대민	남	통계학	본가	부산
7	7	자연대	423	김창원	남	화학	기숙사	의성
8	8	자연대	526	김현태	남	응용수학	본가	부산
9	9	자연대	918	이나래	여	물리학	기숙사	울산
10	10	자연대	537	곽진아	여	물리학	본가	부산
11	11	자연대	369	김상현	남	응용수학	기숙사	포항
12	12	자연대	227	이석흥	남	화학	본가	부산
13	13	자연대	661	정현석	남	미생물학	자취	대구
14	14	자연대	427	주민철	남	통계학	본가	부산
15	15	자연대	828	최영현	여	응용수학	자취	창원
16	16	자연대	911	진철민	남	화학	본가	부산
17	17	자연대	839	김수아	여	통계학	기숙사	창원
18	18	자연대	221	정수진	여	화학	기숙사	양산
19	19	자연대	621	박가희	여	물리학	기숙사	창원
20	20	자연대	327	김현숙	여	응용수학	자취	진주

3.3 파일의 저장

"데이터 보기" 화면의 파일을 엑셀 파일로 저장하려고 할 때는 다음과 같이 한다.

(1) "파일 이름"에 저장하려는 파일 이름을 적고 엑셀 파일의 유형을 찾기 위하여 "저장 유형"의 ▼을 누른다.

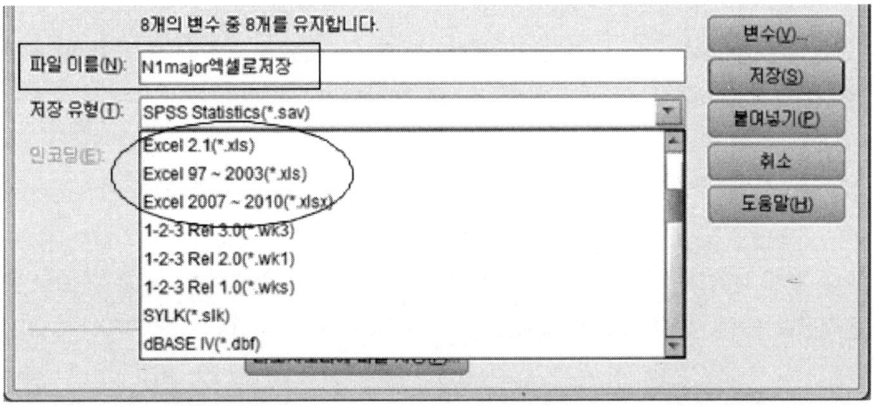

(2) "저장 유형"에서 저장하려는 Excel 파일의 종류를 선택한다.

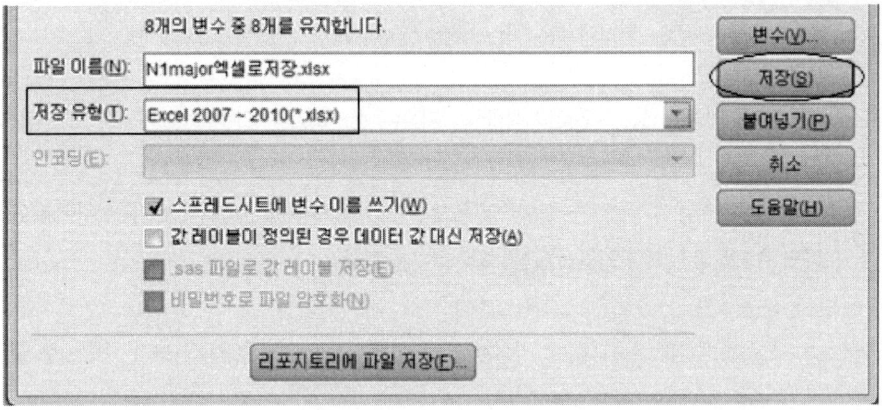

(3) "저장"을 누르면 원하는 디렉터리에 "N1major엑셀로저장.xlsx"의 파일 이름으로 저장된다.

연 습 문 제

1. F1major 자료를 메모장에 txt 파일로 저장한 후, 저장된 txt 파일을 "데이터 보기" 화면으로 불러라(파일을 저장할 때 "저장유형"을 "탭으로 구분(*.dat)"으로 저장한 후, 파일을 부를 때 연결프로그램으로 메모장 또는 notepad로 열어서 확인할 것).

2. "변수 보기" 화면으로 가서 각 변수들의 "열"을 같은 크기로 맞춘 후, "데이터 보기" 화면으로 돌아가서 같은 "열"의 크기를 갖는지 확인하고 SPSS 파일로 저장하여라.

3. N2height 자료를 메모장에 txt 파일로 저장한 후, 저장된 txt 파일을 "데이터 보기" 화면으로 불러라.

4. "변수 보기" 화면으로 가서 각 변수들의 "열"을 같은 크기로 맞춘 후, "데이터 보기" 화면으로 돌아가서 같은 "열"의 크기를 갖는지 확인하고 SPSS 파일로 저장하여라.

5. F2height 자료를 메모장에 txt 파일로 저장한 후, 저장된 txt 파일을 "데이터 보기" 화면으로 불러라.

6. "변수 보기" 화면으로 가서 각 변수들의 "열"을 같은 크기로 맞춘 후, "데이터 보기" 화면으로 돌아가서 같은 "열"의 크기를 갖는지 확인하고 SPSS 파일로 저장하여라.

7. F1major 자료를 엑셀에 xlsx 파일로 저장한 후, 저장된 xlsx 파일을 "데이터 보기" 화면으로 불러라.

8. "변수 보기" 화면으로 가서 각 변수들의 "열"을 같은 크기로 맞춘 후, "데이터 보기" 화면으로 돌아가서 같은 "열"의 크기를 갖는지 확인하고 SPSS 파일로 저장하여라.

9. N2height 자료를 엑셀에 xlsx 파일로 저장한 후, 저장된 xlsx 파일을 "데이터 보기" 화면으로 불러라.

10. "변수 보기" 화면으로 가서 각 변수들의 "열"을 같은 크기로 맞춘 후, "데이터 보기" 화면으로 돌아가서 같은 "열"의 크기를 갖는지 확인하고 SPSS 파일로 저장하여라.

11. F2height 자료를 엑셀에 xlsx 파일로 저장한 후, 저장된 xlsx 파일을 "데이터 보기" 화면으로 불러라.

12. "변수 보기" 화면으로 가서 각 변수들의 "열"을 같은 크기로 맞춘 후, "데이터 보기" 화면으로 돌아가서 같은 "열"의 크기를 갖는지 확인하고 SPSS 파일로 저장하여라.

13. 다음은 엑셀에 저장된 "직업별 대중교통 이용현황" 자료이다. 다음 자료를 불러서 SPSS 파일로 저장하여라.

	A	B	C
1	구분	시내버스 평균 (회)	도시철도 평균 (회)
2	화이트칼라	8.7	2.4
3	블루칼라	8.7	1.7
4	농림어업종사자	6	0.1
5	전업주부	7	0.9
6	학생	9.5	2.2
7	무직/기타	7.7	1.8

14. 다음은 메모장에 저장된 "직업별 대중교통 이용현황" 자료이다. 다음 자료를 불러서 SPSS 파일로 저장하여라.

```
3장_2_직업별대중교통이용현황 - 메모장
파일(F) 편집(E) 서식(O) 보기(V) 도움말(H)
"구분"  "시내버스평균(회)" "도시철도평균(회)"
"화이트칼라" "8.7" "2.4"
"블루칼라" "8.7" "1.7"
"농림어업종사자" "6" "0.1"
"전업주부" "7" "0.9"
"학생" "9.5" "2.2"
"무직/기타" "7.7" "1.8"
```

15. 다음은 엑셀에 저장된 "직업별 한 달 대중교통비용" 자료이다. 다음 자료를 불러서 SPSS 파일로 저장하여라.

	A	B	C	D	E	F	G
1	구분	3만원 미만	3만원~4만원	4만원~5만원	5만원~10만원	10만원 이상	평균 (원)
2	전국	6,064	4,697	4,697	8,659	1,250	44,846
3	화이트칼라	1,359	991	1,207	3,039	454	49,327
4	블루칼라	282	211	241	507	51	45,784
5	농림어업종사자	646	280	173	202	11	32,559
6	전업주부	1,685	1,132	709	968	41	35,443
7	학생	1,526	1,721	2,052	3,500	628	48,607
8	무직/기타	566	362	315	443	65	39,475

16. 다음은 메모장에 저장된 "직업별 한 달 대중교통비용" 자료이다. 다음 자료를 불러서 SPSS 파일로 저장하여라.

```
3장_4_직업별한달대중교통비용 - 메모장
파일(F) 편집(E) 서식(O) 보기(V) 도움말(H)
"구분" "3만원미만" "3만원~4만원" "4만원~5만원" "5만원~10만원" "10만원이상" "평균(원)"
"전국" "6,064" "4,697" "4,697" "8,659" "1,250" "44,846"
"화이트칼라" "1,359" "991" "1,207" "3,039" "454" "49,327"
"블루칼라" "282" "211" "241" "507" "51" "45,784"
"농림어업종사자" "646" "280" "173" "202" "11" "32,559"
"전업주부" "1,685" "1,132" "709" "968" "41" "35,443"
"학생" "1,526" "1,721" "2,052" "3,500" "628" "48,607"
"무직/기타" "566" "362" "315" "443" "65" "39,475"
```

4장

자료의 편집

4.1 변수의 추가

앞에서 사용한 "N2height" 자료에서 몸무게와 IQ 사이에 "100m" 기록이 다음과 같이 추가되었다. "N2height" 파일을 불러서 새로운 변수 "IQ"를 **기존의 변수들 사이에 추가**하고 자료를 입력하여라.

N2height 자료

일련번호	단과대학	학번 끝 세 자리	이름	키	몸무게	100m	IQ	평점
1	자연대	256	최정민	155	62	11.5	115	3.02
2	자연대	233	추성호	171	75	12.9	153	4.41
3	자연대	362	이상호	176	85	12.0	107	3.62
4	자연대	117	김태형	170	72	11.8	103	3.75
5	자연대	644	나석원	179	86	12.1	109	3.46
6	자연대	291	박대민	186	96	13.4	126	3.91
7	자연대	423	김창원	180	74	12.4	142	4.23
8	자연대	526	김현태	175	67	11.1	117	3.26
9	자연대	918	이나래	168	59	14.9	122	4.21
10	자연대	537	곽진아	172	74	15.3	130	4.31
11	자연대	369	김상현	179	66	11.7	117	4.00
12	자연대	227	이석홍	189	74	14.2	120	3.95
13	자연대	661	정현석	178	70	13.2	101	3.33
14	자연대	427	주민철	163	79	14.7	120	4.03
15	자연대	828	최영현	158	52	13.0	114	3.87
16	자연대	911	진철민	174	77	12.7	102	3.96
17	자연대	839	김수아	170	61	12.7	131	4.06
18	자연대	221	정수진	163	52	13.8	100	4.01
19	자연대	621	박가희	159	47	15.0	120	3.97
20	자연대	327	김현숙	160	53	14.9	127	3.69

(1) 다음과 같이 변수 "IQ"에 커서를 둔 상태에서 메뉴의 [편집 → 변수삽입]을 누르면 새로운 열이 "VAR00001"의 이름이 붙어서 나타난다.

(2) 또는 변수 "IQ"에 커서를 둔 상태에서 마우스의 오른쪽 단추를 클릭을 하여 "변수삽입"을 선택하면 새로운 열이 "VAR00001"의 이름을 가지고 나타난다.

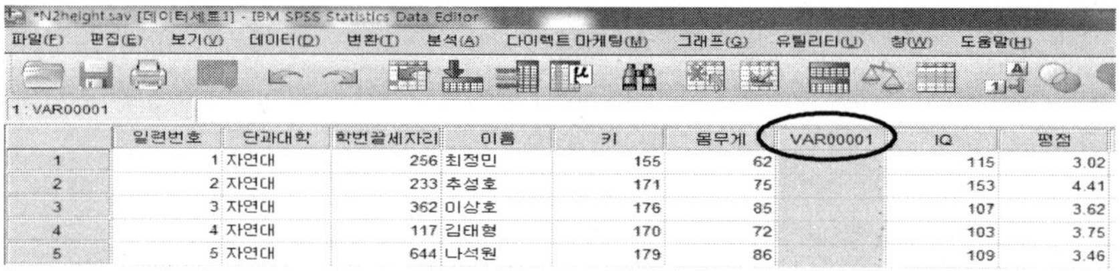

(3) "변수 보기" 화면으로 가서 변수 "VAR00001"의 "이름"을 한글로 "**백미터**", "유형"을 "숫자", "소수점이하자리"를 "1"로 바꾼다(**변수 이름의 첫 문자는 숫자가 될 수 없다**).

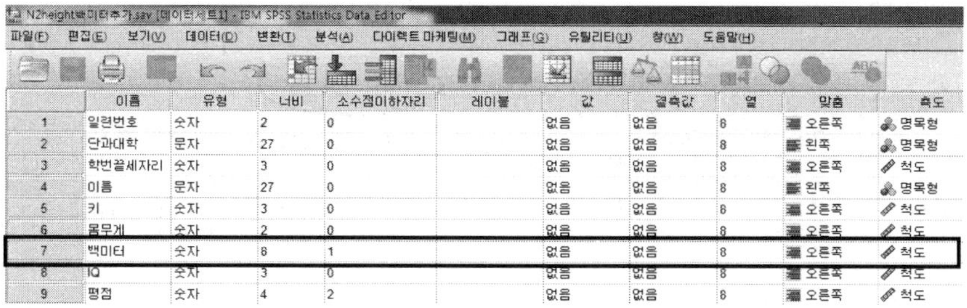

	이름	유형	너비	소수점이하자리	레이블	값	결측값	열	맞춤	측도
1	일련번호	숫자	2	0		없음	없음	8	오른쪽	명목형
2	단과대학	문자	27	0		없음	없음	8	왼쪽	명목형
3	학번끝세자리	숫자	3	0		없음	없음	8	오른쪽	척도
4	이름	문자	27	0		없음	없음	8	왼쪽	명목형
5	키	숫자	3	0		없음	없음	8	오른쪽	척도
6	몸무게	숫자	2	0		없음	없음	8	오른쪽	척도
7	백미터	숫자	8	1		없음	없음	8	오른쪽	척도
8	IQ	숫자	3	0		없음	없음	8	오른쪽	척도
9	평점	숫자	4	2		없음	없음	8	오른쪽	척도

(4) "N2height 자료"안에 있는 "100m" 기록의 값들을 새로운 변수 "백미터" 아래에 모두 입력한다.

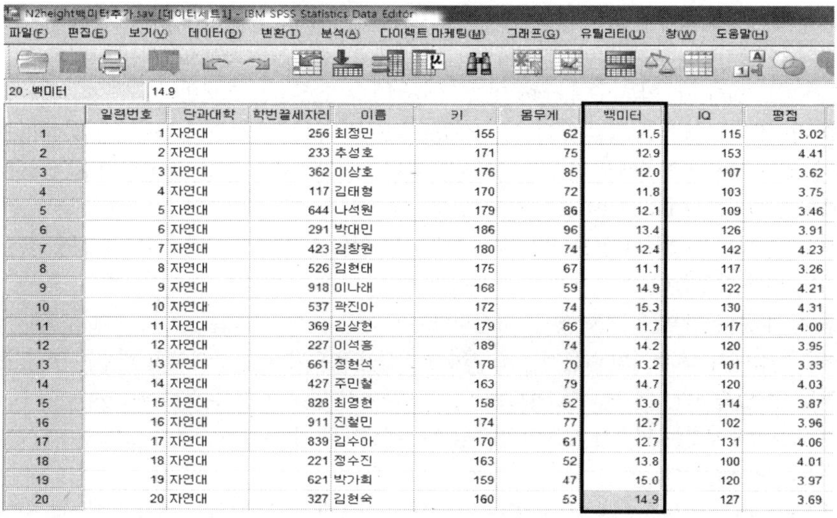

	일련번호	단과대학	학번끝세자리	이름	키	몸무게	백미터	IQ	평점
1	1	자연대	256	최정민	155	62	11.5	115	3.02
2	2	자연대	233	추성호	171	75	12.9	153	4.41
3	3	자연대	362	이상호	176	85	12.0	107	3.62
4	4	자연대	117	김태형	170	72	11.8	103	3.75
5	5	자연대	644	나석원	179	86	12.1	109	3.46
6	6	자연대	291	박대민	186	96	13.4	126	3.91
7	7	자연대	423	김창원	180	74	12.4	142	4.23
8	8	자연대	526	김현태	175	67	11.1	117	3.26
9	9	자연대	918	이나래	168	59	14.9	122	4.21
10	10	자연대	537	곽진아	172	74	15.3	130	4.31
11	11	자연대	369	김상현	179	66	11.7	117	4.00
12	12	자연대	227	이석흥	189	74	14.2	120	3.95
13	13	자연대	661	정현석	178	70	13.2	101	3.33
14	14	자연대	427	주민철	163	79	14.7	120	4.03
15	15	자연대	828	최영현	158	52	13.0	114	3.87
16	16	자연대	911	진철민	174	77	12.7	102	3.96
17	17	자연대	839	김수아	170	61	12.7	131	4.06
18	18	자연대	221	정수진	163	52	13.8	100	4.01
19	19	자연대	621	박가희	159	47	15.0	120	3.97
20	20	자연대	327	김현숙	160	53	14.9	127	3.69

(5) 메뉴에서 [파일 → 다른 이름으로 저장]을 누르고 저장을 원하는 디렉터리로 이동하여 "파일 이름"에 "N2height백미터추가.sav"로 수정한 다음, "저장"을 눌러서 새로운 파일로 저장한다.

4.2 변수 이름의 규칙

※ "변수 이름"에 관한 내용을 알기 위하여 메뉴의 [도움말 → 항목]을 누르고 화면의 "검색"란에 "이름"을 입력하면 다양한 정보가 나타나는데 이때 "변수 이름 –

Help 23"을 선택하면 다음의 해설을 볼 수 있다:

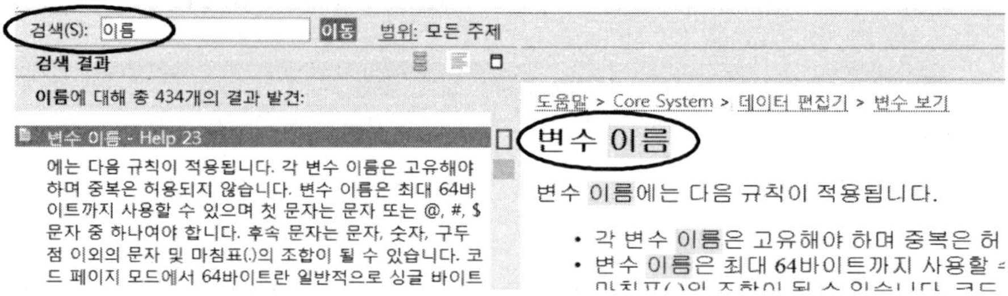

■ 변수 이름에는 다음 규칙이 적용됩니다.

① 각 변수 이름은 고유해야 하며 중복은 허용되지 않습니다.

② **변수 이름은 최대 64바이트까지 사용할 수 있으며 첫 문자는 문자 또는 @, #, $ 문자 중 하나여야 합니다. 후속 문자는 문자, 숫자, 구두점 이외의 문자 및 마침표(.)의 조합이 될 수 있습니다.**

③ 코드 페이지 모드에서 64바이트란 일반적으로 싱글 바이트 언어(예: 영어, 프랑스어, 독일어, 스페인어, 이탈리아어, 히브리어, 러시아어, 그리스어, 아랍어 및 태국어)에서는 64문자를, 그리고 더블바이트 언어(예: 일본어, 중국어 및 한국어)에서는 32문자를 의미합니다. 코드 페이지 모드에서 한 바이트만 사용하는 많은 문자열은 유니코드에서는 둘 이상의 바이트를 사용합니다. 예를 들어, é은 코드 페이지 형식에서 한 바이트이지만 유니코드 형식에서는 두 바이트이므로 résumé은 코드 페이지 파일에서 6바이트이고 유니코드 모드에서 8바이트입니다.
참고: 문자는 플랫폼의 문자 세트에서 지원되는 언어로 일반 단어를 쓰는 데 사용되는 구두점이 아닌 문자를 포함합니다.

④ 변수 이름에는 공백을 포함할 수 없습니다.

⑤ 변수 이름에서 첫 위치의 # 문자는 스크래치 변수를 정의합니다. 스크래치 변수는 명령 구문으로만 만들 수 있습니다. 새 변수를 만드는 대화 상자에서 변수의 첫 문자로 #을 지정할 수 없습니다.

⑥ 첫 위치의 $ 부호는 변수가 시스템 변수임을 나타냅니다. $ 부호는 사용자 정의 변수의 초기 문자로 허용되지 않습니다.

⑦ 마침표, 밑줄 및 문자 $, #, @는 변수 이름 내에 사용할 수 있습니다. 예를 들어, A._$@#1은 유효한 변수 이름입니다.

⑧ 마침표로 끝나는 변수 이름은 마침표가 명령 종료자로 해석될 수 있기 때문에 피해야 합니다. 명령 구문에서 마침표로 끝나는 변수만 만들 수 있습니다. 새 변수를 만드는 대화 상자에서는 마침표로 끝나는 변수는 만들 수 없습니다.

⑨ 밑줄로 끝나는 변수 이름은 이런한 이름이 명령과 프로시저로 자동으로 만들어지는 변수 이름과 충돌할 수 있기 때문에 피해야 합니다.

⑩ 예약된 키워드는 변수 이름으로 사용할 수 없습니다. 예약된 키워드는 ALL, AND, BY, EQ, GE, GT, LE, LT, NE, NOT, OR, TO, WITH입니다.

⑪ 변수 이름은 대문자와 소문자의 조합을 사용하여 정의할 수 있으며 케이스는 표시 목적으로 유지됩니다.

⑫ 출력시, 긴 변수 이름이 여러 줄에 표시될 필요가 있을 때는 밑줄, 마침표 및 내용이 소문자에서 대문자로 바뀌는 포인트에서 줄이 끊어집니다

4.3 케이스의 추가

앞에서 사용한 "N2height" 자료에서 다음의 자료가 추가(**케이스의 추가**)되었다고 가정하자.

"99	자연대	549	김춘옥	151	52	13.9	115	3.85"

"N2height백미터추가.sav" 파일을 불러서 위의 값을 **"20번 김현숙"** 앞에 추가하여라.

(1) 다음과 같이 저장된 "N2height백미터추가.sav" 파일을 부른다.

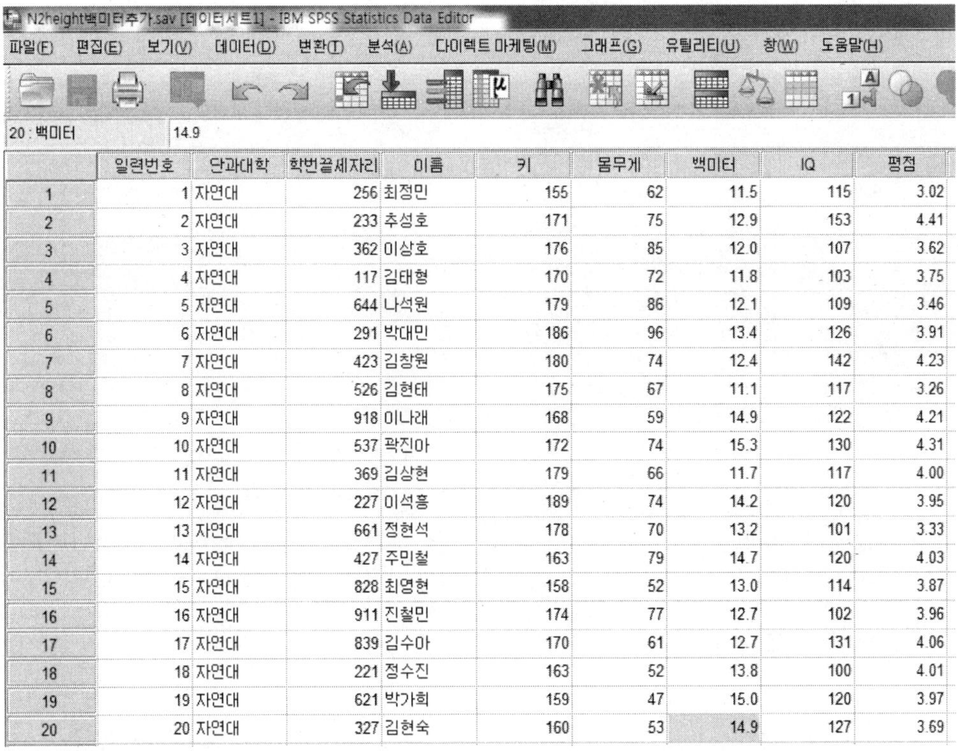

	일련번호	단과대학	학번끝세자리	이름	키	몸무게	백미터	IQ	평점
1	1	자연대	256	최정민	155	62	11.5	115	3.02
2	2	자연대	233	추성호	171	75	12.9	153	4.41
3	3	자연대	362	이상호	176	85	12.0	107	3.62
4	4	자연대	117	김태형	170	72	11.8	103	3.75
5	5	자연대	644	나석원	179	86	12.1	109	3.46
6	6	자연대	291	박대민	186	96	13.4	126	3.91
7	7	자연대	423	김창원	180	74	12.4	142	4.23
8	8	자연대	526	김현태	175	67	11.1	117	3.26
9	9	자연대	918	이나래	168	59	14.9	122	4.21
10	10	자연대	537	곽진아	172	74	15.3	130	4.31
11	11	자연대	369	김상현	179	66	11.7	117	4.00
12	12	자연대	227	이석홍	189	74	14.2	120	3.95
13	13	자연대	661	정현석	178	70	13.2	101	3.33
14	14	자연대	427	주민철	163	79	14.7	120	4.03
15	15	자연대	828	최영현	158	52	13.0	114	3.87
16	16	자연대	911	진철민	174	77	12.7	102	3.96
17	17	자연대	839	김수아	170	61	12.7	131	4.06
18	18	자연대	221	정수진	163	52	13.8	100	4.01
19	19	자연대	621	박가희	159	47	15.0	120	3.97
20	20	자연대	327	김현숙	160	53	14.9	127	3.69

(2) 다음과 같이 **"20번째 행"**에 커서를 두고, [편집 → 케이스 삽입]을 누르면 새로운 행이 나타난다.

(3) 또는 **"20번째 행"**에 커서를 둔 상태에서 마우스의 오른쪽 단추를 클릭하여 "케이스 삽입"을 선택하면 새로운 행이 나타난다.

9	9	자연대	918	이나래	168	59	14.9	122	4.21
10	10	자연대	537	곽진아	172	74	15.3	130	4.31
11	11	자연대	369	김상현	179	66	11.7	117	4.00
12	12	자연대	227	이석홍	189	74	14.2	120	3.95
13	13	자연대	661	정현석	178	70	13.2	101	3.33
14	14	자연대	427	주민철	163	79	14.7	120	4.03
15	15	자연대	828	최영현	158	52	13.0	114	3.87
16	16	자연대	911	진철민	174	77	12.7	102	3.96
17	17	자연대	839	김수아	170	61	12.7	131	4.06
18	18	자연대	221	정수진	163	52	13.8	100	4.01
19	19	자연대	621	박가희	159	47	15.0	120	3.97
20									
21	20	자연대	327	김현숙	160	53	14.9	127	3.69

(4) 새로운 행이 만들어지면 그곳에 위의 자료를 입력한다.

	일련번호	단과대학	학번끝세자리	이름	키	몸무게	백미터	IQ	평점
1	1	자연대	256	최정민	155	62	11.5	115	3.02
2	2	자연대	233	추성호	171	75	12.9	153	4.41
3	3	자연대	362	이상호	176	85	12.0	107	3.62
4	4	자연대	117	김태형	170	72	11.8	103	3.75
5	5	자연대	644	나석원	179	86	12.1	109	3.46
6	6	자연대	291	박대민	186	96	13.4	126	3.91
7	7	자연대	423	김창원	180	74	12.4	142	4.23
8	8	자연대	526	김현태	175	67	11.1	117	3.26
9	9	자연대	918	이나래	168	59	14.9	122	4.21
10	10	자연대	537	곽진아	172	74	15.3	130	4.31
11	11	자연대	369	김상현	179	66	11.7	117	4.00
12	12	자연대	227	이석홍	189	74	14.2	120	3.95
13	13	자연대	661	정현석	178	70	13.2	101	3.33
14	14	자연대	427	주민철	163	79	14.7	120	4.03
15	15	자연대	828	최영현	158	52	13.0	114	3.87
16	16	자연대	911	진철민	174	77	12.7	102	3.96
17	17	자연대	839	김수아	170	61	12.7	131	4.06
18	18	자연대	221	정수진	163	52	13.8	100	4.01
19	19	자연대	621	박가희	159	47	15.0	120	3.97
20	99	자연대	549	김춘옥	151	52	13.9	115	3.85
21	20	자연대	327	김현숙	160	53	14.9	127	3.69

(5) 메뉴에서 [파일 → 다른 이름으로 저장]을 누르고 저장을 원하는 디렉터리로 이동하여 “파일 이름”에 “N2height백미터추가행추가.sav”로 수정한 다음, “저장”을 눌러서 새로운 파일로 저장한다.

4.4 수치 자료의 정렬

앞에서 사용한 "N2height.sav" 파일 안에 있는 자료(사례수)를 특별한 순서로 정렬하려고 한다. 예를 들어, 20명의 학생들을 **평점(수치 자료)의 증가순**으로 정렬하여 보자.

(1) "N2height.sav"를 "데이터 보기" 화면으로 부른다.

	일련번호	단과대학	학번끝세자리	이름	키	몸무게	IQ	평점
1	1	자연대	256	최정민	155	62	115	3.02
2	2	자연대	233	추성호	171	75	153	4.41
3	3	자연대	362	이상호	176	85	107	3.62
4	4	자연대	117	김태형	170	72	103	3.75
5	5	자연대	644	나석원	179	86	109	3.46
6	6	자연대	291	박대민	186	96	126	3.91
7	7	자연대	423	김창원	180	74	142	4.23
8	8	자연대	526	김현대	175	67	117	3.26
9	9	자연대	918	이나래	168	59	122	4.21
10	10	자연대	537	곽진아	172	74	130	4.31
11	11	자연대	369	김상현	179	66	117	4.00
12	12	자연대	227	이석홍	189	74	120	3.95
13	13	자연대	661	정현석	178	70	101	3.33
14	14	자연대	427	주민철	163	79	120	4.03
15	15	자연대	828	최영현	158	52	114	3.87
16	16	자연대	911	진철민	174	77	102	3.96
17	17	자연대	839	김수아	170	61	131	4.06
18	18	자연대	221	정수진	163	52	100	4.01
19	19	자연대	621	박가희	159	47	120	3.97
20	20	자연대	327	김현숙	160	53	127	3.69

(2) 메뉴에서 [데이터 → 케이스 정렬]을 누르면 대화상자가 나타난다.

(3) 왼쪽 변수들 가운데 "평점"을 클릭하고 를 눌러서 오른쪽의 "정렬기준"의 빈 칸으로 옮기고 "확인"을 누른다.

※ 만약 정렬해야 할 변수를 잘못 선택하였다면 또는 를 사용하여 "정렬기준" 아래에 정렬할 변수를 옮긴다.

※ **수치변수** 앞에는 **눈금자** 모양의 그림 이 있음을 주목한다.

(4) 뷰어 화면에 오름차순 정렬의 실행결과 메시지가 나타나는데 "데이터 보기" 화

면으로 되돌아가면 **"평점"**이 **증가순**으로 정렬된 것을 볼 수 있다.

*N2height.sav [데이터세트4] - IBM SPSS Statistics Data Editor

	일련번호	단과대학	학번끝세자리	이름	키	몸무게	IQ	평점
1	1	자연대	256	최정민	155	62	115	3.02
2	8	자연대	526	김현태	175	67	117	3.26
3	13	자연대	661	정현석	178	70	101	3.33
4	5	자연대	644	나석원	179	86	109	3.46
5	3	자연대	362	이상호	176	85	107	3.62
6	20	자연대	327	김현숙	160	53	127	3.69
7	4	자연대	117	김태형	170	72	103	3.75
8	15	자연대	828	최영현	158	52	114	3.87
9	6	자연대	291	박대민	186	96	126	3.91
10	12	자연대	227	이석홍	189	74	120	3.95
11	16	자연대	911	진철민	174	77	102	3.96
12	19	자연대	621	박가희	159	47	120	3.97
13	11	자연대	369	김상현	179	66	117	4.00
14	18	자연대	221	정수진	163	52	100	4.01
15	14	자연대	427	주민철	163	79	120	4.03
16	17	자연대	839	김수아	170	61	131	4.06
17	9	자연대	918	이나래	168	59	122	4.21
18	7	자연대	423	김창원	180	74	142	4.23
19	10	자연대	537	곽진아	172	74	130	4.31
20	2	자연대	233	추성호	171	75	153	4.41

4.5 문자열 자료의 정렬

앞에서 사용한 "N1major.sav" 파일 안에 있는 자료(사례수)를 특별한 순서로 정렬하려고 한다. 예를 들어, 20명의 학생들을 **전공(문자 자료)을 가나다순**으로 정렬하여 보자.

(1) "N2major.sav"를 "데이터 보기" 화면으로 부른다.

N1major.sav [데이터세트5] - IBM SPSS Statistics Data Editor

	일련번호	단과대학	학번끝세자리	이름	성별	전공	주거형태	고향
1	1	자연대	256	최정민	여	응용수학	자취	마산
2	2	자연대	233	추성호	남	화학	본가	부산
3	3	자연대	362	이상호	남	통계학	자취	양산
4	4	자연대	117	김태형	남	미생물학	자취	울산
5	5	자연대	644	나석원	남	물리학	자취	하동
6	6	자연대	291	박대민	남	통계학	본가	부산
7	7	자연대	423	김창원	남	화학	기숙사	의성
8	8	자연대	526	김현태	남	응용수학	본가	부산
9	9	자연대	918	이나래	여	물리학	기숙사	울산
10	10	자연대	537	곽진아	여	물리학	본가	부산
11	11	자연대	369	김상현	남	응용수학	기숙사	포항
12	12	자연대	227	이석홍	남	화학	본가	부산
13	13	자연대	661	정현석	남	미생물학	자취	대구
14	14	자연대	427	주민철	남	통계학	본가	부산
15	15	자연대	828	최영현	여	응용수학	자취	창원
16	16	자연대	911	진철민	남	화학	본가	부산
17	17	자연대	839	김수아	여	통계학	기숙사	창원
18	18	자연대	221	정수진	여	화학	기숙사	양산
19	19	자연대	621	박가희	여	물리학	기숙사	창원
20	20	자연대	327	김현숙	여	응용수학	자취	진주

(2) 메뉴에서 [데이터 → 케이스 정렬]을 누르면 대화상자가 나타난다.

(3) 왼쪽 변수들 가운데 "평점"을 클릭하고 를 눌러서 오른쪽의 "정렬기준"의 빈 칸으로 옮기고 "확인"을 누른다.

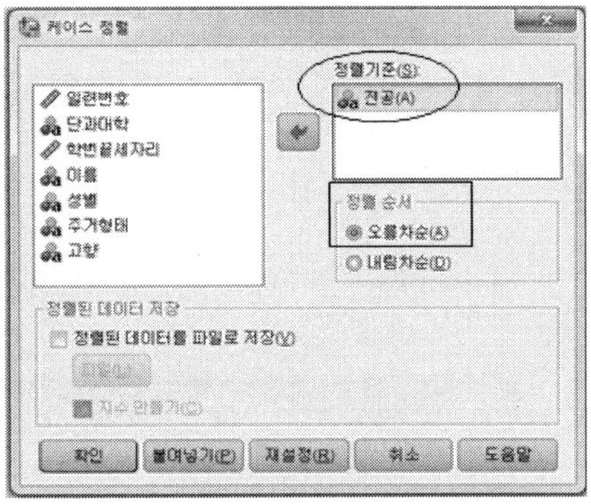

※ **문자변수** 앞에는 **문자** 모양의 그림 이 있음을 주목한다.

(4) 뷰어 화면에 오름차순 정렬의 실행결과 메시지가 나타나는데 "데이터 보기" 화면으로 되돌아가면 **"전공"**이 **가나다순**으로 정렬된 것을 볼 수 있다.

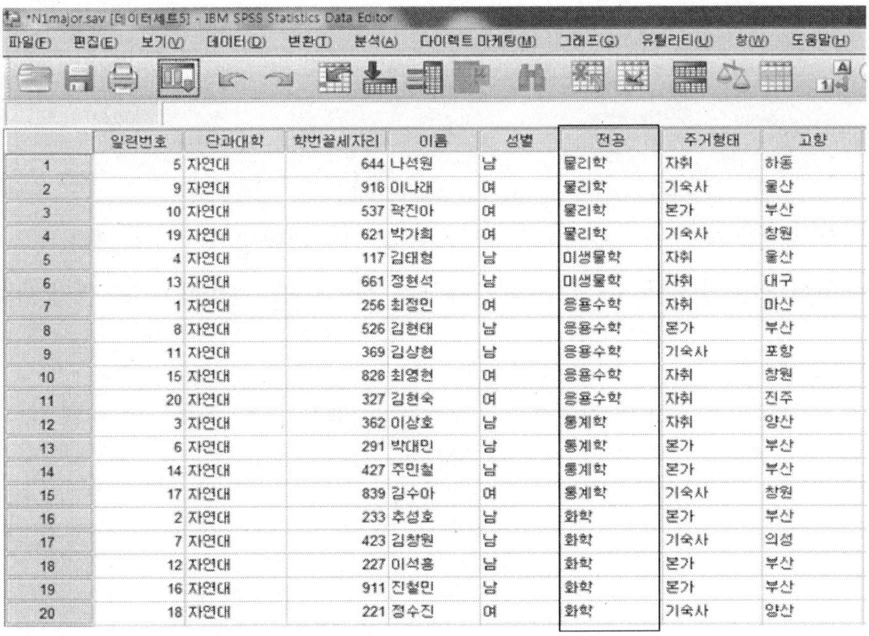

	일련번호	단과대학	학번끝세자리	이름	성별	전공	주거형태	고향
1	5	자연대	644	나석원	남	물리학	자취	하동
2	9	자연대	918	이나래	여	물리학	기숙사	울산
3	10	자연대	537	곽진아	여	물리학	본가	부산
4	19	자연대	621	박가희	여	물리학	기숙사	창원
5	4	자연대	117	김태형	남	미생물학	자취	울산
6	13	자연대	661	정현석	남	미생물학	자취	대구
7	1	자연대	256	최정민	여	응용수학	자취	마산
8	8	자연대	526	김현태	남	응용수학	본가	부산
9	11	자연대	369	김상현	남	응용수학	기숙사	포항
10	15	자연대	828	최영현	여	응용수학	자취	창원
11	20	자연대	327	김현숙	여	응용수학	자취	진주
12	3	자연대	362	이상호	남	통계학	자취	양산
13	6	자연대	291	박대민	남	통계학	본가	부산
14	14	자연대	427	주민철	남	통계학	본가	부산
15	17	자연대	839	김수아	여	통계학	기숙사	창원
16	2	자연대	233	추성호	남	화학	본가	부산
17	7	자연대	423	김창원	남	화학	기숙사	의성
18	12	자연대	227	이석홍	남	화학	본가	부산
19	16	자연대	911	진철민	남	화학	본가	부산
20	18	자연대	221	정수진	여	화학	기숙사	양산

4.6 간단한 조건의 케이스의 선택

앞의 "N2height.sav" 파일 안에 있는 자료(사례수)들 가운데 특별한 조건을 만족하는 자료들을 선택하려고 한다. 20명의 학생들 중 **평점(수치 자료)**이 4.0 **이상인 학생들을 선택하여 보자.**

(1) "N2height.sav"를 "데이터 보기" 화면으로 부른다.

	일련번호	단과대학	학번끝세자리	이름	키	몸무게	IQ	평점
1	1	자연대	256	최정민	155	62	115	3.02
2	2	자연대	233	추성호	171	75	153	4.41
3	3	자연대	362	이상호	176	85	107	3.62
4	4	자연대	117	김태형	170	72	103	3.75
5	5	자연대	644	나석원	179	86	109	3.46
6	6	자연대	291	박대민	186	96	126	3.91
7	7	자연대	423	김창원	180	74	142	4.23
8	8	자연대	526	김현태	175	67	117	3.26
9	9	자연대	918	이나래	168	59	122	4.21
10	10	자연대	537	곽진아	172	74	130	4.31
11	11	자연대	369	김상현	179	66	117	4.00
12	12	자연대	227	이석홍	189	74	120	3.95
13	13	자연대	661	정현석	178	70	101	3.33
14	14	자연대	427	주민철	163	79	120	4.03
15	15	자연대	828	최영현	158	52	114	3.87
16	16	자연대	911	진철민	174	77	102	3.96
17	17	자연대	839	김수아	170	61	131	4.06
18	18	자연대	221	정수진	163	52	100	4.01
19	19	자연대	621	박가희	159	47	120	3.97
20	20	자연대	327	김현숙	160	53	127	3.69

(2) 메뉴에서 [데이터 → 케이스 선택]을 누르면 대화상자가 나타난다.

(3) 나타나는 창에서 "○ 조건을 만족하는 케이스"를 선택하고 "조건"을 누른다.

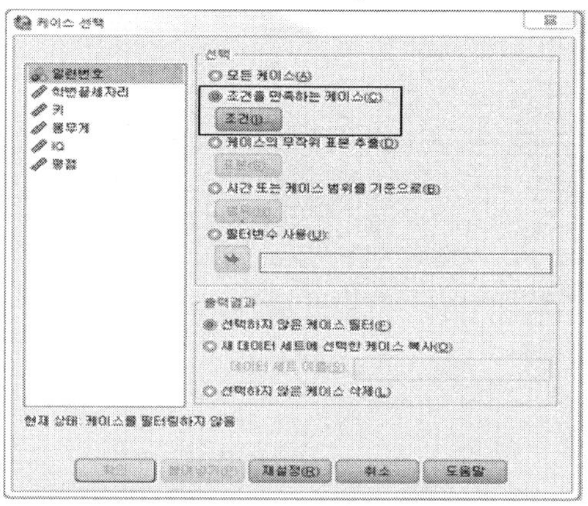

(4) 나타나는 창에서 "평점"을 선택한 후, [→]를 눌러서 오른쪽으로 옮기고 "평점 >= 4.0"을 입력한다.

(5) 또는 ">=", "4", ".", "0"이 표시된 단추를 눌러서 식을 완성한다.

(6) "계속", "확인"을 누른다.

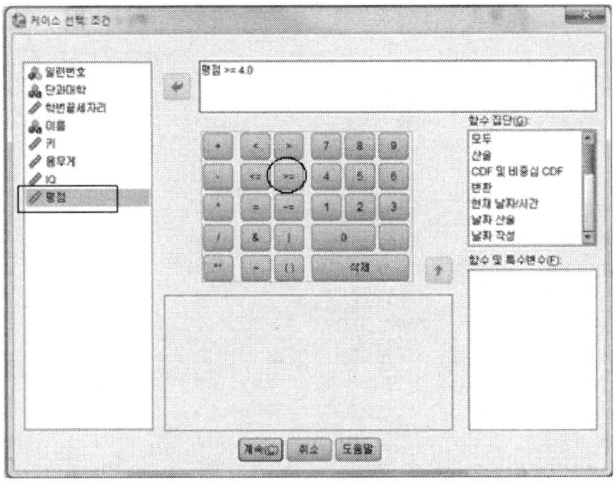

(7) 뷰어 화면에 실행결과의 메시지가 나타나는데 "데이터 보기" 화면으로 되돌아가면 **"평점"**이 4.0 **이상**인 학생들만 새로운 변수인 "filter_$"에서 선택되었음을 볼 수 있다. 그리고 선택되지 않은 자료들은 행 번호가 사선으로 표시되어 있다.

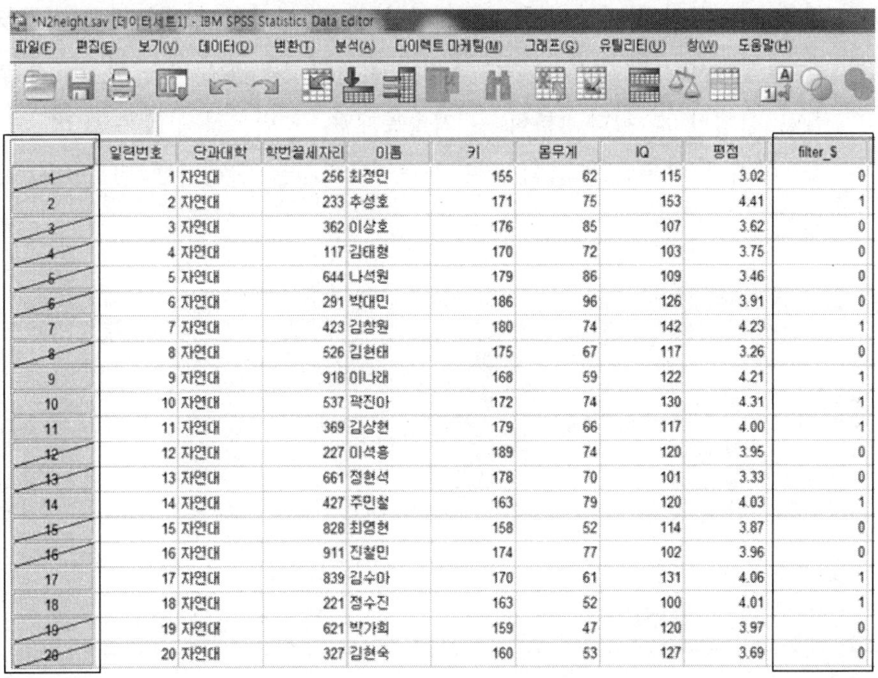

	일련번호	단과대학	학번끝세자리	이름	키	몸무게	IQ	평점	filter_$
1	1	자연대	256	최정민	155	62	115	3.02	0
2	2	자연대	233	추성호	171	75	153	4.41	1
3	3	자연대	362	이상호	176	85	107	3.62	0
4	4	자연대	117	김태형	170	72	103	3.75	0
5	5	자연대	644	나석원	179	86	109	3.46	0
6	6	자연대	291	박대민	186	96	126	3.91	0
7	7	자연대	423	김창원	180	74	142	4.23	1
8	8	자연대	526	김현태	175	67	117	3.26	0
9	9	자연대	918	이나래	168	59	122	4.21	1
10	10	자연대	537	곽진아	172	74	130	4.31	1
11	11	자연대	369	김상현	179	66	117	4.00	1
12	12	자연대	227	이석홍	189	74	120	3.95	0
13	13	자연대	661	정현석	178	70	101	3.33	0
14	14	자연대	427	주민철	163	79	120	4.03	1
15	15	자연대	828	최영현	158	52	114	3.87	0
16	16	자연대	911	진철민	174	77	102	3.96	0
17	17	자연대	839	김수아	170	61	131	4.06	1
18	18	자연대	221	정수진	163	52	100	4.01	1
19	19	자연대	621	박가희	159	47	120	3.97	0
20	20	자연대	327	김현숙	160	53	127	3.69	0

(8) 메뉴에서 [보기 → 값 레이블]을 선택하거나 "값 레이블" 도구상자를 누르면 "1"은 "선택(Selected)", "0"은 "선택되지 않은(Not Selected)" 것으로 바뀐다.

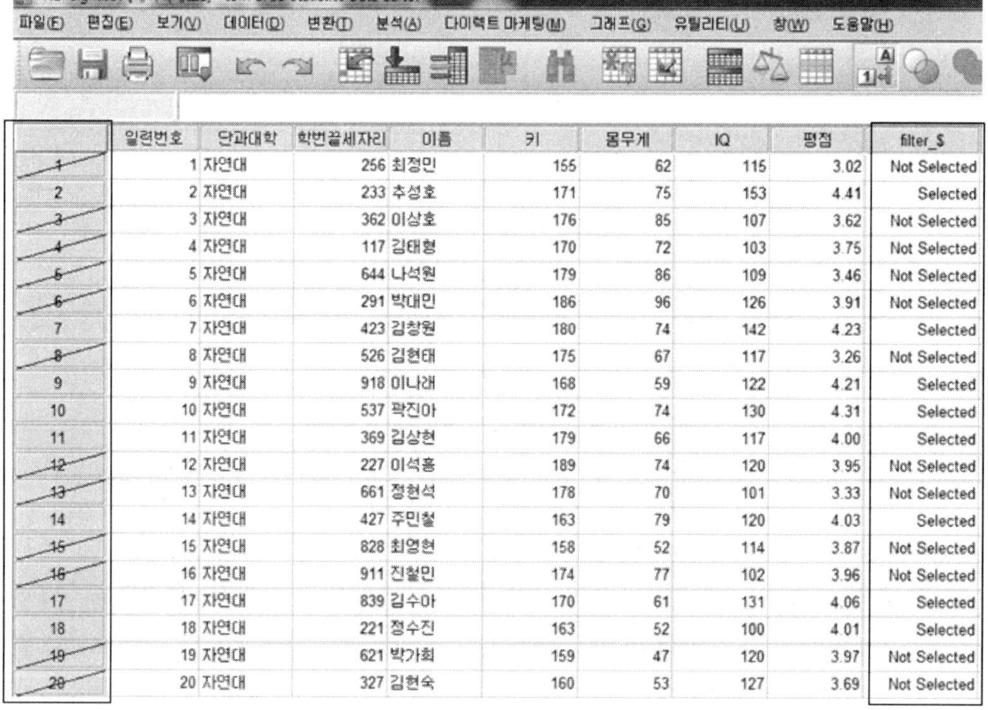

	일련번호	단과대학	학번끝세자리	이름	키	몸무게	IQ	평점	filter_$
1	1	자연대	256	최정민	155	62	115	3.02	Not Selected
2	2	자연대	233	추성호	171	75	153	4.41	Selected
3	3	자연대	362	이상호	176	85	107	3.62	Not Selected
4	4	자연대	117	김태형	170	72	103	3.75	Not Selected
5	5	자연대	644	나석원	179	86	109	3.46	Not Selected
6	6	자연대	291	박대민	186	96	126	3.91	Not Selected
7	7	자연대	423	김창원	180	74	142	4.23	Selected
8	8	자연대	526	김현태	175	67	117	3.26	Not Selected
9	9	자연대	918	이나래	168	59	122	4.21	Selected
10	10	자연대	537	곽진아	172	74	130	4.31	Selected
11	11	자연대	369	김상현	179	66	117	4.00	Selected
12	12	자연대	227	이석흥	189	74	120	3.95	Not Selected
13	13	자연대	661	정현석	178	70	101	3.33	Not Selected
14	14	자연대	427	주민철	163	79	120	4.03	Selected
15	15	자연대	828	최영현	158	52	114	3.87	Not Selected
16	16	자연대	911	진철민	174	77	102	3.96	Not Selected
17	17	자연대	839	김수아	170	61	131	4.06	Selected
18	18	자연대	221	정수진	163	52	100	4.01	Selected
19	19	자연대	621	박가희	159	47	120	3.97	Not Selected
20	20	자연대	327	김현숙	160	53	127	3.69	Not Selected

(9) 앞으로 **20명의 학생들 자료 대신 평점이** 4.0 **이상인 학생들만의 자료로서 분석을 실행하려고 할 경우**, 선택된 8명의 값들만 사용되는가를 확인하기 위해서 다음을 실행할 수 있다. [**분석 → 기술통계량 → 빈도분석**]을 누르고 "평점"을 "변수" 아래로 이동한 후, "확인"을 누른다. 이것을 실행하면 빈도표도 같이 표시된다.

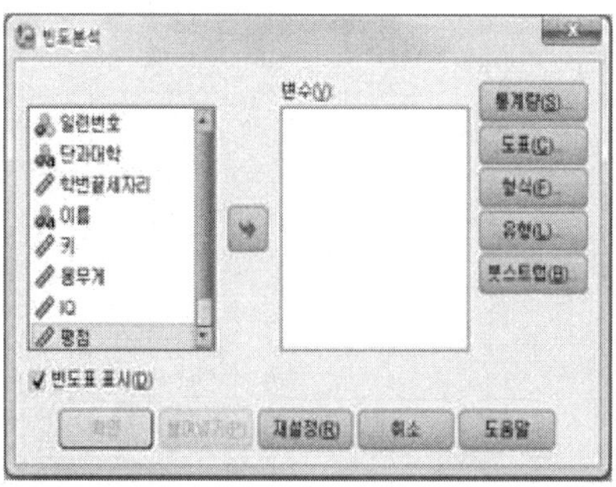

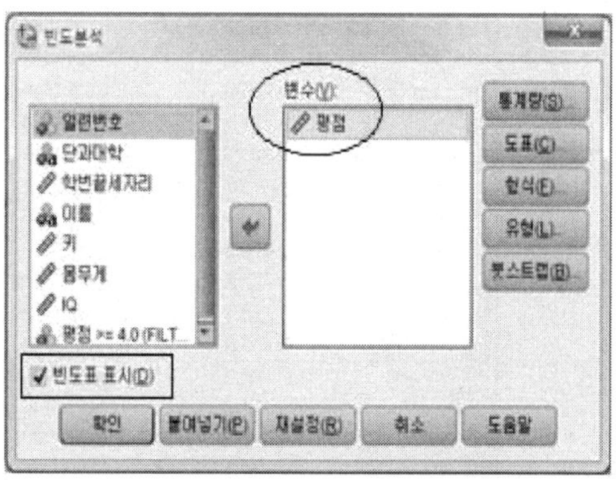

(10) 뷰어 화면에 나타난 앞으로 분석에 활용될 자료는 **평점이 4.0 이상**인 값들로서 모두 **8개(유효로 표시됨)**이고, 각 평점의 값들은 도수분포표에서 확인할 수 있다.

→ 빈도

[데이터세트1] C:₩Users₩dj₩Desktop₩N2height.sav

통계량

평점

N	유효	8
	결측	0

평점

		빈도	퍼센트	유효 퍼센트	누적 퍼센트
유효	4.00	1	12.5	12.5	12.5
	4.01	1	12.5	12.5	25.0
	4.03	1	12.5	12.5	37.5
	4.06	1	12.5	12.5	50.0
	4.21	1	12.5	12.5	62.5
	4.23	1	12.5	12.5	75.0
	4.31	1	12.5	12.5	87.5
	4.41	1	12.5	12.5	100.0
	전체	8	100.0	100.0	

4.7 여러 조건을 갖는 케이스의 선택 I

"N2height.sav"의 자료(사례수)들로부터 여러 가지 조건을 만족하는 자료들을 선택하려고 한다. 20명의 학생들 중 **IQ가 130 이상이고 평점이 4.0 이상인 학생들을 선택하여 보자**.

(1) "N2height.sav"를 "데이터 보기" 화면으로 부른다.

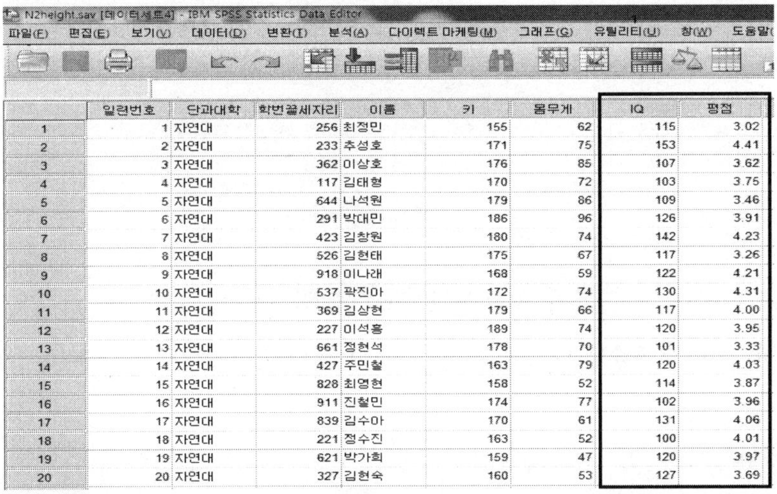
N2height.sav [데이터세트4] - IBM SPSS Statistics Data Editor

파일(F) 편집(E) 보기(V) 데이터(D) 변환(T) 분석(A) 다이렉트 마케팅(M) 그래프(G) 유틸리티(U) 창(W) 도움말

	일련번호	단과대학	학번끝세자리	이름	키	몸무게	IQ	평점
1	1	자연대	256	최정민	155	62	115	3.02
2	2	자연대	233	추성호	171	75	153	4.41
3	3	자연대	362	이상호	176	85	107	3.62
4	4	자연대	117	김태형	170	72	103	3.75
5	5	자연대	644	나석원	179	86	109	3.46
6	6	자연대	291	박대민	186	96	126	3.91
7	7	자연대	423	김창원	180	74	142	4.23
8	8	자연대	526	김현태	175	67	117	3.26
9	9	자연대	918	이나래	168	59	122	4.21
10	10	자연대	537	곽진아	172	74	130	4.31
11	11	자연대	369	김상현	179	66	117	4.00
12	12	자연대	227	이석홍	189	74	120	3.95
13	13	자연대	661	정현석	178	70	101	3.33
14	14	자연대	427	주민철	163	79	120	4.03
15	15	자연대	828	최영현	158	52	114	3.87
16	16	자연대	911	진철민	174	77	102	3.96
17	17	자연대	839	김수아	170	61	131	4.06
18	18	자연대	221	정수진	163	52	100	4.01
19	19	자연대	621	박가희	159	47	120	3.97
20	20	자연대	327	김현숙	160	53	127	3.69

(2) 메뉴에서 [데이터 → 케이스 선택]을 누르면 대화상자가 나타난다.

(3) 나타나는 창에서 "◉ 조건을 만족하는 케이스"를 선택하고 "조건"을 누른다.

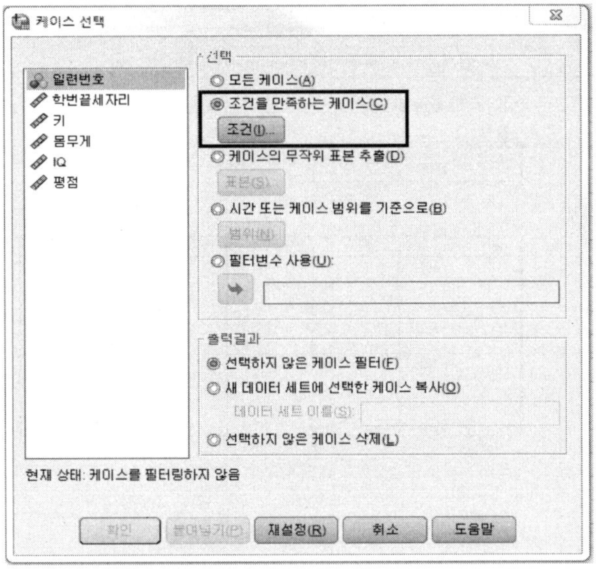

(4) 나타나는 창에서 "IQ"를 선택한 후, 를 눌러서 오른쪽으로 옮기고 "IQ 〉= 130"을 입력한다.

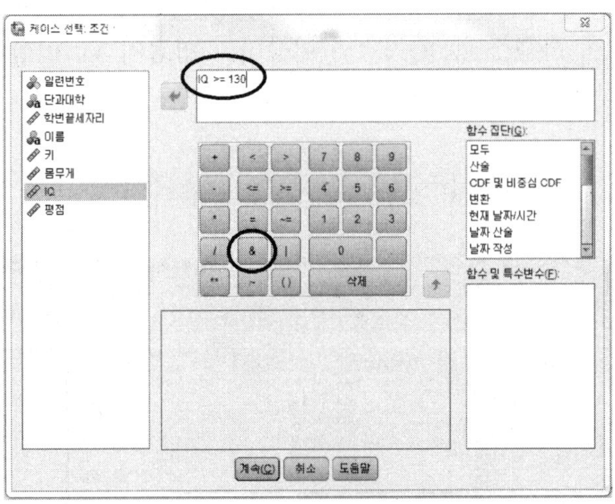

(5) **"&"** 표시가 된 단추를 누르거나 **"and"**를 입력한다.

(6) 왼쪽 창에서 "평점"을 선택한 후, 를 눌러서 오른쪽으로 옮기고 **"평점 〉= 4.0"**을 입력한다.

(7) "계속", "확인"을 누른다.

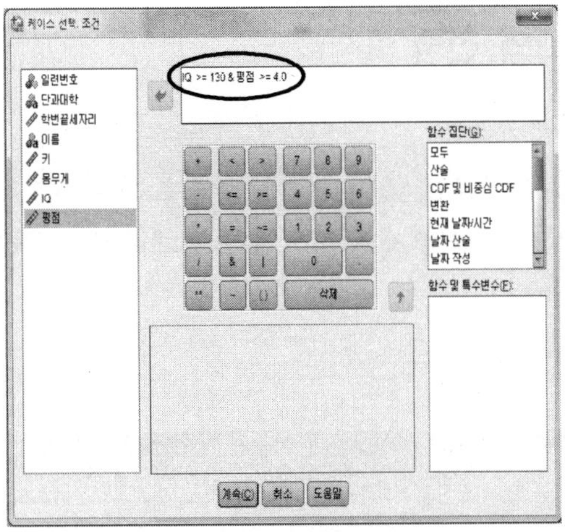

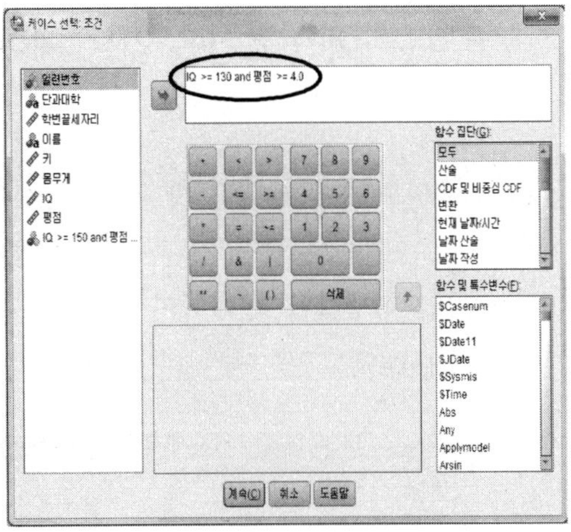

(8) 뷰어 화면에 실행결과의 메시지가 나타나는데 "데이터 보기" 화면으로 되돌아가면 "IQ"가 130 **이상**이고 **"평점"**이 4.0 **이상**인 학생은 모두 4명으로서 새로운 변수인 "filter_$"에서 "1"로 표시되어 선택되었음을 볼 수 있다. 그리고 선택되지 않은 자료들은 행 번호가 사선으로 표시되어 있다.

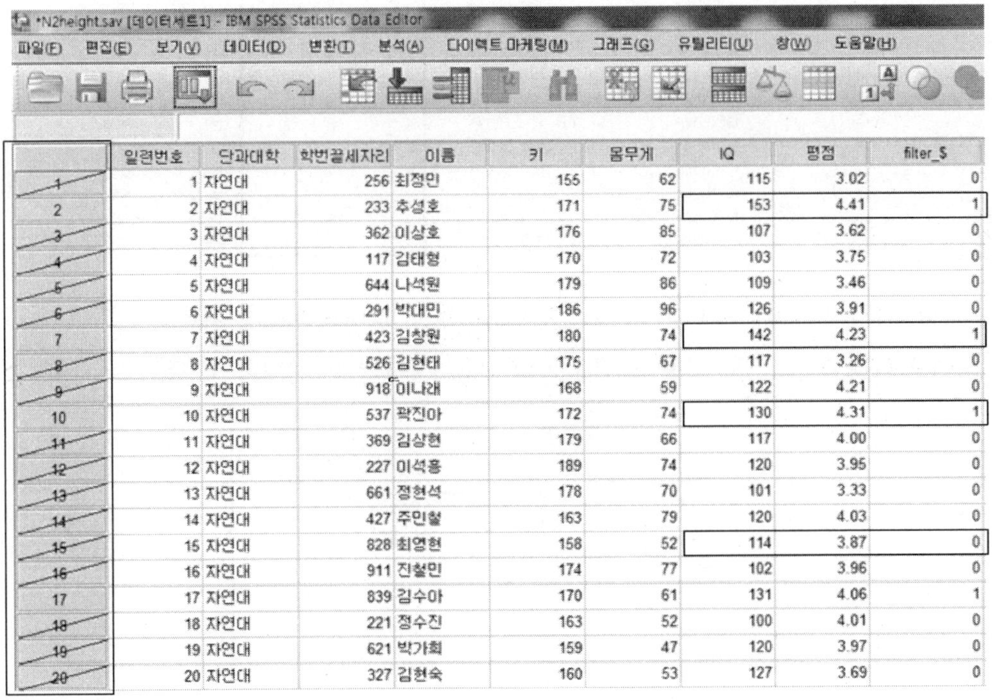

	일련번호	단과대학	학번끝세자리	이름	키	몸무게	IQ	평점	filter_$
1	1	자연대	256	최정민	155	62	115	3.02	0
2	2	자연대	233	추성호	171	75	153	4.41	1
3	3	자연대	362	이상호	176	85	107	3.62	0
4	4	자연대	117	김태형	170	72	103	3.75	0
5	5	자연대	644	나석원	179	86	109	3.46	0
6	6	자연대	291	박대민	186	96	126	3.91	0
7	7	자연대	423	김창원	180	74	142	4.23	1
8	8	자연대	526	김현태	175	67	117	3.26	0
9	9	자연대	918	이나래	168	59	122	4.21	0
10	10	자연대	537	곽진아	172	74	130	4.31	1
11	11	자연대	369	김상현	179	66	117	4.00	0
12	12	자연대	227	이석홍	189	74	120	3.95	0
13	13	자연대	661	정현석	178	70	101	3.33	0
14	14	자연대	427	주민철	163	79	120	4.03	0
15	15	자연대	828	최영현	158	52	114	3.87	0
16	16	자연대	911	진철민	174	77	102	3.96	0
17	17	자연대	839	김수아	170	61	131	4.06	1
18	18	자연대	221	정수진	163	52	100	4.01	0
19	19	자연대	621	박가희	159	47	120	3.97	0
20	20	자연대	327	김현숙	160	53	127	3.69	0

4.8 여러 조건을 갖는 케이스의 선택 Ⅱ

앞의 "N1major.sav" 파일 안에 있는 자료(사례수)들 가운데 특별한 조건을 만족하는 자료들을 선택하려고 한다. 20명의 학생들을 **여학생(문자변수)이거나 통계학이 전공(문자변수)인 학생들을 선택하여 보자.**

(1) "N1major.sav"를 "데이터 보기" 화면으로 부른다.

	일련번호	단과대학	학번끝세자리	이름	성별	전공	주거형태	고향
1	1	자연대	256	최정민	여	응용수학	자취	마산
2	2	자연대	233	추성호	남	화학	본가	부산
3	3	자연대	362	이상호	남	통계학	자취	양산
4	4	자연대	117	김태형	남	미생물학	자취	울산
5	5	자연대	644	나석원	남	물리학	자취	하동
6	6	자연대	291	박대민	남	통계학	본가	부산
7	7	자연대	423	김창원	남	화학	기숙사	의성
8	8	자연대	526	김현태	남	응용수학	본가	부산
9	9	자연대	918	이나래	여	물리학	기숙사	울산
10	10	자연대	537	곽진아	여	물리학	본가	부산
11	11	자연대	369	김상현	남	응용수학	기숙사	포항
12	12	자연대	227	이석훈	남	화학	본가	부산
13	13	자연대	661	정현석	남	미생물학	자취	대구
14	14	자연대	427	주민철	남	통계학	본가	부산
15	15	자연대	828	최영현	여	응용수학	자취	창원
16	16	자연대	911	진철민	남	화학	본가	부산
17	17	자연대	839	김수아	여	통계학	기숙사	창원
18	18	자연대	221	정수진	여	화학	기숙사	양산
19	19	자연대	621	박가희	여	물리학	기숙사	창원
20	20	자연대	327	김현숙	여	응용수학	자취	진주

(2) 메뉴에서 [데이터 → 케이스 선택]을 누르면 대화상자가 나타난다.

(3) 나타나는 창에서 "◉ 조건을 만족하는 케이스"를 선택하고 "조건"을 누른다.

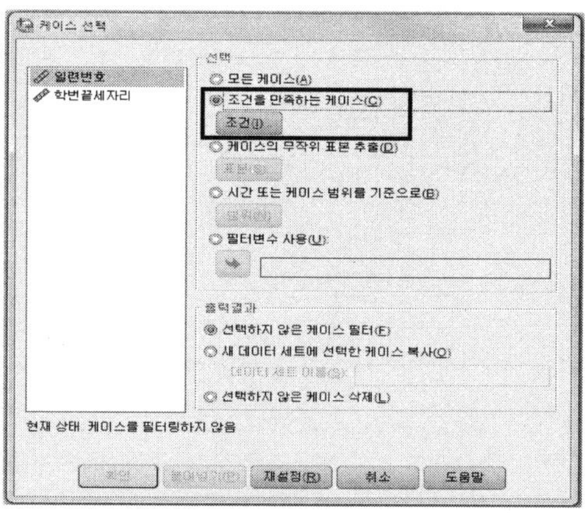

(4) 나타나는 창에서 "성별"을 선택한 후, [➡]를 눌러서 오른쪽으로 옮기고 **성별 = "여"**를 입력한다. 여기서 반드시 **문자변수(여)를 선택할 때는 앞뒤로 큰 따옴표(" ")**를 입력해야 한다.

(5) **"or"**을 입력하고 **전공 = "통계학"**을 입력한다.

(6) "계속", "확인"을 누른다.

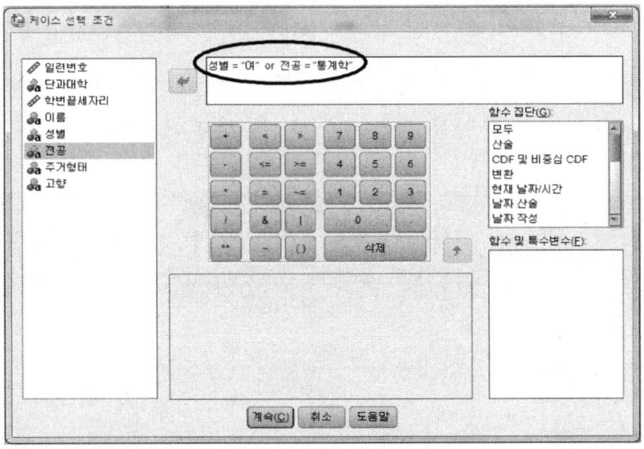

(7) 뷰어 화면에 실행결과의 메시지가 나타나는데 "데이터 보기" 화면으로 되돌아가면 새로운 변수인 "filter_$"아래에 **여학생이거나 통계학 전공인 학생**이 모두 11 **명**으로서 **"1"**로 **표시**되고 선택되었음을 볼 수 있다.

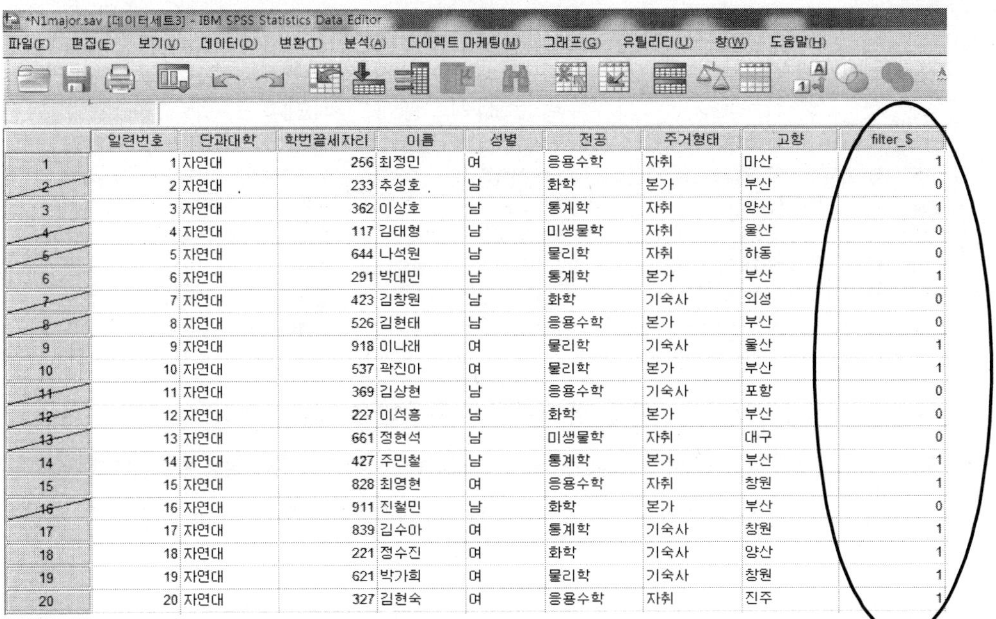

	일련번호	단과대학	학번끝세자리	이름	성별	전공	주거형태	고향	filter_$
1	1	자연대	256	최정민	여	응용수학	자취	마산	1
2	2	자연대	233	추성호	남	화학	본가	부산	0
3	3	자연대	362	이상호	남	통계학	자취	양산	1
4	4	자연대	117	김태형	남	미생물학	자취	울산	0
5	5	자연대	644	나석원	남	물리학	자취	하동	0
6	6	자연대	291	박대민	남	통계학	본가	부산	1
7	7	자연대	423	김창원	남	화학	기숙사	의성	0
8	8	자연대	526	김현태	남	응용수학	본가	부산	0
9	9	자연대	918	이나래	여	물리학	기숙사	울산	1
10	10	자연대	537	곽진아	여	물리학	본가	부산	1
11	11	자연대	369	김상현	남	응용수학	기숙사	포항	0
12	12	자연대	227	이석흥	남	화학	본가	부산	0
13	13	자연대	661	정현석	남	미생물학	자취	대구	0
14	14	자연대	427	주민철	남	통계학	본가	부산	1
15	15	자연대	828	최영현	여	응용수학	자취	창원	1
16	16	자연대	911	진철민	남	화학	본가	부산	0
17	17	자연대	839	김수아	여	통계학	기숙사	창원	1
18	18	자연대	221	정수진	여	화학	기숙사	양산	1
19	19	자연대	621	박가희	여	물리학	기숙사	창원	1
20	20	자연대	327	김현숙	여	응용수학	자취	진주	1

4.9 두 개의 데이터 파일의 결합(케이스의 추가)

sav로 저장된 **두 개의 데이터 파일(.sav)을 위아래로 결합**하려고 한다.

(1) 앞의 N1major 자료가 저장된 SPSS파일 "N1major.sav"의 20명의 자료(케이스)에 이어서 F1major가 저장된 파일 "F1major.sav"을 붙여서 저장하자.

(2) 우선 "N1major.sav" 파일을 "데이터 보기" 화면에 부른다.

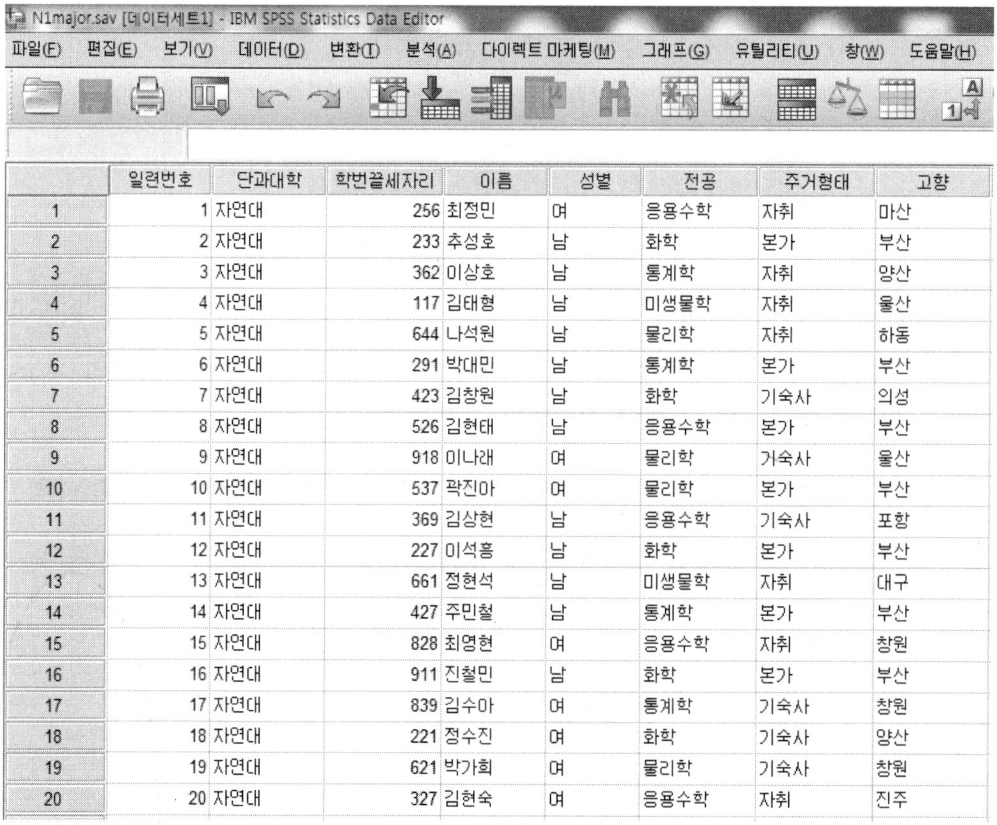

	일련번호	단과대학	학번끝세자리	이름	성별	전공	주거형태	고향
1	1	자연대	256	최정민	여	응용수학	자취	마산
2	2	자연대	233	추성호	남	화학	본가	부산
3	3	자연대	362	이상호	남	통계학	자취	양산
4	4	자연대	117	김태형	남	미생물학	자취	울산
5	5	자연대	644	나석원	남	물리학	자취	하동
6	6	자연대	291	박대민	남	통계학	본가	부산
7	7	자연대	423	김창원	남	화학	기숙사	의성
8	8	자연대	526	김현태	남	응용수학	본가	부산
9	9	자연대	918	이나래	여	물리학	기숙사	울산
10	10	자연대	537	곽진아	여	물리학	본가	부산
11	11	자연대	369	김상현	남	응용수학	기숙사	포항
12	12	자연대	227	이석흥	남	화학	본가	부산
13	13	자연대	661	정현석	남	미생물학	자취	대구
14	14	자연대	427	주민철	남	통계학	본가	부산
15	15	자연대	828	최영현	여	응용수학	자취	창원
16	16	자연대	911	진철민	남	화학	본가	부산
17	17	자연대	839	김수아	여	통계학	기숙사	창원
18	18	자연대	221	정수진	여	화학	기숙사	양산
19	19	자연대	621	박가희	여	물리학	기숙사	창원
20	20	자연대	327	김현숙	여	응용수학	자취	진주

(3) 메뉴에서 [데이터 → 파일 합치기 → 케이스 추가]를 선택한다.

(4) 나오는 대화상자에서 "○ 외부 SPSS Statistics 데이터 파일"을 ◉로 선택하고, "찾아보기"를 통하여 "F1major.sav" 파일을 찾아서 "열기"를 누르고, "계속"을 누른다.

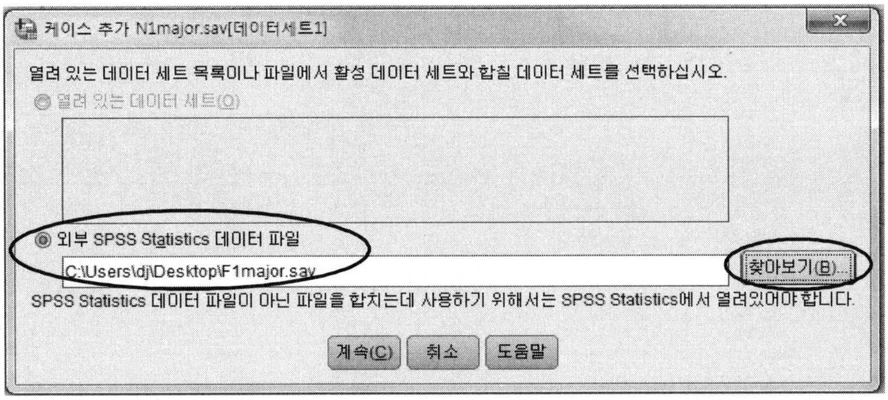

(5) 대화상자의 "새 활성 데이터 세트에 포함될 변수"에는 두 파일이 결합되었을 때 나타날 변수들의 목록이 나타난다. 아래에서 ←—— **로 표시된 변수들(일련번호, 학번끝세자리)은 수치변수이고 나머지는 문자변수이다.**

※ 만약 "N1major.sav" 파일에 없는 변수가 "F1major.sav" 파일에 있다면 그 변수는 아래의 "대응되지 않는 변수"에 나타난다. 그리고 이 변수를 결합되는 파일에 나타내려면 그 변수를 ➡로서 오른쪽에 옮겨서 결합되는 파일에 나타낼 수 있다.

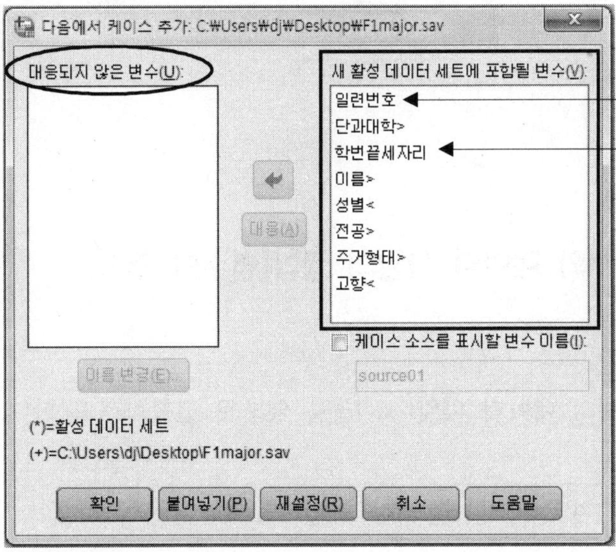

(6) "확인"을 누르면 뷰어 화면에 실행결과의 메시지가 나타나는데 "데이터 보기" 화면으로 되돌아가면 "N1major.sav" 파일의 21번째 케이스부터 40번째 케이스까지 "F1major.sav" 파일이 붙어서 나타난다.

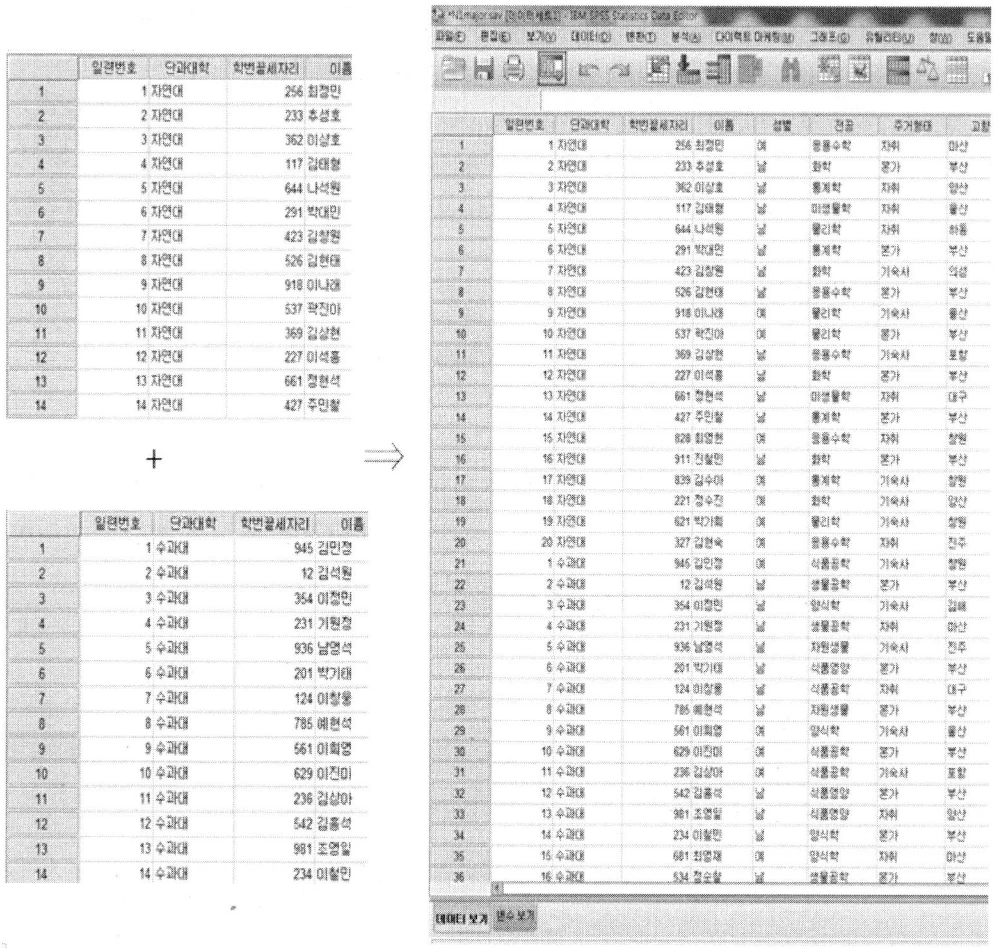

4.10 두 개의 데이터 파일의 결합(변수의 추가)

sav로 저장된 **두 개의 데이터 파일(.sav)들을 옆으로 결합**하려고 한다.

(1) 앞의 N1major 자료가 저장된 SPSS 파일 "N1major.sav"의 20명의 자료(케이스) **오른쪽**에 N2height가 저장된 "N2height.sav" 파일을 붙여서 저장하자.

(2) 우선 "N1major.sav" 파일을 "데이터 보기" 화면에 부른다.

	일련번호	단과대학	학번끝세자리	이름	성별	전공	주거형태	고향
1	1	자연대	256	최정민	여	응용수학	자취	마산
2	2	자연대	233	추성호	남	화학	본가	부산
3	3	자연대	362	이상호	남	통계학	자취	양산
4	4	자연대	117	김태형	남	미생물학	자취	울산
5	5	자연대	644	나석원	남	물리학	자취	하동
6	6	자연대	291	박대민	남	통계학	본가	부산
7	7	자연대	423	김창원	남	화학	기숙사	의성
8	8	자연대	526	김현태	남	응용수학	본가	부산
9	9	자연대	918	이나래	여	물리학	기숙사	울산
10	10	자연대	537	곽진아	여	물리학	본가	부산
11	11	자연대	369	김상현	남	응용수학	기숙사	포항
12	12	자연대	227	이석흥	남	화학	본가	부산
13	13	자연대	661	정현석	남	미생물학	자취	대구
14	14	자연대	427	주민철	남	통계학	본가	부산
15	15	자연대	828	최영현	여	응용수학	자취	창원
16	16	자연대	911	진철민	남	화학	본가	부산
17	17	자연대	839	김수아	여	통계학	기숙사	창원
18	18	자연대	221	정수진	여	화학	기숙사	양산
19	19	자연대	621	박가희	여	물리학	기숙사	창원
20	20	자연대	327	김현숙	여	응용수학	자취	진주

(3) 메뉴에서 [**데이터 → 파일 합치기 → 변수 추가**]를 선택한다.

(4) 나오는 대화상자에서 "○ 외부 SPSS Statistics 데이터 파일"을 ◉로 선택하고, "찾아보기"를 통하여 "N2height.sav" 파일을 찾아서 "열기"를 누르고, "계속"을 누른다.

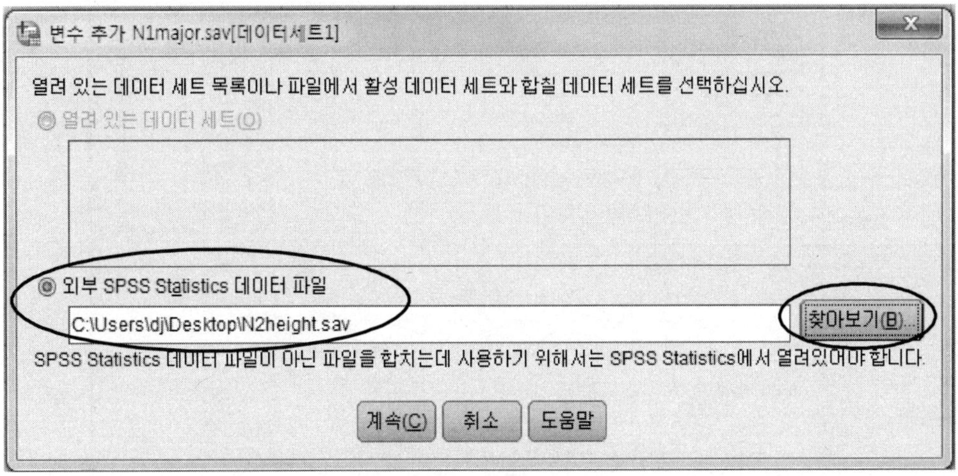

(5) 만약 현재 SPSS의 다른 "데이터 보기" 화면에 "N2height.sav"를 **열어 놓았다면** 메뉴에서 [데이터 → 파일 합치기 → 변수 추가]를 선택할 때 나오는 대화상자는 다음과 같다.

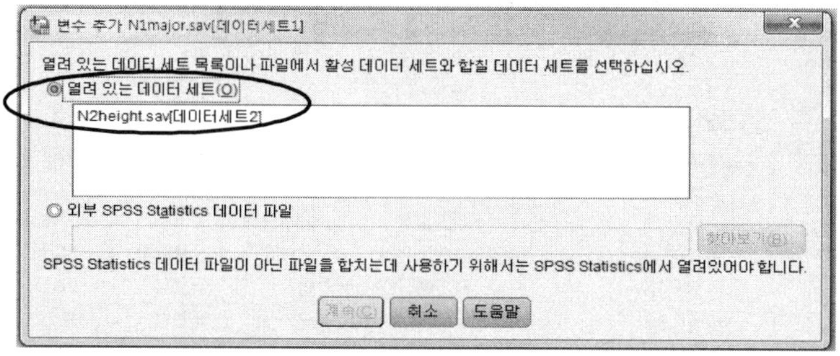

(6) 이때 "N2height.sav"를 **마우스로 누르면** "계속" 단추가 **활성화**되어 "계속" 단추를 눌러서 다음 단계로 진행할 수 있다.

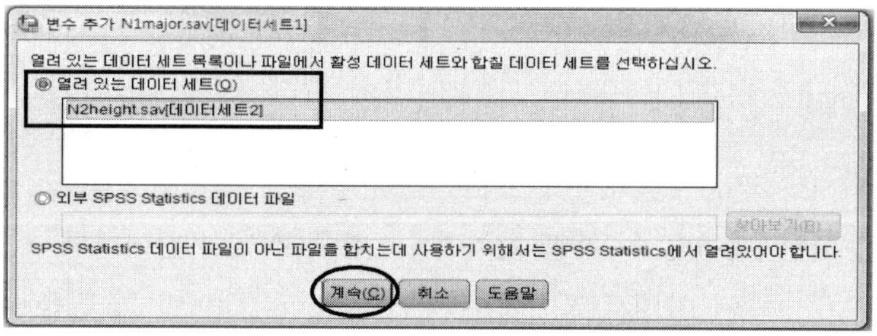

(7) 위의 (4) 또는 (5), (6)의 과정을 진행하면 다음 창이 나타난다.

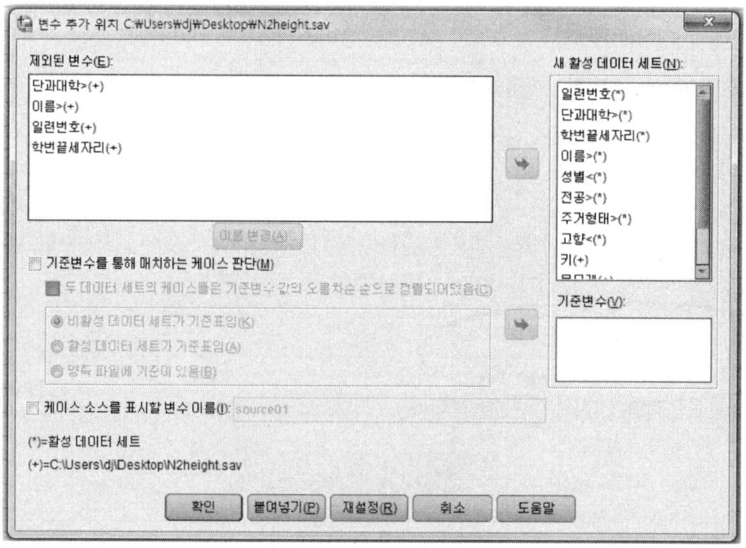

(8) 나타나는 창에서 "□ 기준변수를 통해 매치하는 케이스 판단"에 ☑ 표시를 한다.

(9) "□ 두 데이터 세트의 케이스들은 기준변수 값의 오름차순 순으로 정렬되어있음"에 ☑ 표시를 하면 "○ 양쪽 파일에 기준이 있음"에 ◉ 표시가 된다.

(10) "이름"을 **선택한 후** ➡를 이용하여 "기준변수" 아래로 옮기고 "확인"을 누르면 다음 메시지가 나타난다.

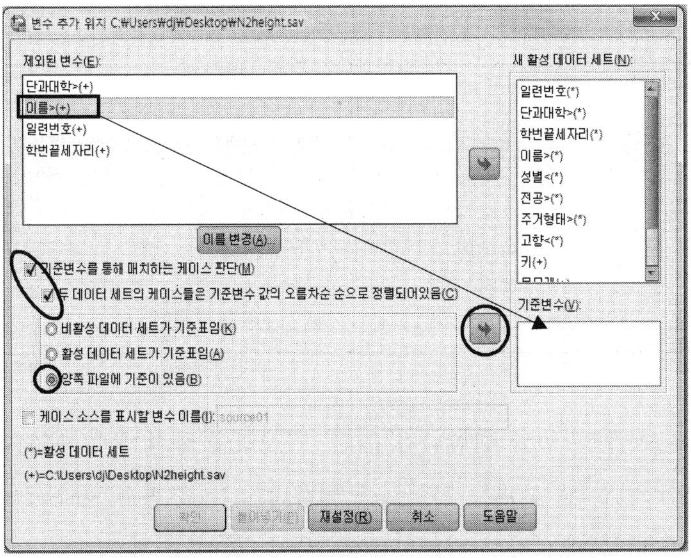

(11) 이것은 "N1major.sav" 파일과 "N2height.sav" 파일의 "변수 보기" 화면으로 들어가면 두 파일에서 변수 "이름"의 "너비"와 "열"의 크기가 서로 같지 않을 뿐만 아니라, "이름"이 "오름차순"으로 정렬되어 있지 않으므로 2개의 파일이 서로 결합될 수 없다는 것을 의미한다.

※ **다음 메시지는 "이름"의 "너비"와 "열"의 크기를 같게 할지라도, 오름차순으로 정렬되어 있지 않으므로 결합될 수 없다는 것을 의미한다.**

(12) 참고로 다음은 “N1major.sav” 파일과 “N2height.sav” 파일 안에 있는 각 변수들의 “유형”부터 “측도”까지 특성을 보여준다.

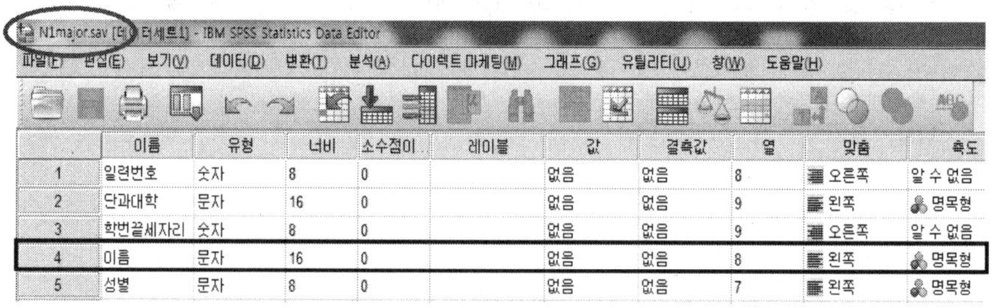

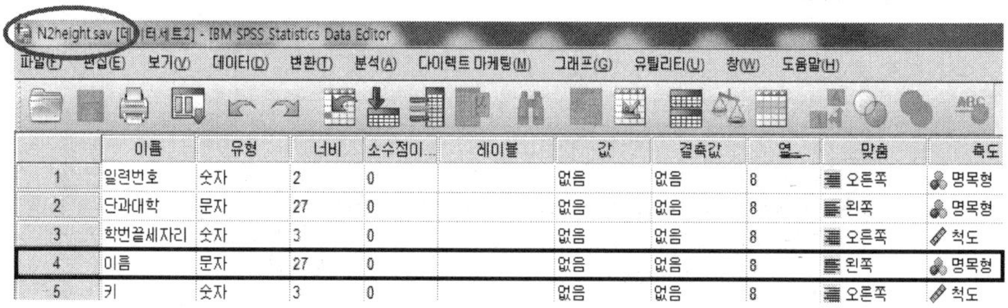

(13) 그러므로 두 파일을 결합하기 위한 “기준변수”로서 오름차순으로 정렬된 변수인 “일련번호”를 선택한 후, ➡를 이용하여 “기준변수” 아래로 옮기고 “확인”을 누르면 다음 메시지가 나타나는데, 다시 “확인”을 누른다.

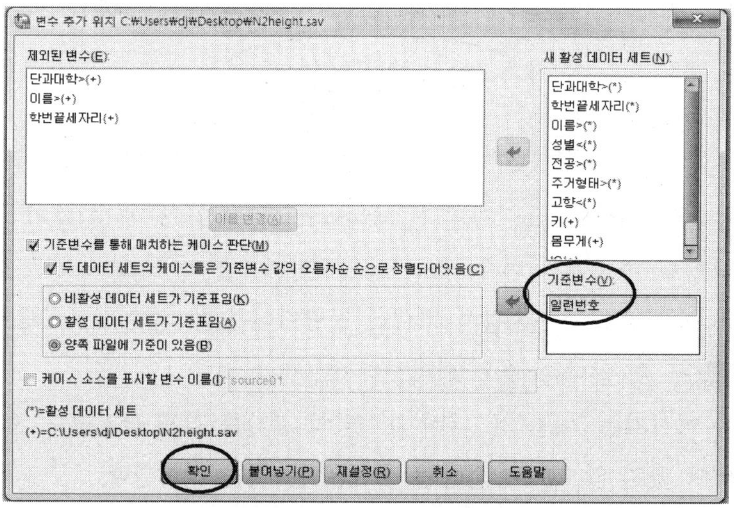

(14) 다음은 "N1major.sav" 파일과 "N2height.sav" 파일이 "일련번호"에 따라 변수 "고향" 옆에 "키"부터 "평점"까지 두 파일이 결합된 결과를 보인다.

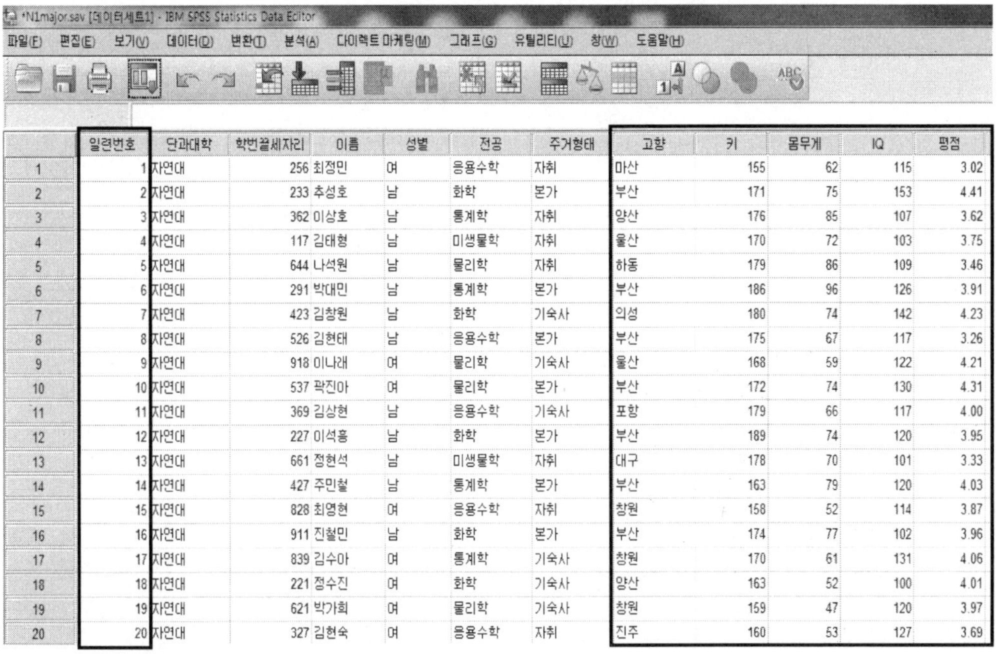

	일련번호	단과대학	학번끝세자리	이름	성별	전공	주거형태	고향	키	몸무게	IQ	평점
1	1	자연대	256	최정민	여	응용수학	자취	마산	155	62	115	3.02
2	2	자연대	233	추성호	남	화학	본가	부산	171	75	153	4.41
3	3	자연대	362	이상호	남	통계학	자취	양산	176	85	107	3.62
4	4	자연대	117	김태형	남	미생물학	자취	울산	170	72	103	3.75
5	5	자연대	644	나석원	남	물리학	자취	하동	179	86	109	3.46
6	6	자연대	291	박대민	남	통계학	본가	부산	186	96	126	3.91
7	7	자연대	423	김창원	남	화학	기숙사	의성	180	74	142	4.23
8	8	자연대	526	김현태	남	응용수학	본가	부산	175	67	117	3.26
9	9	자연대	918	이나래	여	물리학	기숙사	울산	168	59	122	4.21
10	10	자연대	537	곽진아	여	물리학	본가	부산	172	74	130	4.31
11	11	자연대	369	김상현	남	응용수학	기숙사	포항	179	66	117	4.00
12	12	자연대	227	이석흥	남	화학	본가	부산	189	74	120	3.95
13	13	자연대	661	정현석	남	미생물학	자취	대구	178	70	101	3.33
14	14	자연대	427	주민철	남	통계학	본가	부산	163	79	120	4.03
15	15	자연대	828	최영현	여	응용수학	자취	창원	158	52	114	3.87
16	16	자연대	911	진철민	남	화학	본가	부산	174	77	102	3.96
17	17	자연대	839	김수아	여	통계학	기숙사	창원	170	61	131	4.06
18	18	자연대	221	정수진	여	화학	기숙사	양산	163	52	100	4.01
19	19	자연대	621	박가희	여	물리학	기숙사	창원	159	47	120	3.97
20	20	자연대	327	김현숙	여	응용수학	자취	진주	160	53	127	3.69

4.11 다른 변수로 이름 변환(코딩 변경)

여러 가지 분석 작업을 위하여 파일에 있는 변수 이름을 **다른 변수 이름으로 변경**해야 하는 경우가 흔히 발생한다.

(1) "N1major" 파일 아래에 "F1major" 파일을 결합(**케이스 추가**)하고 저장한다.

(2) "N1height" 파일 아래에 "F2height" 파일을 결합(**케이스 추가**)하고 저장한다.

(3) (1)의 파일에 학생의 이름에 맞추어 (2)의 파일의 변수들을 **오른쪽으로 결합하자(변수 추가).**

이때 두 파일의 변수의 "유형" 또는 "길이"가 다르거나 오름차순으로 정렬되어 있지 않으면 결합되지 않는다. 그러므로 (1)과 (2)의 파일을 **결합하기 위하여** 다음과 같이 **오름차순으로 정렬된 "기준 변수"인 새 변수 "id"**를 입력한다.

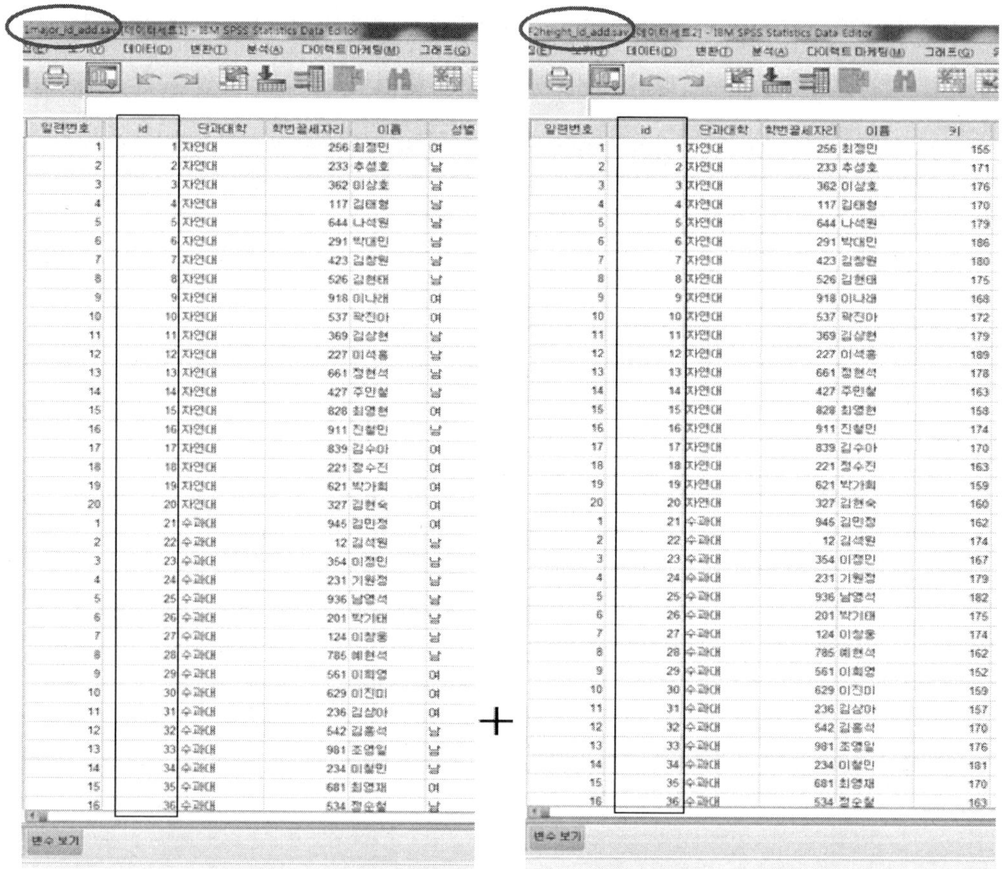

(4) 새로 입력한 **"기준 변수"**인 "id"에 따라 (1)과 (2)의 파일을 **변수 추가**의 방법으로 결합한 결과는 다음과 같다.

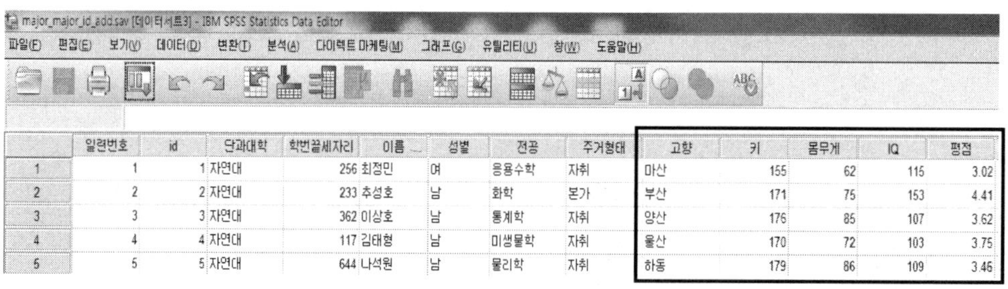

(5) 입력된 **평점의 수치 자료를 문자 자료인** A+, A0, B+, B0, C+, C0 **등으로 변경**하려고 한다.

(6) 메뉴에서 [변환 → 다른 변수]로 코딩변경을 누른다.

(7) 나타나는 창에서 "평점"을 오른쪽 빈 칸으로 이동한다.

(8) "출력변수"의 "이름"에 새 변수 이름인 "등급"을 입력하고 "변경"을 누른다.

(9) "기준값 및 새로운 값"을 누른다.

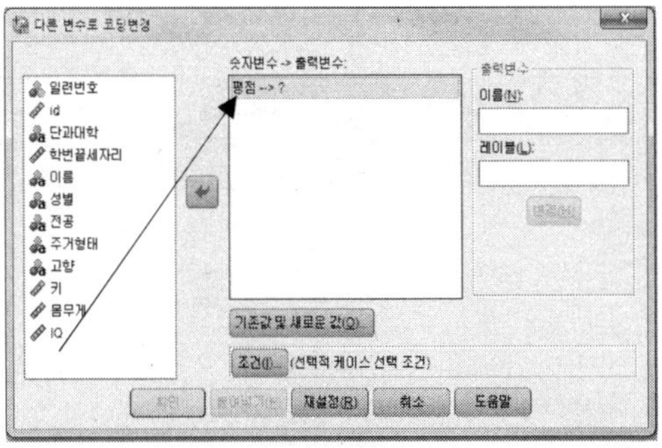

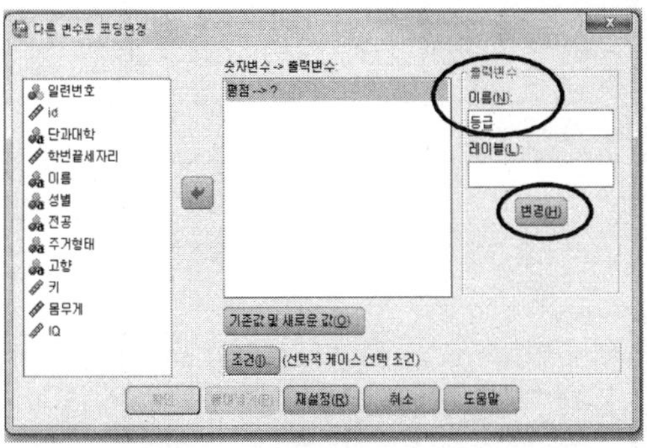

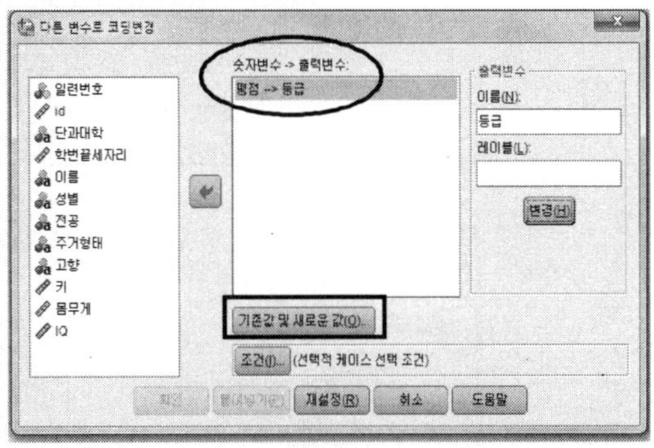

(10) 나타나는 창에서 "○ 최저값에서 다음 값까지 범위"를 ◉로 선택한 후, "3.49"를 입력한다. "□ 출력변수가 문자열임"을 ☑로 선택한다. 그리고 "새로운 값"의 "◉ 기준값"의 빈 칸에 "B0"를 입력하고, "추가"를 누른다.

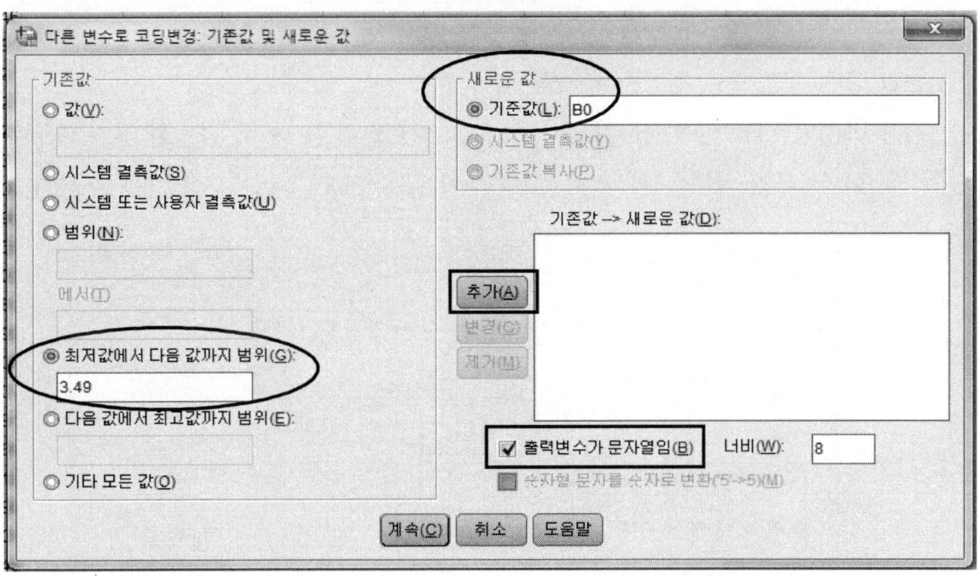

(11) "○ 범위"를 ◉로 선택한 후, "3.50"에서 "3.99"를 입력한다. "새로운 값"의 "◉ 기준값"의 빈 칸에 "B+"를 입력하고, "추가"를 누른다.

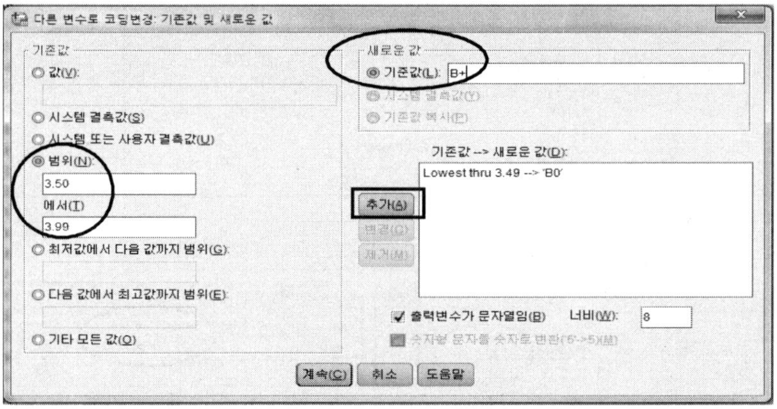

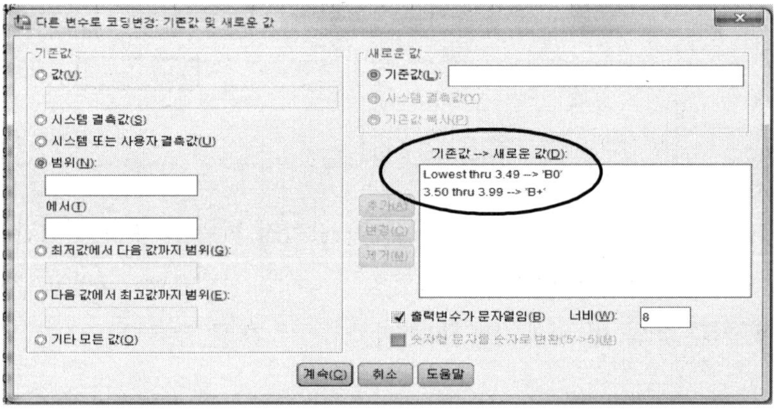

(12) 같은 방법으로 "A0"를 추가한다.

(13) 마지막으로 "○ 다음 값에서 최고값까지 범위"를 ◉로 선택한 후, "새로운 값"의 "기준값"에 "A+"를 입력하고 "추가"를 누르고 "계속", "확인"을 누른다.

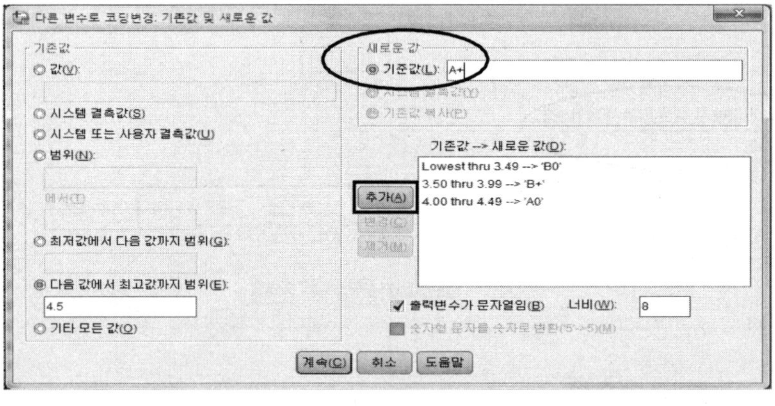

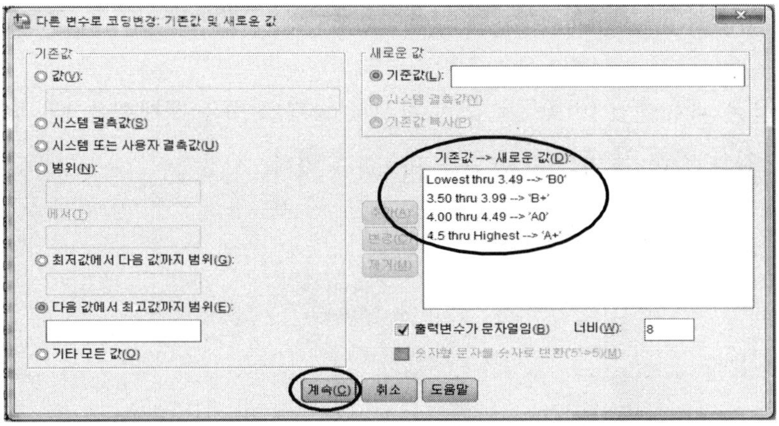

(14) **"평점"**에 따라 **새롭게 생긴 변수 "등급"**의 결과에 대한 "데이터 보기" 화면은 다음과 같다.

이름	성별	전공	주거형태	고향	키	몸무게	IQ	평점	등급
최정민	여	응용수학	자취	마산	155	62	115	3.02	B0
추성호	남	화학	본가	부산	171	75	153	4.41	A0
이상호	남	통계학	자취	양산	176	85	107	3.62	B+
김태형	남	미생물학	자취	울산	170	72	103	3.75	B+
나석원	남	물리학	자취	하동	179	86	109	3.46	B0
박대민	남	통계학	본가	부산	186	96	126	3.91	B+
김창원	남	화학	기숙사	의성	180	74	142	4.23	A0
김현태	남	응용수학	본가	부산	175	67	117	3.26	B0
이나래	여	물리학	기숙사	울산	168	59	122	4.21	A0
곽진아	여	물리학	본가	부산	172	74	130	4.31	A0
김상현	남	응용수학	기숙사	포항	179	66	117	4.00	A0
이석홍	남	화학	본가	부산	189	74	120	3.95	B+
정현석	남	미생물학	자취	대구	178	70	101	3.33	B0
주민철	남	통계학	본가	부산	163	79	120	4.03	A0
최영현	여	응용수학	자취	창원	158	52	114	3.87	B+
진철민	남	화학	본가	부산	174	77	102	3.96	B+
김수아	여	통계학	기숙사	창원	170	61	131	4.06	A0
정수진	여	화학	기숙사	양산	163	52	100	4.01	A0
박가희	여	물리학	기숙사	창원	159	47	120	3.97	B+
김현숙	여	응용수학	자취	진주	160	53	127	3.69	B+
김민정	여	식품공학	기숙사	창원	162	63	124	4.12	A0
김석원	남	생물공학	본가	부산	174	80	117	3.98	B+
이정민	남	양식학	기숙사	김해	167	60	110	4.01	A0
기원정	남	생물공학	자취	마산	179	74	109	3.46	B0
남영석	남	자원생물	기숙사	진주	182	77	100	4.11	A0
박기태	남	식품영양	본가	부산	175	81	130	4.26	A0
이창웅	남	식품공학	자취	대구	174	70	120	3.24	B0
예현석	남	자원생물	본가	부산	162	70	110	3.65	B+
이희영	여	양식학	기숙사	울산	152	59	98	4.11	A0
이진미	여	식품공학	본가	부산	159	65	127	3.97	B+
김상아	여	식품공학	기숙사	포항	157	50	107	4.03	A0
김홍석	남	식품영양	본가	부산	170	85	152	4.49	A0
조영일	남	식품영양	자취	양산	176	66	113	3.22	B0
이철민	남	양식학	본가	부산	181	95	134	3.85	B+
최영재	여	양식학	자취	마산	170	78	107	3.32	B0
정순철	남	생물공학	본가	부산	163	53	104	3.99	B+

앞의 결과를 "major_height_id_add_등급"으로 저장한다.

※ 다음은 메뉴에서 [변환 → 같은 변수로 코딩변경]을 선택했을 때 나타나는 창이고 위와 같은 방법으로 변수를 바꿀 수 있다.

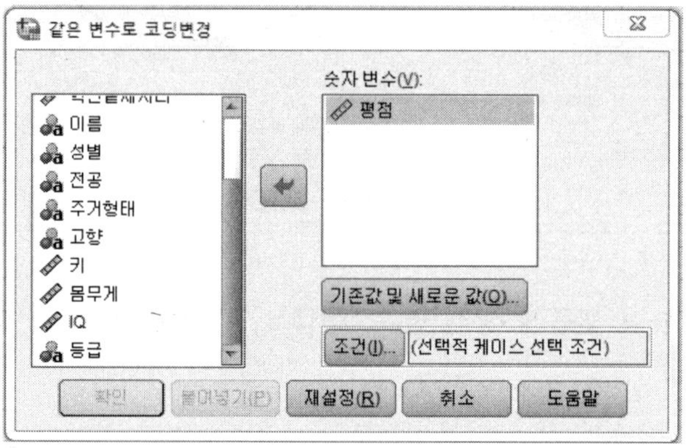

연 습 문 제

1. 다음 자료를 "N1major"에서 주거형태와 고향 사이에 "통학방법"을 입력하고 "N1major통합방법추가.sav" 파일로 저장하여라.

이름	통학방법
최정민	도보
추성호	버스
이상호	도보
김태형	도보
나석원	자전거
박대민	지하철
김창원	도보
김현태	지하철
이나래	도보
곽진아	자전거
김상현	도보
이석홍	자가용
정현석	도보
주민철	자가용
최영현	자전거
진철민	버스
김수아	도보
정수진	도보
박가희	도보
김현숙	도보

2. 다음 자료를 "F1major"에서 주거형태와 고향 사이에 "통학방법"을 입력하고 "F1major통합방법추가.sav" 파일로 저장하여라.

이름	통학방법
김민정	도보
김석원	버스
이정민	도보
기원정	도보
남영석	도보
박기태	버스
이창웅	도보
예현석	지하철
이희영	도보
이진미	지하철
김상아	도보
김흥석	버스
조영일	도보
이철민	버스
최영재	도보
정순철	지하철
강수지	도보
전홍준	지하철
황순철	도보
나영석	도보

3. 다음 자료를 "N2height"에서 몸무게와 100 m 사이에 "발크기"을 입력하고 "N2height발크기추가.sav" 파일로 저장하여라.

이름	발 크기
최정민	245
추성호	265
이상호	265
김태형	260
나석원	270
박대민	285
김창원	280
김현태	275
이나래	255
곽진아	255
김상현	270
이석흥	285
정현석	275
주민철	265
최영현	260
진철민	260
김수아	255
정수진	250
박가희	235
김현숙	230

4. 다음 자료를 "F2height"에서 몸무게와 IQ 사이에 "발크기"를 입력하고 "F2height발크기추가.sav" 파일로 저장하여라.

이름	발 크기
김민정	255
김석원	265
이정민	260
기원정	275
남영석	275
박기태	270
이창웅	270
예현석	260
이희영	245
이진미	240
김상아	235
김홍석	260
조영일	265
이철민	265
최영재	260
정순철	255
강수지	250
전홍준	265
황순철	280
나영석	285

5. "N1major.sav" 파일에서 고향을 가나다순으로 정렬하여라.

6. "F2major.sav" 파일에서 고향을 가나다의 역순으로 정렬하여라.

7. "F2major.sav" 파일에서 전공을 가나다순으로 정렬하여라.

8. "F2major.sav" 파일에서 전공과 성별을 가나다순으로 정렬하여라.

9. "N2height.sav" 파일에서 키를 증가순으로 정렬하여라.

10. "N2height.sav" 파일을 키와 몸무게의 증가순으로 정렬하여라.

11. "F2height.sav" 파일을 몸무게의 증가순으로 정렬하여라.

12. "F2height.sav" 파일을 몸무게와 키의 증가순으로 정렬하여라.

13. 앞에서 배운 바와 같이 "N1major" 파일 아래에 "F1major" 파일을 결합하고, "N1height" 파일 아래에 "F2height" 파일을 결합한 후, 두 파일을 학생들의 "이름"에 맞추어 변수를 추가하고 그 파일 이름을 "major_height_id_add_등급"로 저장하여라.

14. "major_height_id_add_등급" 파일에서 IQ가 120 이상이고 평점이 4.0 이상인 여학생의 이름, 전공, IQ, 평점을 적어라.

15. "major_height_id_add_등급" 파일에서 IQ가 120 이상이고 평점이 4.0 이상인 남학생의 이름, 전공, IQ, 평점을 적어라.

16. "major_height_id_add_등급" 파일에서 키가 150 미만이거나 몸무게가 50 미만인 학생의 이름, 전공, 키, 몸무게를 적어라.

17. "major_height_id_add_등급" 파일에서 고향이 부산이 아닌 남학생의 이름, 전공, 고향을 적어라.

18. "major_height_id_add_등급" 파일에서 본가에서 통학하지 않는 자연대학 여학생의 이름, 전공, 고향을 적어라.

19. "major_height_id_add_등급" 파일에서 본가에서 통학하는 평점이 3.5 이상 4.0 미만인 수산과학대학 남학생의 이름, 전공, 주거형태, 평점을 적어라.

20. "major_height_id_add_등급" 파일에서 "IQ"를 다음과 같이 새 변수인 "IQ군"으로 입력하여라.

IQ	IQ군
140 이상	1
120부터 140 미만	2
100부터 120 미만	3
100 미만	4

21. (20)번을 실행한 결과 40명의 학생들에 대한 "IQ군"에 따라 도수분포표를 작성하여라.

22. 앞에서 배운 바와 같이 "평점"을 새 변수 "등급"으로 변경한 결과, "등급"에 따른 도수분포표를 작성하여라.

23. (20)번과 (22)번의 분류 결과를 바탕으로 여학생들을 "IQ군"에 따라 도수분포표를 작성하여라.

24. (20)번과 (22)번의 분류 결과를 바탕으로 여학생들을 "등급"에 따라 도수분포표를 작성하여라.

25. (20)번과 (22)번의 분류 결과를 바탕으로 자연대학생들을 "IQ군"에 따라 도수분포표를 작성하여라.

26. (20)번과 (22)번의 분류 결과를 바탕으로 자연대학생들을 "등급"에 따라 도수분포표를 작성하여라.

27. (20)번과 (22)번의 분류 결과를 바탕으로 남학생들을 "IQ군"에 따라 도수분포표를 작성하여라.

28. (20)번과 (22)번의 분류 결과를 바탕으로 남학생들을 "등급"에 따라 도수분포표를 작성하여라.

29. (20)번과 (22)번의 분류 결과를 바탕으로 수산과학대학생들을 "IQ군"에 따라 도수분포표를 작성하여라.

30. (20)번과 (22)번의 분류 결과를 바탕으로 수산과학대학생들을 "등급"에 따라 도수분포표를 작성하여라.

31. (20)번과 (22)번의 분류 결과를 바탕으로 고향이 부산인 학생들을 "등급"에 따라 도수분포표를 작성하여라.

32. (20)번과 (22)번의 분류 결과를 바탕으로 고향이 부산이 아닌 학생들을 "등급"에 따라 도수분포표를 작성하여라.

33. 위의 (31)번과 (32)번의 결과로부터 고향이 부산인 학생들과 부산이 아닌 학생들의 학업성취도에 차이가 있는지 비교하고 설명하여라.

34. (20)번과 (22)번의 분류 결과를 바탕으로 자취하는 학생들을 "등급"에 따라 도수분포표를 작성하여라.

35. (20)번과 (22)번의 분류 결과를 바탕으로 기숙사에 사는 학생들을 "등급"에 따라 도수분포표를 작성하여라.

36. (20)번과 (22)번의 분류 결과를 바탕으로 본가에서 사는 학생들을 "등급"에 따라 도수분포표를 작성하여라.

37. 위의 (34)번, (35번), (36번)의 결과를 바탕으로 자취, 기숙사, 본가에 사는 학생들의 학업성취도에 차이가 있는지 비교하고 설명하여라.

5장 기술통계량과 도표

5.1 빈도분석에서 통계량

다음 자료에 대하여 **기술통계량(빈도분석 → 통계량)**을 계산한다.

(1) “데이터 보기” 화면에 “5장_학과_성별_몸무게” SPSS 파일을 다음과 같이 불러온다.

	번호	전공	성별	몸무게	멀리뛰기
1	1	1	F	50	150
2	2	1	M	75	175
3	3	2	F	54	142
4	4	1	M	79	184
5	5	2	M	81	169
6	6	2	F	56	136
7	7	1	F	59	146
8	8	2	M	83	189
9	9	1	M	85	191
10	10	2	F	60	155
11	11	1	M	89	173
12	12	2	M	93	176
13	13	1	M	95	168
14	14	1	F	64	159
15	15	2	F	67	169
16	16	2	M	98	158
17	17	1	F	68	178
18	18	2	M	102	155
19	19	2	M	85	197
20	20	1	F	60	162
21	21	2	M	84	204
22	22	2	M	86	190
23	23	1	F	59	149
24	24	1	M	79	213
25	25	1	F	57	123
26	26	2	F	55	152
27	27	1	M	81	199
28	28	2	M	74	217
29	29	1	M	71	187
30	30	2	M	74	167
31	31	1	F	54	157
32	32	2	F	49	147
33	33	2	F	53	162
34	34	1	F	9	155
35					

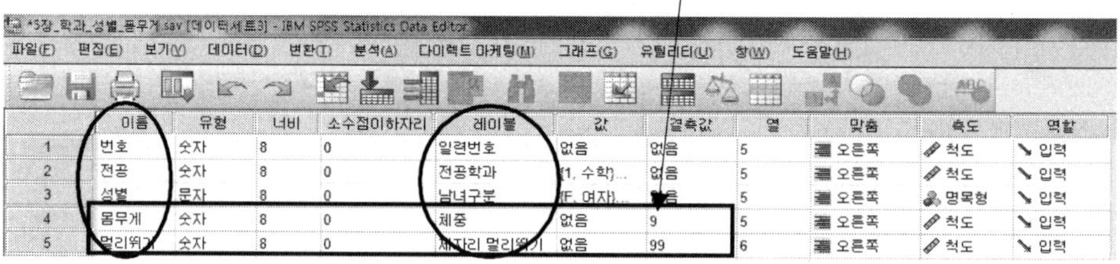

	이름	유형	너비	소수점이하자리	레이블	값	결측값	열	맞춤	측도	역할
1	번호	숫자	8	0	일련번호	없음	없음	5	오른쪽	척도	입력
2	전공	숫자	8	0	전공학과	{1, 수학}...	없음	5	오른쪽	척도	입력
3	성별	문자	8	0	남녀구분	{F, 여자}...	없음	5	오른쪽	명목형	입력
4	몸무게	숫자	8	0	체중	없음	9	5	오른쪽	척도	입력
5	멀리뛰기	숫자	8	0	제자리 멀리뛰기	없음	99	6	오른쪽	척도	입력

※ “몸무게”와 “멀리뛰기”에서 각각 “9”와 “99”로 표시된 값은 **“결측값”**(무응답 또는 여러 가지 이유로 기록이 되지 않은 값)이다.

※ 변수 각각의 “이름”의 **구체적인 설명을 “레이블”**에 적는다.

(2) **전공별 인원과 전체에 대한 백분율**을 알기 위하여 메뉴에서 [분석 → 기술통계량 → 빈도분석]을 누른다.

(3) 나타나는 창에서 "전공학과[전공]"을 "변수" 아래로 이동시키고 "확인"을 누른다.

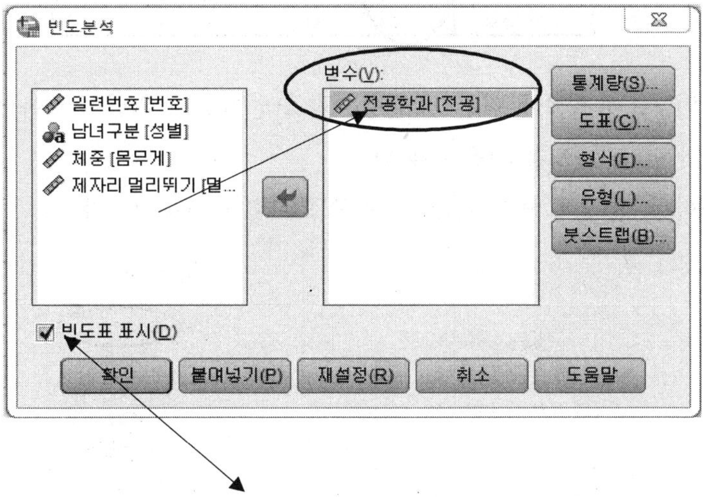

(4) 뷰어 화면에 전공에 대한 "도수분포표"가 "➜ 빈도" 아래에 다음과 같이 나타난다.

통계량

전공학과

N	유효	34
	결측	0

전공학과

		빈도	퍼센트	유효 퍼센트	누적 퍼센트
유효	수학	17	50.0	50.0	50.0
	통계학	17	50.0	50.0	100.0
	전체	34	100.0	100.0	

(5) "통계량" 아래에 "전공학과" 표의 의미는 다음과 같다.

① 자료를 분석하는 데 사용하는 유효한 자료의 개수는 34개, 결측값은 없으므로 **자료(케이스)**의 **개수(사례수)**는 모두 34개이다.

통계량

전공학과

N	유효	34
	결측	0

② 유효한 34개의 값들로부터 수학 전공자 17명, 통계학 전공자 17명이다. 각각의

퍼센트, 유효 퍼센트, 누적 퍼센트가 계산되었다.

전공학과

		빈도	퍼센트	유효 퍼센트	누적 퍼센트
유효	수학	17	50.0	50.0	50.0
	통계학	17	50.0	50.0	100.0
	전체	34	100.0	100.0	

(6) 체중의 **(수치 자료에 대한) 기술통계량**을 알아보기 위하여 메뉴에서 [분석 → 기술통계량 → 빈도분석]을 누른다.

(7) 나타나는 창에서 변수 아래에 체중[몸무게]를 이동시킨다.

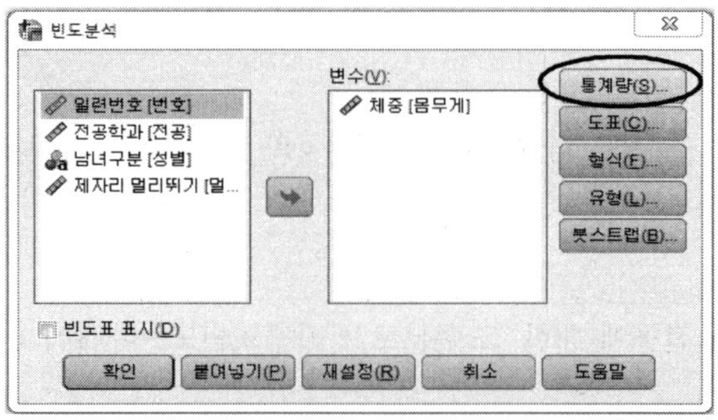

(8) "통계량"을 누르고 나타나는 창에서 "□ 사분위수", "□ 평균", "□ 표준화 편차"를 ☑로 선택하고 "계속", "확인"을 누른다(또는 원하는 통계량들을 모두 선택하여 "뷰어 화면"에서 계산 결과를 확인할 수 있다).

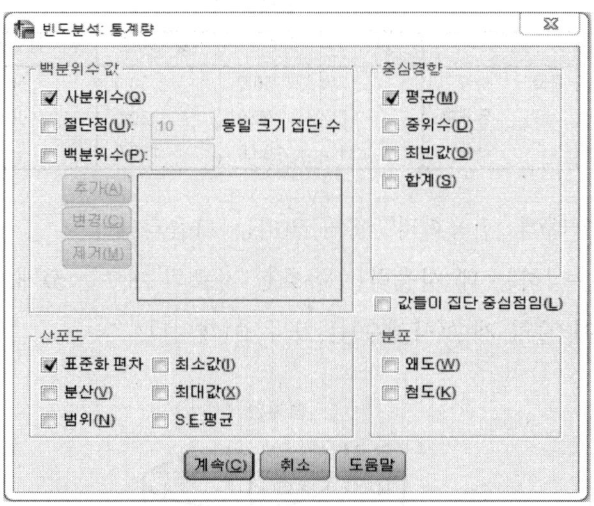

(9) **"뷰어 화면"**에 결측값 1개를 제외한 33명의 체중에 대한 평균, 표준편차, 사분위

수 값이 나타난다.

통계량

체중

N	유효	33
	결측	1
평균		72.09
표준편차		15.243
백분위수	25	58.00
	50	74.00
	75	84.50

5.2 빈도분석에서 도표

다음 자료에 대하여 **기술통계량(빈도분석 → 도표)**을 계산한다.

(1) 메뉴의 [분석 → 기술통계량 → 빈도분석 → 도표]를 선택하면 다음 창이 나타난다.

(2) **"도표 유형"**으로부터 "막대도표" 또는 "원도표"를 선택한 후, "계속", "확인"을 누른다.

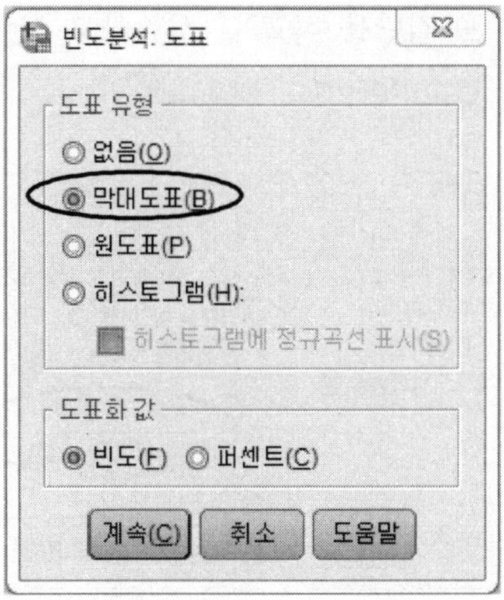

(3) **"뷰어 화면"**에 "막대도표"(막대그래프)와 "원도표"(원그래프)가 나타난다. 수학과 통계학 전공자가 각각 17명씩 50%를 차지하므로 다음 결과와 같다.

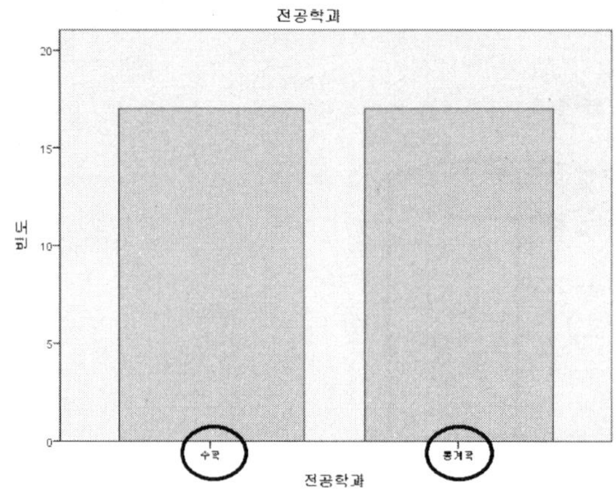

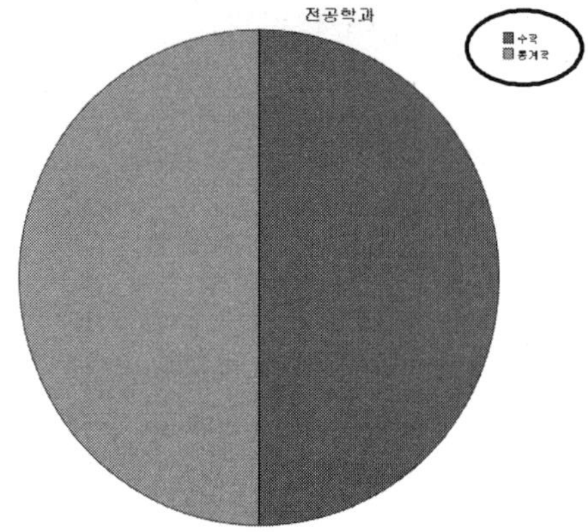

5.3 데이터 파일분할 후 빈도분석

남학생과 여학생들의 몸무게와 멀리뛰기의 평균, 표준편차, 중앙값들을 **성별에 따라 각각의 결과**를 제시하라.

(1) 메뉴에서 [데이터 → 파일분할]을 누른다.

(2) 나타나는 창에서 "**◉ 집단들 비교**"를 선택하고, "**분할 집단변수**" 아래로 "**남녀구분[성별]**"을 이동시키고 "**확인**"을 누른다.

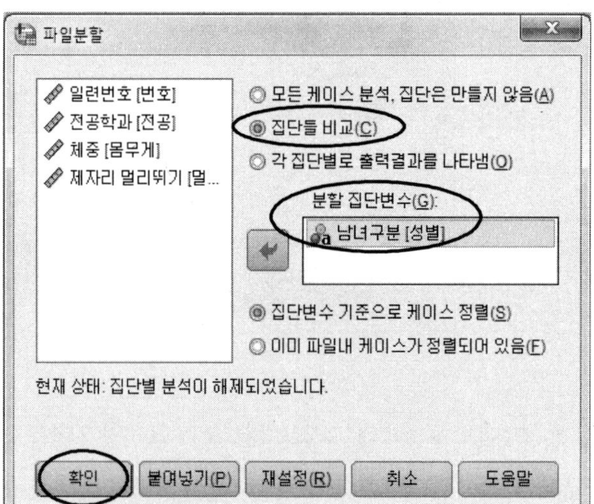

(3) 메뉴에서 [분석 → 기술통계량 → 빈도분석]을 누른다.

(4) 나타나는 창에서 "변수" 아래로 "체중[몸무게]"와 "제자리 멀리뛰기[멀리뛰기]"를 옮긴다.

(5) "□ 빈도표 표시"에서 ☑를 제거하여 빈도표가 나타나지 않도록 한다.

(6) "통계량"을 누르고 나타나는 창에서 "□ 평균", "□ 중위수", "□ 표준화 편차"를 선택하고 "계속", "확인"을 누른다.

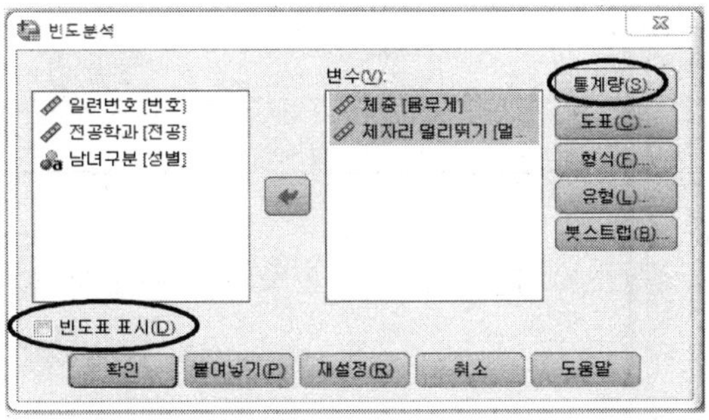

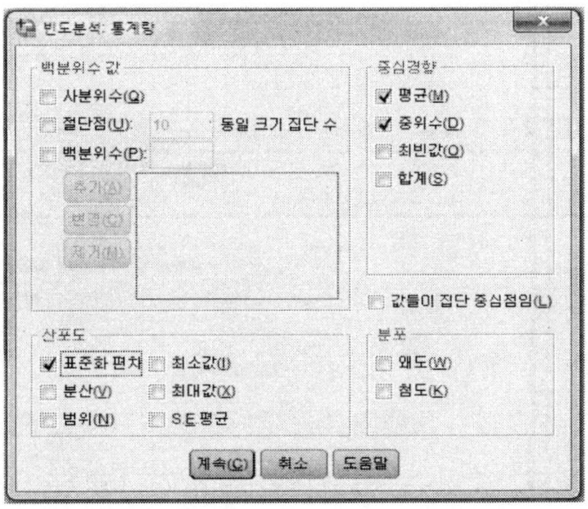

(7) "뷰어 화면"에 "남녀"를 구분하여 "체중"과 "제자리 멀리뛰기"의 결과가 나타난다.

통계량

남녀구분			체중	제자리 멀리뛰기
여자	N	유효	15	16
		결측	1	0
	평균		57.67	152.63
	중위수		57.00	153.50
	표준편차		5.615	12.966
남자	N	유효	18	18
		결측	0	0
	평균		84.11	184.00
	중위수		83.50	185.50
	표준편차		8.649	17.816

(8) **"뷰어 화면"에서 "표"를 마우스로 잡은 상태에서 마우스의 오른쪽 단추를 눌러서 [내용 편집 → 별도의 창에서]를 누른다.**

(9) 나타나는 **"피벗표 통계량"**의 메뉴에서 **[피벗 → 행과 열 전치]**를 누른다.

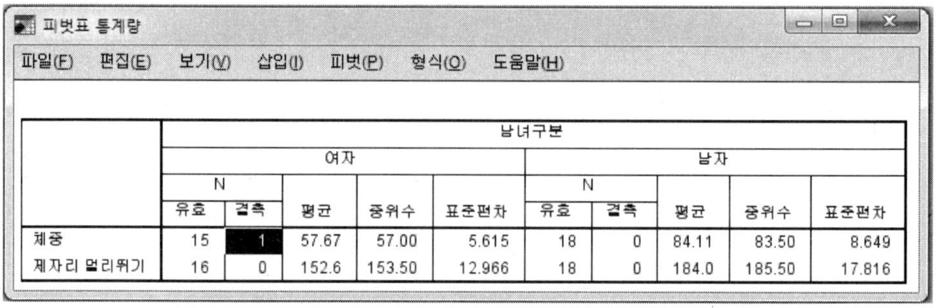

피벗표 통계량

파일(F) 편집(E) 보기(V) 삽입(I) 피벗(P) 형식(O) 도움말(H)

	남녀구분									
	여자					남자				
	N		평균	중위수	표준편차	N		평균	중위수	표준편차
	유효	결측				유효	결측			
체중	15	1	57.67	57.00	5.615	18	0	84.11	83.50	8.649
제자리 멀리뛰기	16	0	152.6	153.50	12.966	18	0	184.0	185.50	17.816

(10) 필요한 만큼 마우스로 표의 너비를 조절하여 완성한 후, 닫으면 다음의 결과가 나타난다.

	남녀구분									
	여자					남자				
	N		평균	중위수	표준편차	N		평균	중위수	표준편차
	유효	결측				유효	결측			
체중	15	1	57.67	57.00	5.615	18	0	84.11	83.50	8.649
제자리 멀리뛰기	16	0	152.6	153.50	12.966	18	0	184.0	185.50	17.816

(11) 자료들의 중앙값과 산포는 다음과 같이 요약할 수 있다.

① 여자들의 체중의 평균, 중위수, 표준편차는 각각 57.7, 57.0, 5.6이고, 남자들의 체중의 평균, 중위수, 표준편차는 각각 84.1, 83.5, 8.6이다. 여자들의 제자리 멀리뛰기의 평균, 중위수, 표준편차는 각각 152.6, 153.5, 13.0이고, 남자들의 제자리 멀리뛰기의 평균, 중위수, 표준편차는 각각 184.0, 185.5, 17.8이다.

② 여자 체중에 결측값이 1개 있다. 체중과 제자리 멀리뛰기의 평균과 중위수 모두 남자가 여자보다 크다.

③ 체중과 제자리 멀리뛰기의 흩어짐도 모두 남자가 여자보다 크다.

(12) 만약 다음과 같이 위의 **(1)과 (2) 과정을 생략하고 통계량을 계산하면 남자와 여자 구분 없이** 다음의 결과를 얻는다.

> ① 메뉴에서 [데이터 → 파일분할]을 누른다.
> ② 나타나는 창에서 "**◉ 집단들 비교**"를 선택하고, "**분할 집단변수**" 아래로 "**남녀구분[성별]**"을 이동시키고 "**확인**"을 누른다.

➡ 빈도

통계량

		체중	제자리 멀리뛰기
N	유효	33	34
	결측	1	0
평균		72.09	169.24
중위수		74.00	167.50
표준편차		15.243	22.195

5.4 빈도분석에서 히스토그램과 정규곡선 표시

남학생과 여학생들의 몸무게와 멀리뛰기의 평균, 표준편차, 중위수들을 **성별에 따라 히스토그램**으로 나타내어라.

(1) 메뉴에서 [데이터 → 파일분할]을 누른다.

(2) 나타나는 창에서 **"◉ 집단들 비교"**를 선택하고, **"분할 집단변수"** 아래로 **"남녀구분[성별]"**을 이동시키고 **"확인"**을 누른다.

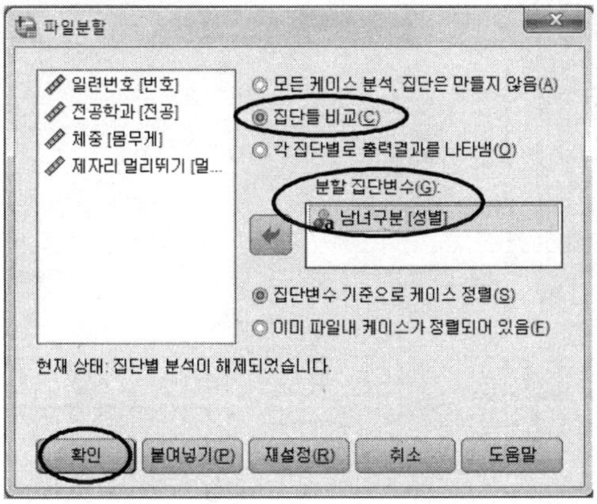

(3) 위의 **"파일분할"**을 **실행하지 않으면 남녀 구분 없이 모든 학생**에 대한 결과가 계산된다.

(4) 메뉴에서 [분석 → 기술통계량 → 빈도분석]을 누른다.

(5) 나타나는 창에서 "변수" 아래로 "체중[몸무게]"와 "제자리 멀리뛰기[멀리뛰기]"를 옮긴다.

(6) "□ 빈도표 표시"에서 ☑를 제거하여 빈도표가 나타나지 않도록 한다.

(7) "도표"를 누르고 나타나는 창에서 **"◉ 히스토그램"**과 **"□ 히스토그램에 정규곡선 표시"**를 선택하고 "계속", "확인"을 누른다.

(8) "뷰어 화면"에 다음과 같이 **남자와 여자가 구분되어** 각각의 체중과 제자리 멀리뛰기에 대한 **"정규곡선이 표시된 히스토그램"**이 모두 4개 작성된다.

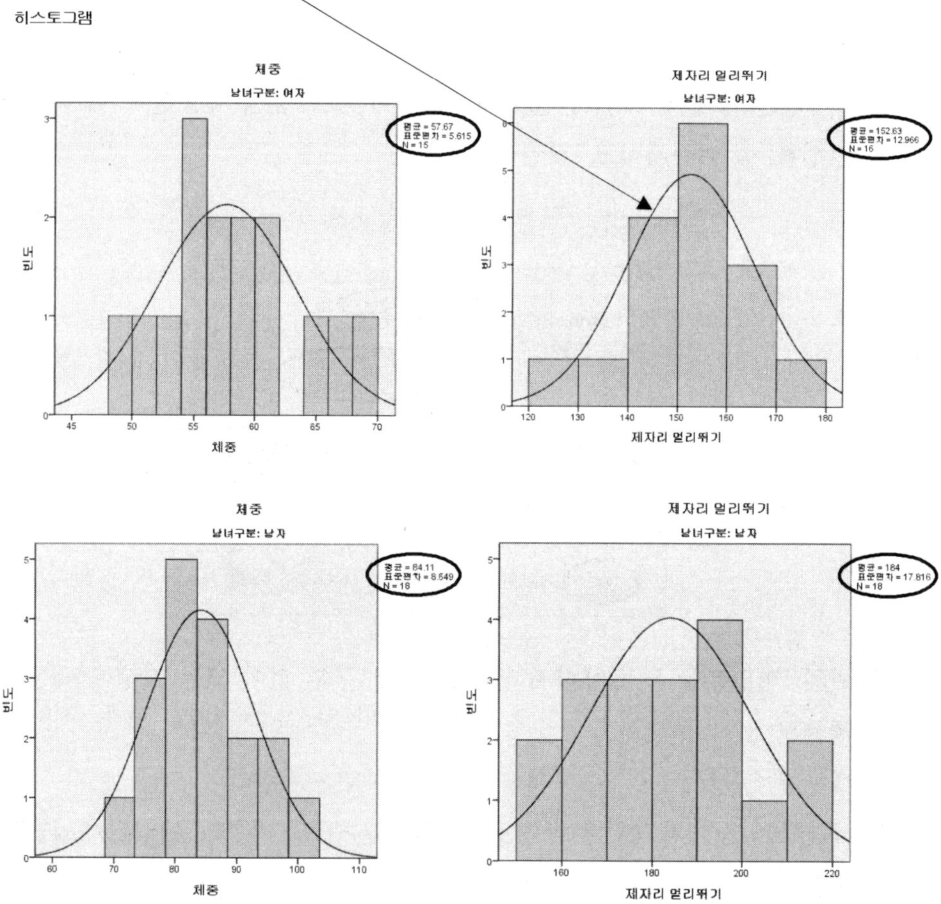

(9) 각 히스토그램의 오른쪽 위편에 평균, 표준편차, 히스토그램 작성에 사용된 자료의 개수(N)가 적혀 있다.

(10) 히스토그램의 특징을 다음과 같이 요약할 수 있다.

① 위의 4개의 히스토그램은 봉우리가 하나인 분포를 한다.

② 이상값은 나타나지 않는다.

③ 정규분포에서 크게 벗어나지 않아 보인다.

④ 그러나 남자와 여자 제자리 멀리뛰기는 약간 오른쪽으로 치우친 모양을 하는 반면, 남자 체중은 약간 왼쪽으로 치우친 모양을 보인다.

⑤ 여자 체중은 중앙의 약간 오른쪽 부분에 자료가 비어 있는 부분이 나타난다.

5.5 기술통계량에서 통계량

[분석 → 기술통계량 → 기술통계]를 이용하여 남, 여학생들의 몸무게와 제자리 멀리뛰기의 기술통계량을 계산하라.

(1) 남녀를 분리하여 계산할 경우 메뉴에서 **[데이터 → 파일분할 → ◉ 집단들 비교 → 분할 집단변수]** 아래로 **"남녀구분[성별]"**을 이동시키고 "확인"을 누른다.

(2) 메뉴에서 [분석 → 기술통계량 → 기술통계]를 누른다.

(3) 나타나는 창에서 "변수" 아래로 "체중[몸무게]"를 옮긴다.

(4) **"옵션"**을 선택하면 **기본적으로** "평균", "표준화 편차", "최소값", "최대값"들이 선택되어 있으므로 "계속", "확인"을 누른다(필요한 경우에는 원하는 기술통계량을 선택하여 계산결과를 "뷰어 화면"에서 확인할 수 있다).

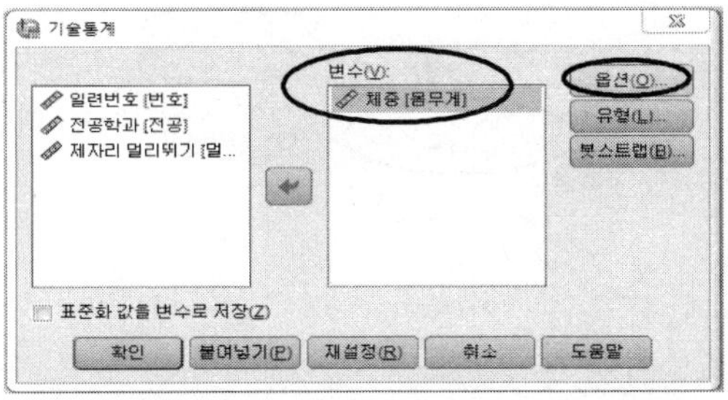

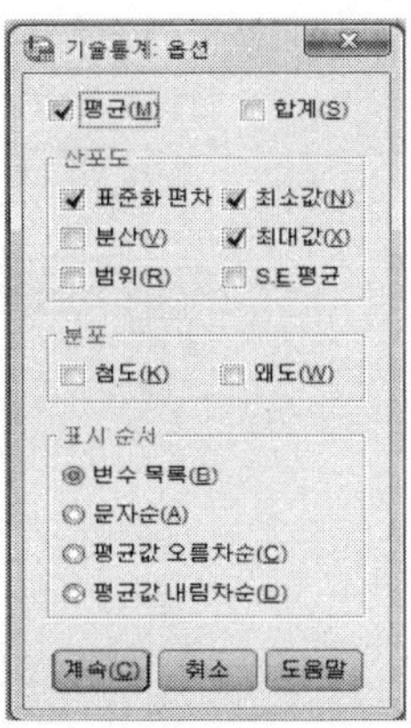

(5) 위의 옵션 대화상자에 있는 **기술통계량의 종류**는 앞에서 언급한 **[분석 → 기술통계량 → 빈도분석]의 "통계량"** 옵션과 약간의 차이가 있음을 볼 수 있다.

(6) "뷰어 화면"에 계산된 기술통계량의 값은 다음과 같다. 여자의 체중에서 유효 개수는 15개임을 주목하라.

➔ 기술통계

기술통계량

남녀구분		N	최소값	최대값	평균	표준편차
여자	체중	15	49	68	57.67	5.615
	제자리 멀리뛰기	16	123	178	152.63	12.966
	유효 N(목록별)	15				
남자	체중	18	71	102	84.11	8.649
	제자리 멀리뛰기	18	155	217	184.00	17.816
	유효 N(목록별)	18				

(7) "뷰어 화면"에서 계산된 기술 통계량의 값들은 앞에서 계산된 값들과 모두 같고, **단지 작성된 표의 형식만 다른 것을 확인할 수 있다.**

5.6 데이터 탐색에서 통계량

[분석 → 기술통계량 → 데이터 탐색]을 이용하여 남, 여학생들의 몸무게와 제자리 멀리뛰기의 **기술통계량**을 계산하라.

(1) 메뉴에서 [분석 → 기술통계량 → **데이터 탐색**]을 누른다.

(2) 나타나는 창에서 **"종속변수"** 아래로 "체중[몸무게]"과 "제자리 멀리뛰기[멀리뛰기]를 옮긴다.

(3) **"요인"** 아래로 "남녀구분[성별]"을 옮긴다.

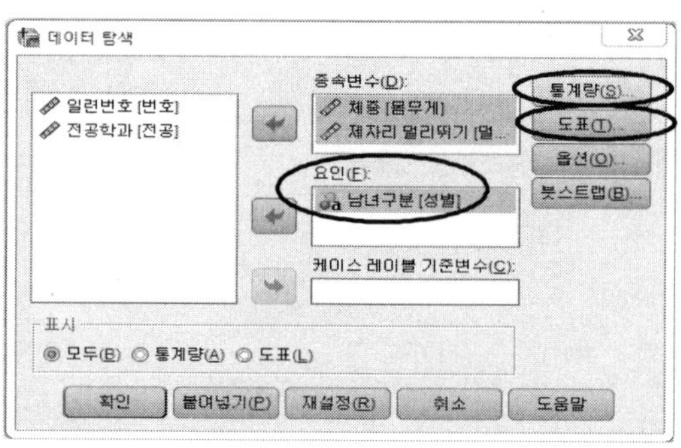

(4) **“통계량”**을 선택하면 **기본적으로** “□ 기술통계”가 선택된다. “계속”을 눌러서 이전의 창으로 되돌아간다.

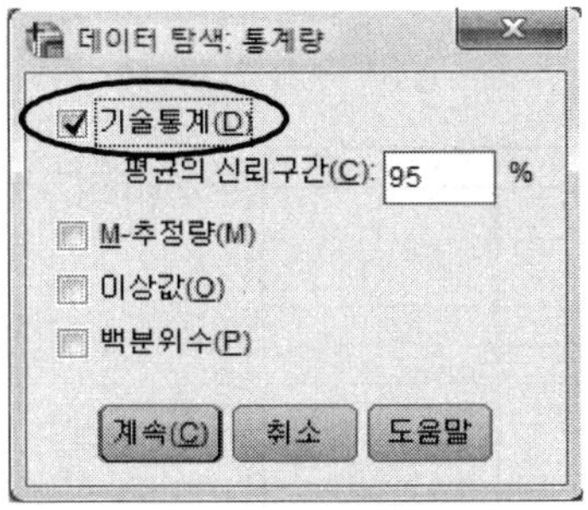

(5) **“도표”**를 눌러서 “□ 히스토그램”과 “□ 검정과 함께 정규성도표” 선택을 추가한다.

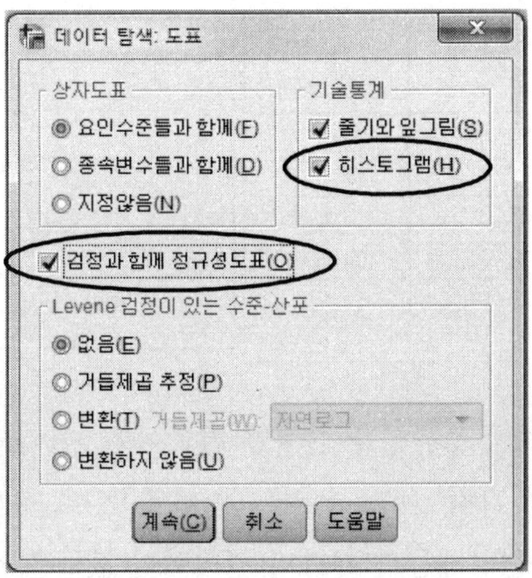

(6) 자료를 탐색을 실행하는 옵션이므로 **“데이터 탐색”**을 선택하면 다른 분석과는 달리 “뷰어 화면”에 다음과 같이 **매우 많은 “기술통계량”**과 **“도표”**들이 나타난다.

(7) 여자의 경우 체중에서 하나의 결측값이 있는데 체중과 제자리 멀리뛰기의 기술통계량 값을 **동시에 요구하므로** 제자리 멀리뛰기에서도 16명 대신 **결측값 한 개를 제외한 15개**의 값에 대한 기술통계량 값들이 계산되었다.

케이스 처리 요약

		케이스					
		유효		결측		전체	
	남녀구분	N	퍼센트	N	퍼센트	N	퍼센트
체중	여자	15	93.8%	1	6.3%	16	100.0%
	남자	18	100.0%	0	0.0%	18	100.0%
제자리 멀리뛰기	여자	15	93.8%	1	6.3%	16	100.0%
	남자	18	100.0%	0	0.0%	18	100.0%

(8) 이에 따라 여자의 제자리 멀리뛰기의 평균값이 **16명일 때** 152.63, 표준편차가 12.966이었으나 **15명만 고려했을 때**는 평균값이 152.47, 표준편차가 13.405로 바뀌었다.

기술통계

남녀구분				통계량	표준오차
체중	여자	평균		57.67	1.450
		평균의 95% 신뢰구간	하한	54.56	
			상한	60.78	
		5% 절사평균		57.57	
		중위수		57.00	
		분산		31.524	
		표준편차		5.615	
		최소값		49	
		최대값		68	
		범위		19	
		사분위수 범위		6	
		왜도		.407	.580
		첨도		-.379	1.121
	남자	평균		84.11	2.039
		평균의 95% 신뢰구간	하한	79.81	
			상한	88.41	
		5% 절사평균		83.85	
		중위수		83.50	
		분산		74.810	
		표준편차		8.649	
		최소값		71	
		최대값		102	
		범위		31	
		사분위수 범위		12	
		왜도		.523	.536
		첨도		-.326	1.038
제자리 멀리뛰기	여자	평균		152.47	3.461
		평균의 95% 신뢰구간	하한	145.04	
			상한	159.89	
		5% 절사평균		152.69	
		중위수		152.00	
		분산		179.695	
		표준편차		13.405	
		최소값		123	
		최대값		178	
		범위		55	
		사분위수 범위		16	
		왜도		-.287	.580
		첨도		.862	1.121
	남자	평균		184.00	4.199
		평균의 95% 신뢰구간	하한	175.14	
			상한	192.86	
		5% 절사평균		183.78	
		중위수		185.50	
		분산		317.412	
		표준편차		17.816	
		최소값		155	
		최대값		217	
		범위		62	
		사분위수 범위		29	
		왜도		.207	.536
		첨도		-.679	1.038

(9) 다음은 각 자료들의 정규성을 검정한 결과이다. Shapiro-Wilk 검정통계량의 값에 대한 유의확률이 각각 0.674, 0.593, 0.992, 0.854로 유의수준 5%보다 큰 값이므로 여자와 남자들의 체중과 제자리 멀리뛰기 값들은 정규분포에서 벗어나지 않음을 확인할 수 있다.

정규성 검정

		Kolmogorov-Smirnov[a]			Shapiro-Wilk		
	남녀구분	통계량	자유도	유의확률	통계량	자유도	유의확률
체중	여자	.139	15	.200*	.959	15	.674
	남자	.136	18	.200*	.960	18	.593
제자리 멀리뛰기	여자	.115	15	.200*	.985	15	.992
	남자	.118	18	.200*	.973	18	.854

*. 이것은 참 유의성의 하한입니다.

a. Lilliefors 유의확률 수정

(10) 다음은 여자와 남자의 체중 자료에 대한 히스토그램을 그린 결과이다. 오른쪽 윗부분에 평균과 표준편차와 히스토그램을 그릴 때 사용한 자료들의 개수가 적혀 있다.

체중

히스토그램

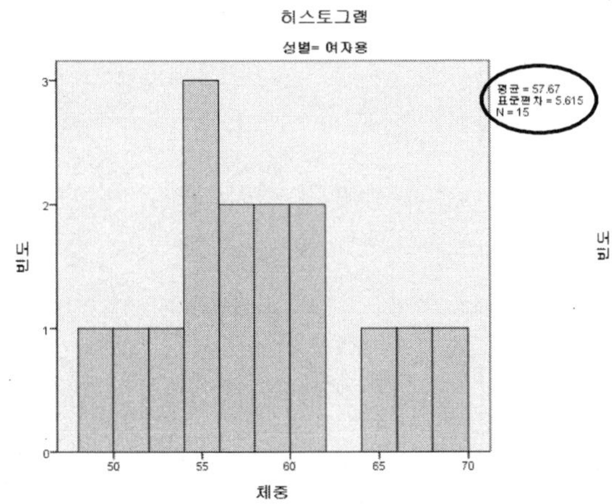

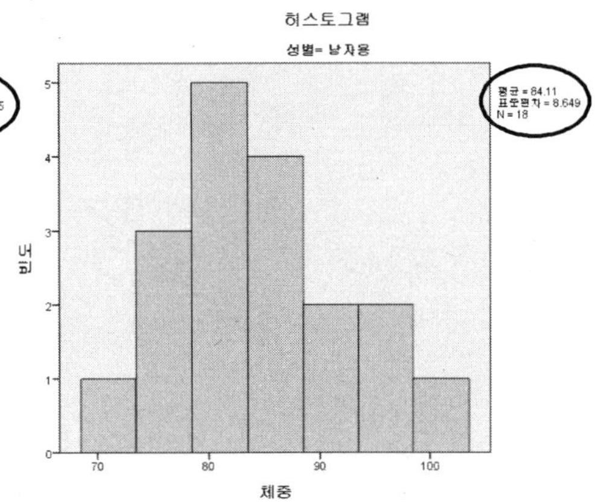

(11) 다음은 여자와 남자들의 체중값에 대한 줄기와 잎그림을 나타낸다. 줄기 너비가 10이라는 것은 실제 줄기의 값은 줄기값에 10을 곱한 값이라는 의미이다. 구매빈도는 줄기에 있는 자료의 개수를 말한다. 그러므로 여자 체중의 최소값은 49 kg이고 40 kg대의 체중은 1개이다. 위의 히스토그램과 비교할 때 줄기와 잎그림은 각각의 관찰값과 함께 대략적인 분포도 알 수 있는 장점이 있다.

줄기와 잎그림 도표

```
체중 줄기와 잎그림 도표
성별= 여자

 구매빈도 Stem &  잎

     1.00        4 .  9
     4.00        5 .  0344
     5.00        5 .  56799
     3.00        6 .  004
     2.00        6 .  78

 줄기 너비:          10
 각 잎:          1 케이스
```

```
체중 줄기와 잎그림 도표
성별= 남자

 구매빈도 Stem &  잎

     3.00        7 .  144
     3.00        7 .  599
     4.00        8 .  1134
     4.00        8 .  5569
     1.00        9 .  3
     2.00        9 .  58
     1.00       10 .  2

 줄기 너비:          10
 각 잎:          1 케이스
```

(12) 여자와 남자들의 체중값에 대한 **정규 Q-Q 도표**를 나타낸다. **45° 직선 주위의 ○ 점들이 45°** 직선을 따라 크게 벗어나지 않고 그려져 있으므로 여자와 남자의 체중값들은 정규분포와 큰 차이가 없음을 알 수 있다.

정규 Q-Q 도표

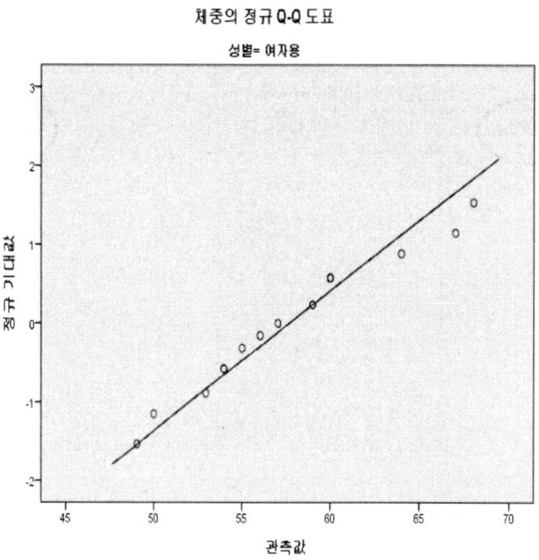

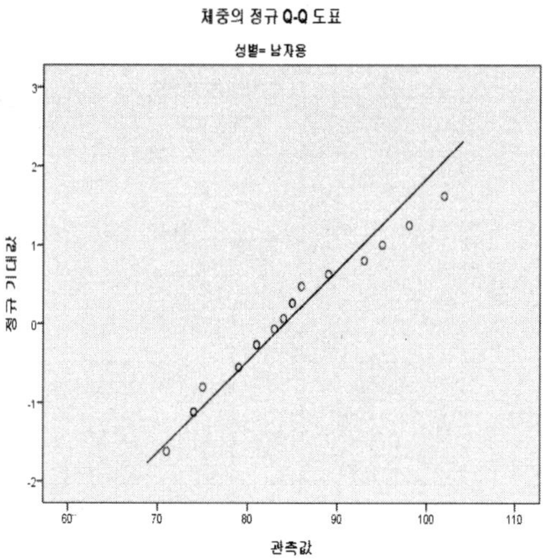

비추세화 정규 Q-Q 도표

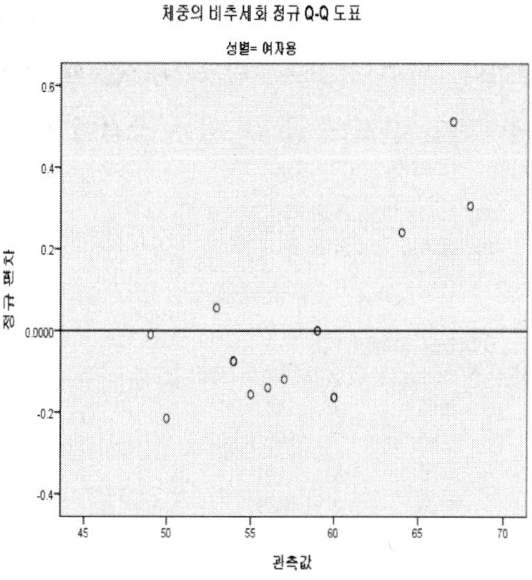

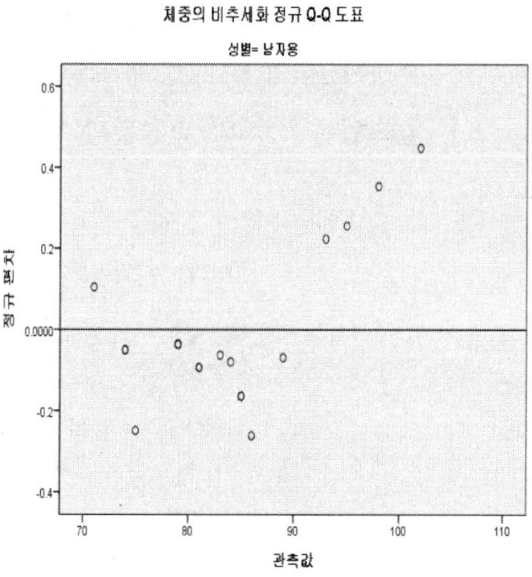

(13) 여자와 남자들의 체중에 대한 상자그림을 나타낸다. 여자 체중의 중앙값이 남자 체중의 중앙값보다 약 10 이상 작게 나타난다. 수염의 양끝의 간격 또는 상자의 양끝의 간격을 볼 때 남자 체중의 산포가 여자의 체중의 산포보다 더 큰 것을 알 수 있다.

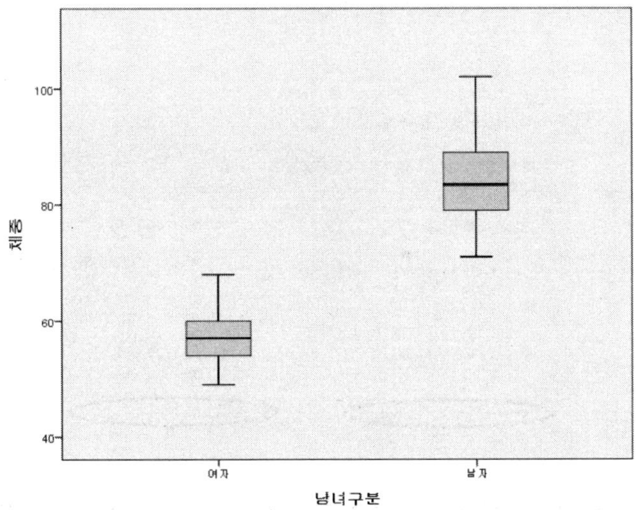

(14) 다음은 여자와 남자들의 제자리 멀리뛰기 자료들에 대한 히스토그램을 그린 결과이다. 오른쪽 윗부분에 평균과 표준편차와 히스토그램을 그릴 때 사용한 자료들의 개수가 적혀 있다.

제자리 멀리뛰기

히스토그램

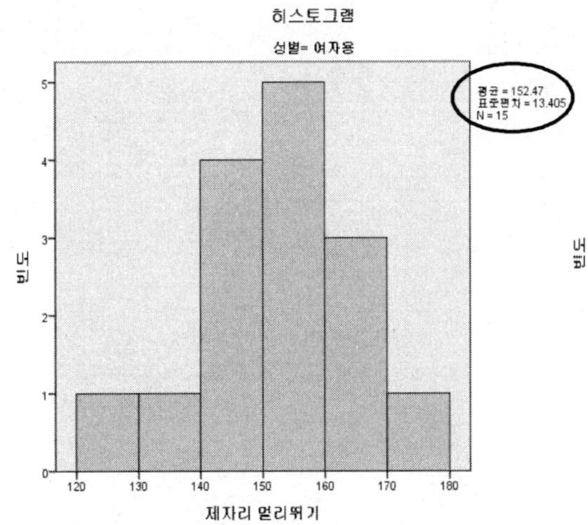

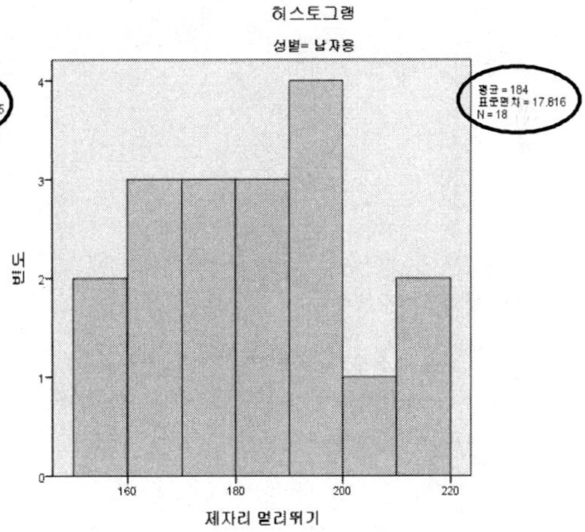

(15) 다음은 여자와 남자들의 제자리 멀리뛰기값들에 대한 줄기와 잎그림을 나타낸다. 위의 히스토그램과 줄기와 잎그림은 매우 비슷한 분포의 양상을 보인다. 줄기의 단위는 줄기값에 줄기 너비인 10을 곱한 값이 실제값이다. 여자의 제자

리 멀리뛰기에 한 개의 이상값이 있다.

```
줄기와 잎그림 도표

제자리 멀리뛰기 줄기와 잎그림 도표          제자리 멀리뛰기 줄기와 잎그림 도표
성별= 여자                                  성별= 남자

 구매빈도 Stem &  잎                         구매빈도 Stem &  잎

     1.00 Extremes     (=<123)                   2.00       15 .  58
     1.00        13 .  6                         3.00       16 .  789
     4.00        14 .  2679                      3.00       17 .  356
     5.00        15 .  02579                     3.00       18 .  479
     3.00        16 .  229                       4.00       19 .  0179
     1.00        17 .  8                         1.00       20 .  4
                                                 2.00       21 .  37

 줄기 너비:         10                         줄기 너비:         10
 각 잎:          1 케이스                       각 잎:          1 케이스
```

(16) 여자와 남자들의 제자리 멀리뛰기값에 대한 **정규 Q-Q 도표를** 나타낸다. **45° 직선 주위의 ㅇ점들이** 45° 직선을 따라 크게 벗어나지 않고 그려져 있으므로 여자와 남자의 제자리 멀리뛰기값들은 정규분포와 큰 차이가 없음을 알 수 있다.

정규 **Q-Q** 도표

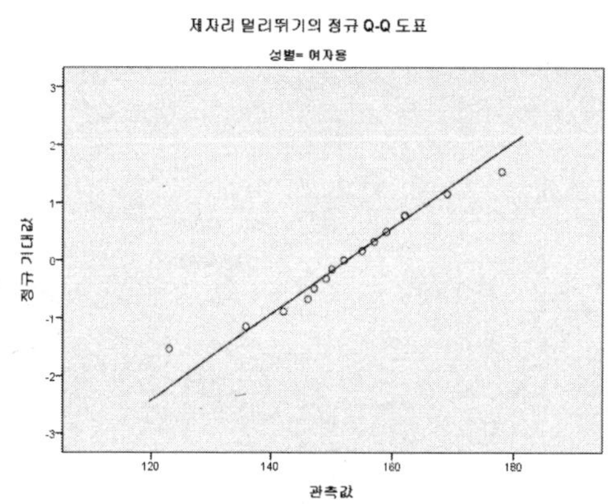

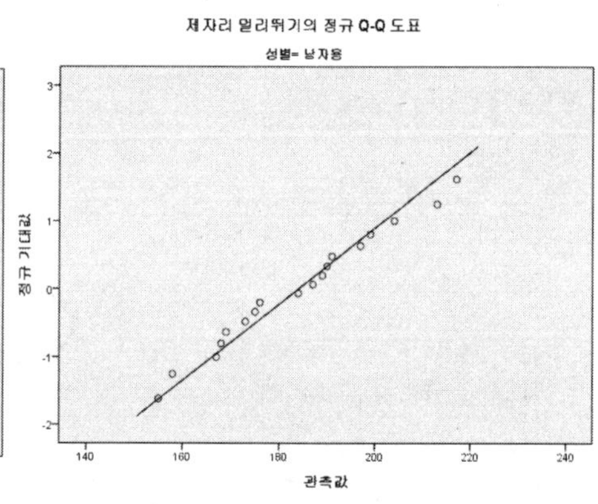

비추세화 정규 **Q-Q** 도표

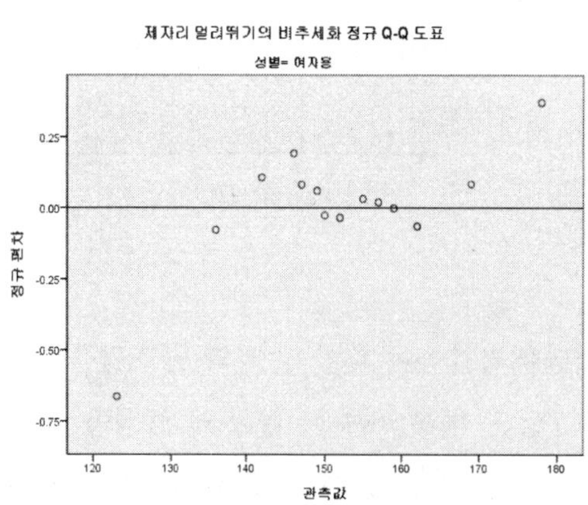

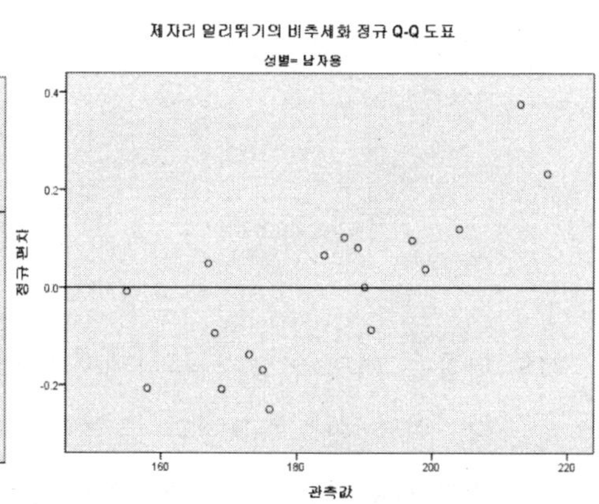

(17) 여자와 남자들의 제자리 멀리뛰기에 대한 상자그림을 나타낸다. 남자의 중앙값이 여자의 중앙값보다 약 30 이상 더 크고, 남자들의 산포가 여자들의 산포보다 더 크게 흩어져 있음을 볼 수 있다. 여자의 제자리 멀리뛰기 기록에서는 작은 쪽으로 이상값이 한 개("데이터 보기" 화면에서 여자의 11번째 값) 발견된다.

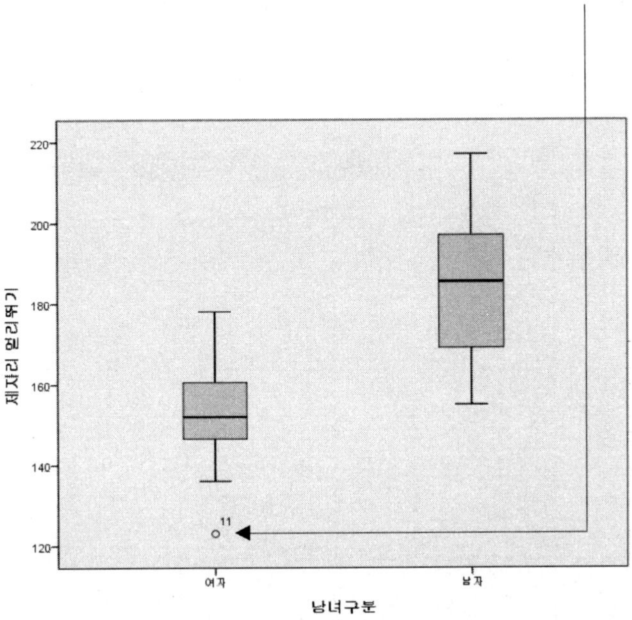

연 습 문 제

1. 다음 자료들을 입력하여라.

	왼쪽치우침	대칭	대칭2	오른쪽치우침
1	0	1	0	0
2	1	3	1	5
3	1	4	2	6
4	1	4	3	7
5	1	4	4	7
6	1	5	4	8
7	2	5	5	8
8	2	5	5	8
9	2	5	6	9
10	3	6	6	9
11	3	6	7	9
12	4	6	8	9
13	5	7	9	9
14	10	9	10	10

2. (1)번의 네 자료들에 대한 아래 표를 완성하여라.

	왼쪽치우침	대칭	대칭2	오른쪽치우침
평균				
중위수				
최빈값				
제1사분위수				
제2사분위수				
제3사분위수				
왜도				
첨도				
Shapiro-Wilk 검정통계량의 계산값				
자유도				
유의확률				

3. (1)번의 네 자료들에 대하여 줄기와 잎그림을 그려라.

4. (1)번의 네 자료들에 대하여 히스토그램을 그리고 (2)번의 값들을 활용하여 분포를 설명하여라.

5. (1)번의 네 자료들에 대하여 상자그림을 그리고 (2)번의 값들을 활용하여 평균값, 사분위수값, 수염끝의 값, 이상값들을 적고 분포를 설명하여라.

6. (1)번의 네 자료들에 대하여 정규 Q-Q 도표를 그리고 (2)번의 값들을 활용하여 정규분포 여부를 설명하여라.

7. (1)번의 네 자료들에 대하여 Shapiro-Wilk 검정통계량을 보고 정규성 검정을 하여라(귀무가설, 대립가설, 검정통계량의 값, 유의확률, 결론을 적을 것).

8. 4장 연습문제의 "major_height_id_add_등급" 파일을 "데이터 보기" 화면에 부른 상태에서 "성별", "전공별", "주거형태별", "고향별", 학점의 "등급별", "퍼센트"값으로 막대그래프를 그려라.

9. (8)번의 5개의 그래프 각각에 대하여 분포를 설명하여라.

10. "major_height_id_add_등급" 자료에 대하여 "성별", "전공별", "주거형태별", "고향별", 학점의 "등급별" 원그래프를 그려라.

11. (8)번과 (10)번의 각 주제별 막대그래프와 원그래프를 비교하고, 두 그래프가 자료를 해석하는 데 어떠한 장단점이 있는지 설명하여라.

12. 성별과 키에 대하여 다음 표를 완성하여라.

성별	평균	표준 편차	최소값	최대값	제1사분 위수	제2사분 위수	제3사분 위수	사분위수 범위	왜도	첨도
남자										
여자										

13. 성별과 몸무게에 대하여 다음 표를 완성하여라.

성별	평균	표준 편차	최소값	최대값	제1사분 위수	제2사분 위수	제3사분 위수	사분위수 범위	왜도	첨도
남자										
여자										

14. 성별과 IQ에 대하여 다음 표를 완성하여라.

성별	평균	표준 편차	최소값	최대값	제1사분 위수	제2사분 위수	제3사분 위수	사분위수 범위	왜도	첨도
남자										
여자										

15. 성별과 키에 대하여 줄기와 잎그림을 그리고, (12)번의 값을 활용하여 성별을 대조하면서 분포를 설명하여라.

16. 성별과 몸무게에 대하여 줄기와 잎그림을 그리고, (13)번의 값을 활용하여 성별을 대조하면서 분포를 설명하여라.

17. 성별과 IQ에 대하여 줄기와 잎그림을 그리고, (14)번의 값을 활용하여 성별을 대조하면서 분포를 설명하여라.

18. 성별과 키에 대하여 정규 Q-Q 도표를 그리고, Shapiro-Wilk 검정통계량과 유의확률를 계산한 후, 성별을 대조하면서 정규분포 여부를 설명하여라.

19. 성별과 몸무게에 대하여 정규 Q-Q 도표를 그리고, Shapiro-Wilk 검정통계량과 유의확률를 계산한 후, 성별을 대조하면서 정규분포 여부를 설명하여라.

20. 성별과 IQ에 대하여 정규 Q-Q 도표를 그리고, Shapiro-Wilk 검정통계량과 유의확률를 계산한 후, 성별을 대조하면서 정규분포 여부를 설명하여라.

21. 성별과 키에 대하여 상자그림을 그리고, (12)번의 값들을 활용하여 평균값, 사분위수값, 수염끝의 값, 이상값들을 적고, 성별을 대조하면서 분포를 설명하여라.

22. 성별과 몸무게에 대하여 상자그림을 그리고, (13)번의 값들을 활용하여 평균값, 사분위수값, 수염끝의 값, 이상값들을 적고, 성별을 대조하면서 성별을 대조하면서 분포를 설명하여라.

23. 성별과 IQ에 대하여 상자그림을 그리고, (14)번의 값들을 활용하여 평균값, 사분위수값, 수염끝의 값, 이상값들을 적고, 성별을 대조하면서 성별을 대조하면서 분포를 설명하여라.

6장 확률분포

6.1 이항확률변수의 확률과 누적확률

이산확률분포인 이항분포에서 각 **확률변수의 확률과 누적확률**을 계산하자.

(1) 시행횟수 $n=10$이고 성공의 확률 $p=0.5$인 **이항확률분포의 확률**을 계산하자.

(2) "데이터 보기" 화면에서 1열에 확률변수인 X를 0부터 10까지 입력한다.

(3) 2열에 "확률", 3열에 "누적확률"을 입력한다.

	확률변수	확률	누적확률
1	0	.	.
2	1	.	.
3	2	.	.
4	3	.	.
5	4	.	.
6	5	.	.
7	6	.	.
8	7	.	.
9	8	.	.
10	9	.	.
11	10	.	.

(4) 메뉴에서 **[변환 → 변수 계산]**을 누른다.

(5) 나타나는 창에서 **"함수 집단"**에서 **"PDF 및 비중심 PDF"**를 선택한다.

(6) **"함수 및 특수변수"**에서 "Pdf.Binom"을 두 번 눌러서 선택한다. 이항확률분포인 "Pdf.Binom" 설명이 나타난다.

(7) 숫자표현식에 **"PDF.BINOM(확률변수, 10, 0.5)"**를 입력한다.

(8) 목표변수에 "확률"을 입력하고 "확인"을 누른다.

(9) 나타나는 "기존 변수를 바꾸시겠습니까?" 창에서 "확인"을 누른다.

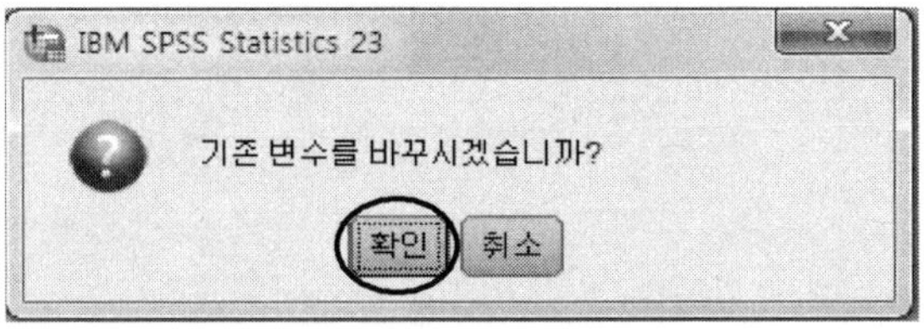

(10) "뷰어 화면"에 실행된 메시지가 나타나고 "데이터 보기" 화면으로 돌아가면 이항확률분포의 각 확률변수에 대한 **확률**이 계산되어 나타난다.

	확률변수	확률
1	0	.0010
2	1	.0098
3	2	.0439
4	3	.1172
5	4	.2051
6	5	.2461
7	6	.2051
8	7	.1172
9	8	.0439
10	9	.0098
11	10	.0010

(11) 시행횟수 $n = 10$이고 성공의 확률 $p = 0.5$인 **이항확률분포에서 누적확률**을 계산하자.

(12) 메뉴에서 **[변환 → 변수 계산]**을 누른다.

(13) 나타나는 창에서 **"함수 집단"**에서 **"CDF 및 비중심 CDF"**를 선택한다.

(14) **"함수 및 특수변수"**에서 "Cdf.Binom"을 선택한다. 이항분포의 누적분포함수인 "Cdf.Binom" 설명이 나타난다.

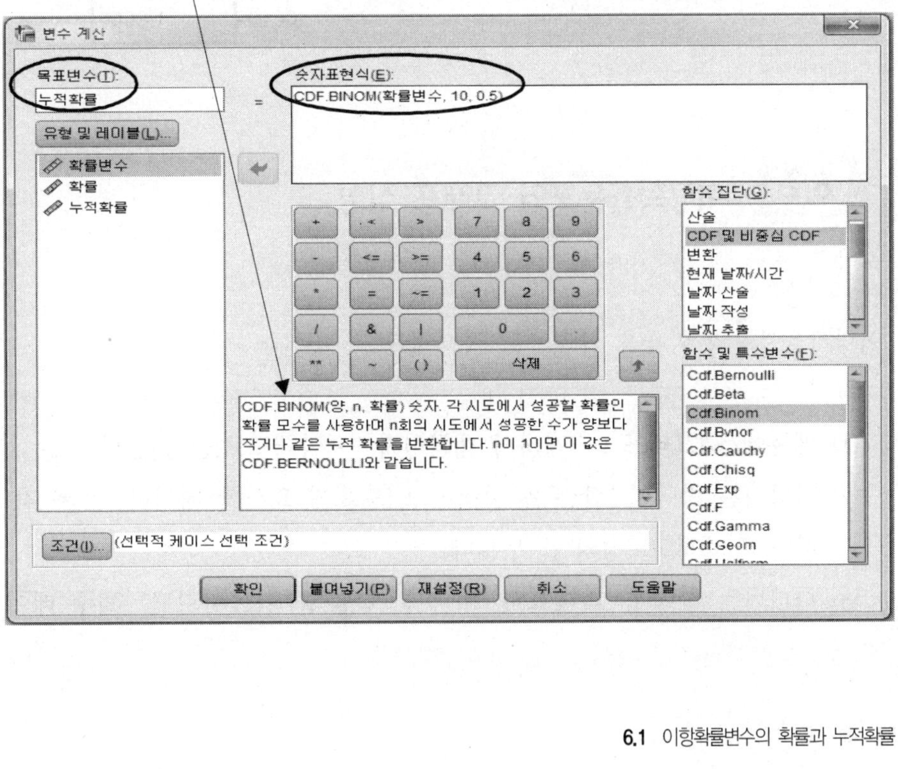

(15) 숫자표현식에 “CDF.BINOM(**확률변수**, 10, 0.5)”를 입력한다.

(16) 목표변수에 “누적확률”을 입력하고 “확인”을 누른다.

(17) 나타나는 “기존 변수를 바꾸시겠습니까?” 창에서 “확인”을 누른다.

(18) “뷰어 화면”에 실행되는 메시지가 나타나고 “데이터 보기” 화면으로 돌아가면 이항확률분포의 각 확률변수에 대한 **누적확률**이 계산되어 나타난다.

	확률변수	확률	누적확률
1	0	.0010	.0010
2	1	.0098	.0107
3	2	.0439	.0547
4	3	.1172	.1719
5	4	.2051	.3770
6	5	.2461	.6230
7	6	.2051	.8281
8	7	.1172	.9453
9	8	.0439	.9893
10	9	.0098	.9990
11	10	.0010	1.0000

6.2 이항확률분포의 그래프 작성

이항확률분포의 확률을 그래프로 작성하자.

(1) 메뉴에서 **[그래프 → 레거시 대화상자 → 막대도표]**를 누른다.

(2) 나타나는 창에서 **“단순”**을 선택하고 **[도표에 표시할 데이터 → ◉ 각 케이스의 값]**을 선택하고 **“정의”**를 누른다.

(3) 나타나는 창에서 **“막대표시”** 아래에 **“확률”**을 이동시키고, **“범주 레이블”**에 “◉

변수"를 선택한 후, **"확률변수"**를 이동시키고 "확인"을 누른다.

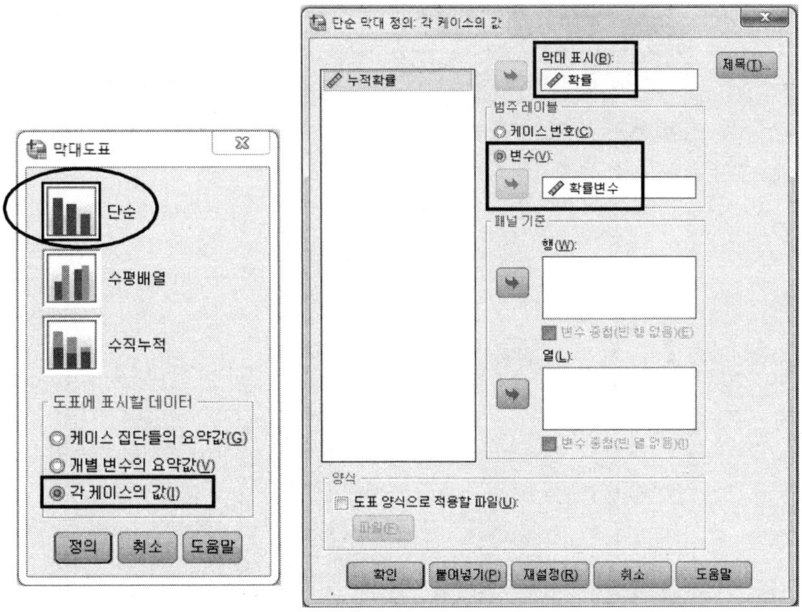

(4) "뷰어 화면"에 그래프가 나타난다.

(5) 그래프의 형태를 수정하기 위하여 "뷰어 화면"의 그래프를 **두 번 누른다**.

그래프

[데이터세트0]

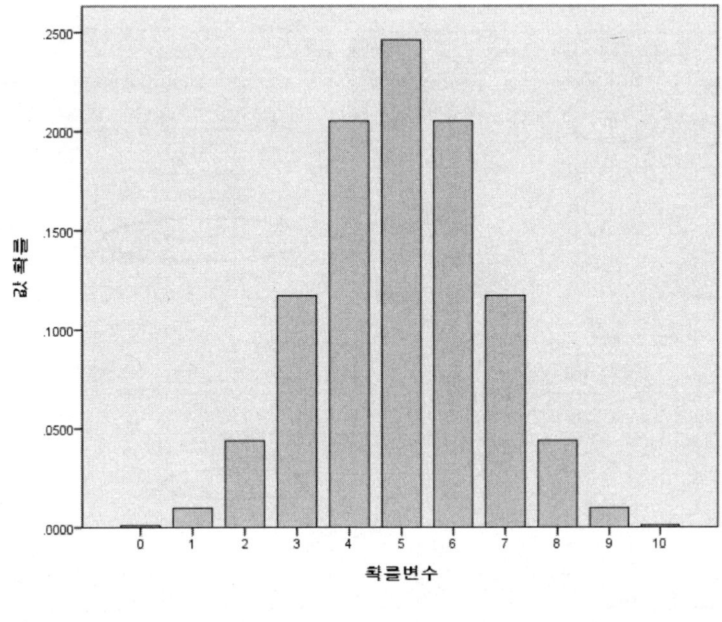

(6) 나타나는 "도표 편집기" 창의 메뉴에서 **[요소 → 데이터 레이블 표시]**를 누른다.

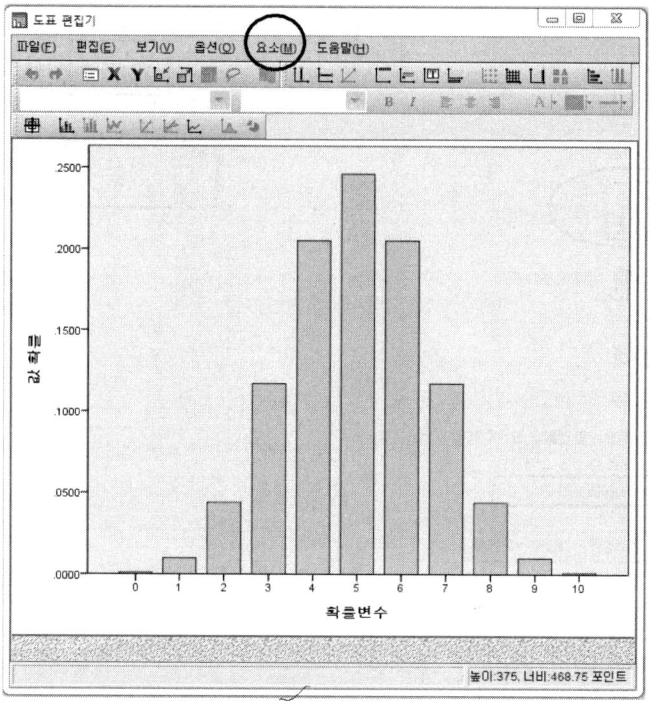

(7) 나타나는 "특성" 창에서 "숫자형식"을 누르고 "소수점이하자리수"에 "4"를 입력하고 "적용"을 누르고 "닫기"를 누른다.

(8) "도표 편집기" 창을 닫는다.

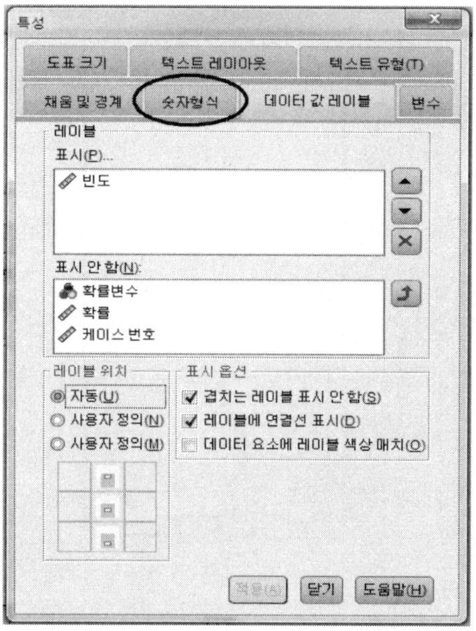

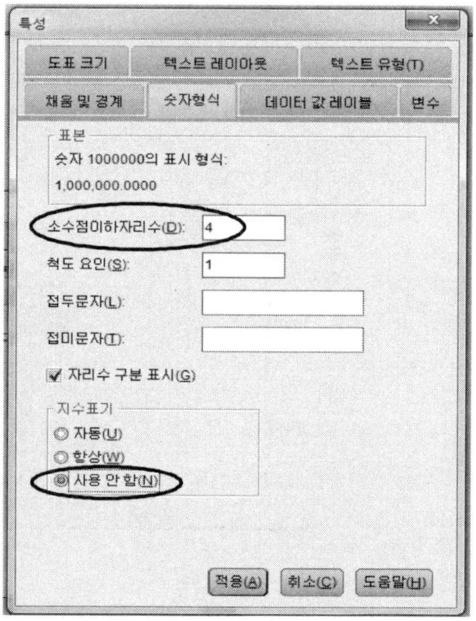

(9) “뷰어 화면”에 다음과 같이 각 확률변수에 해당하는 **이항분포의 확률**이 소수점 이하 네 자리까지 표시된 수정된 그래프가 완성된다.

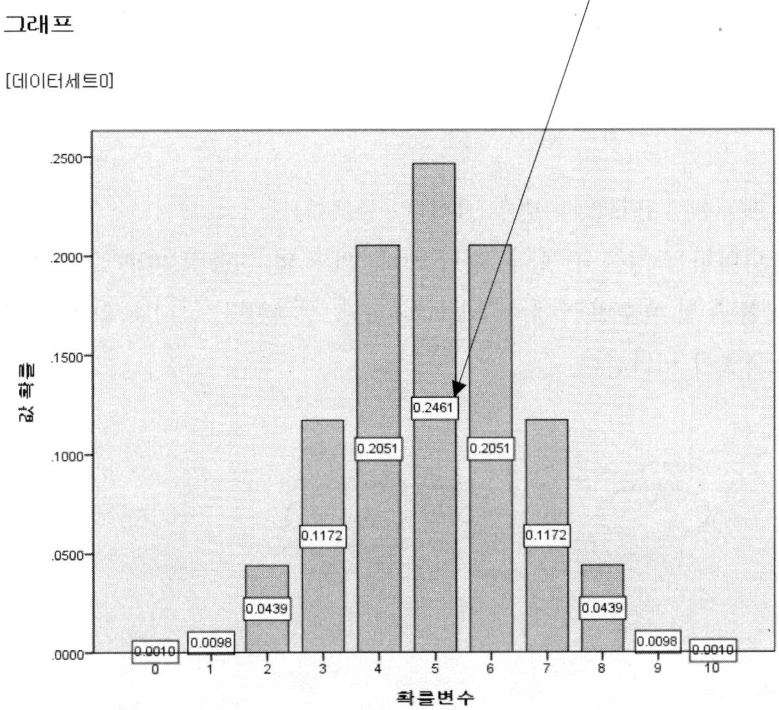

6.3 포아송확률변수의 확률과 누적확률

이산확률분포인 포아송분포에서 각 **확률변수의 확률과 누적확률**을 계산하자.

(1) 포아송분포의 평균 $m = 3$인 **포아송확률분포의 확률**을 계산하자.

(2) “데이터 보기” 화면에 1열에 확률변수인 X를 0부터 10까지만(X는 0부터 무한대까지 값을 취함) 입력한다.

(3) 2열에 “확률”, 3열에 “누적확률”을 입력한다.

	확률변수	확률	누적확률
1	0	.	.
2	1	.	.
3	2	.	.
4	3	.	.
5	4	.	.
6	5	.	.
7	6	.	.
8	7	.	.
9	8	.	.
10	9	.	.
11	10	.	.

(4) 메뉴에서 **[변환 → 변수 계산]**을 누른다.

(5) 나타나는 창에서 **"함수 집단"**에서 **"PDF 및 비중심 PDF"**를 선택한다.

(6) **"함수 및 특수변수"**에서 "Pdf.Poisson"을 선택한다. 포아송 확률분포인 "Pdf.Poisson" 설명이 나타난다.

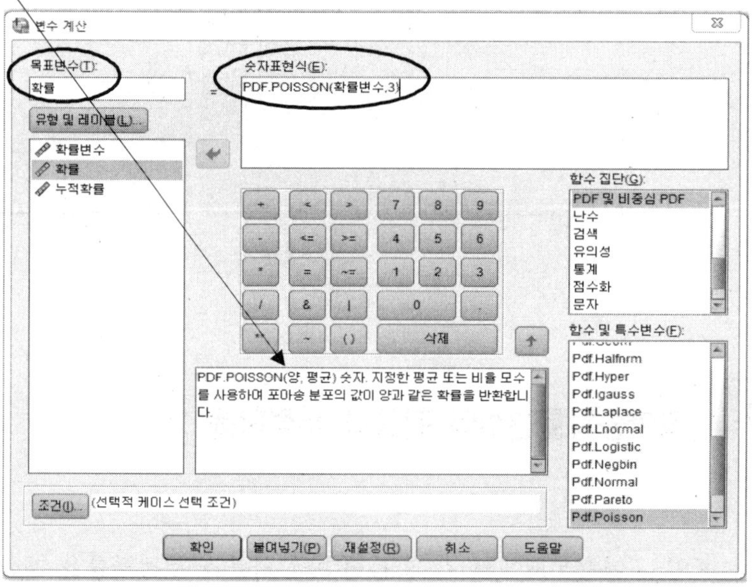

(7) 숫자표현식에 "PDF.POISSON(**확률변수**, 3)"을 입력한다.

(8) 목표변수에 "확률"을 입력하고 "확인"을 누른다.

(9) 나타나는 "기존 변수를 바꾸시겠습니까?" 창에서 "확인"을 누른다.

(10) “뷰어 화면”에 실행된 메시지가 나타나고 “데이터 보기” 화면으로 돌아가면 포아송확률분포의 각 확률변수에 대한 **확률**이 계산되어 나타난다.

	확률변수	확률
1	0	.0498
2	1	.1494
3	2	.2240
4	3	.2240
5	4	.1680
6	5	.1008
7	6	.0504
8	7	.0216
9	8	.0081
10	9	.0027
11	10	.0008

(11) 포아송분포의 평균 $m=3$인 **포아송확률분포의 누적확률**을 계산하자.

(12) 메뉴에서 **[변환 → 변수 계산]**을 누른다.

(13) 나타나는 창에서 **“함수 집단”**에서 **“CDF 및 비중심 CDF”**를 선택한다.

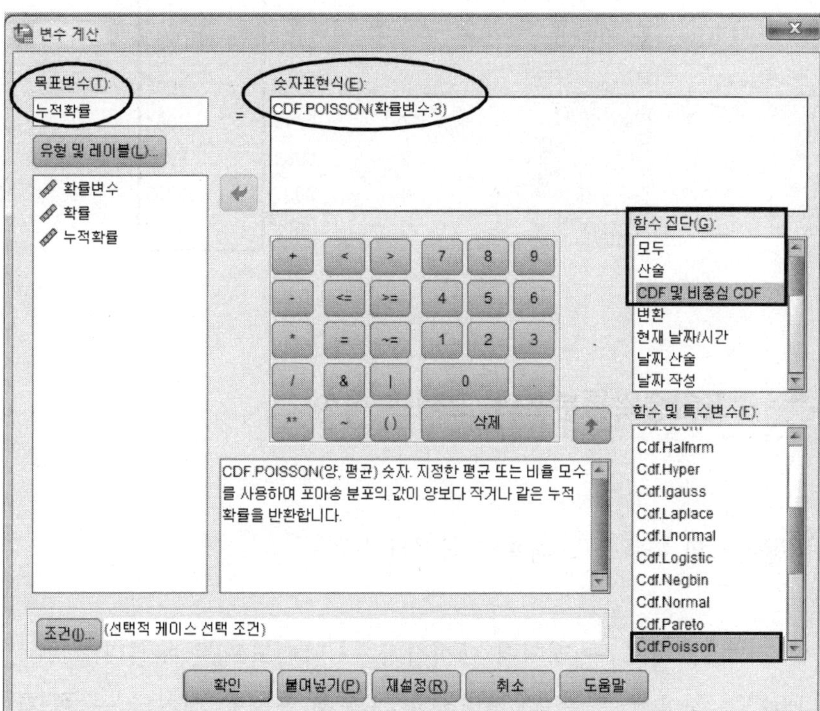

(14) **"함수 및 특수변수"**에서 "Cdf.Poisson"을 선택한다. 포아송분포의 누적분포함수인 "Cdf.Poisson" 설명이 나타난다.

(15) 숫자표현식에 **"CDF.POISSON(확률변수, 3)"**를 입력한다.

(16) 목표변수에 "누적확률"을 입력하고 "확인"을 누른다.

(17) 나타나는 "기존 변수를 바꾸시겠습니까?" 창에서 "확인"을 누른다.

(18) "뷰어 화면"에 실행되는 메시지가 나타나고 "데이터 보기" 화면으로 돌아가면 포아송분포의 각 확률변수에 대한 **누적확률**이 계산되어 나타난다.

	확률변수	확률	누적확률
1	0	.0498	.0498
2	1	.1494	.1991
3	2	.2240	.4232
4	3	.2240	.6472
5	4	.1680	.8153
6	5	.1008	.9161
7	6	.0504	.9665
8	7	.0216	.9881
9	8	.0081	.9962
10	9	.0027	.9989
11	10	.0008	.9997

6.4 포아송확률분포의 그래프 작성

포아송확률분포의 확률을 **그래프**로 작성하자.

(1) 메뉴에서 **[그래프 → 레거시 대화상자 → 막대도표]**를 누른다.

(2) 나타나는 창에서 **"단순"**을 선택하고 **[도표에 표시할 데이터 → ◉ 각 케이스의 값]**을 선택하고 **"정의"**를 누른다.

(3) 나타나는 창에서 **"막대 표시"** 아래에 **"확률"**을 이동시키고, **"범주 레이블"**에 **"◉ 변수"**를 선택한 후, **"확률변수"**를 이동시키고 "확인"을 누른다.

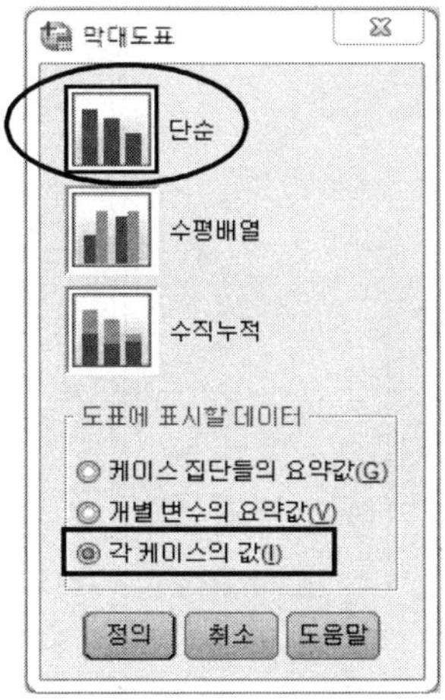

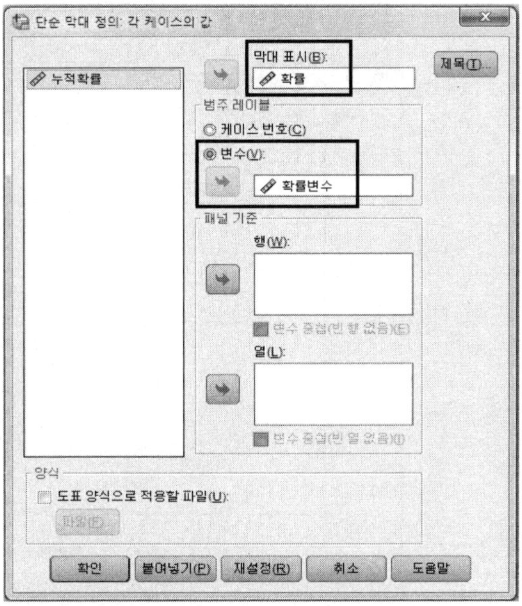

(4) "뷰어 화면"에 그래프가 나타난다.

(5) 그래프의 형태를 수정하기 위하여 "뷰어 화면"의 그래프를 **두 번 누른다.**

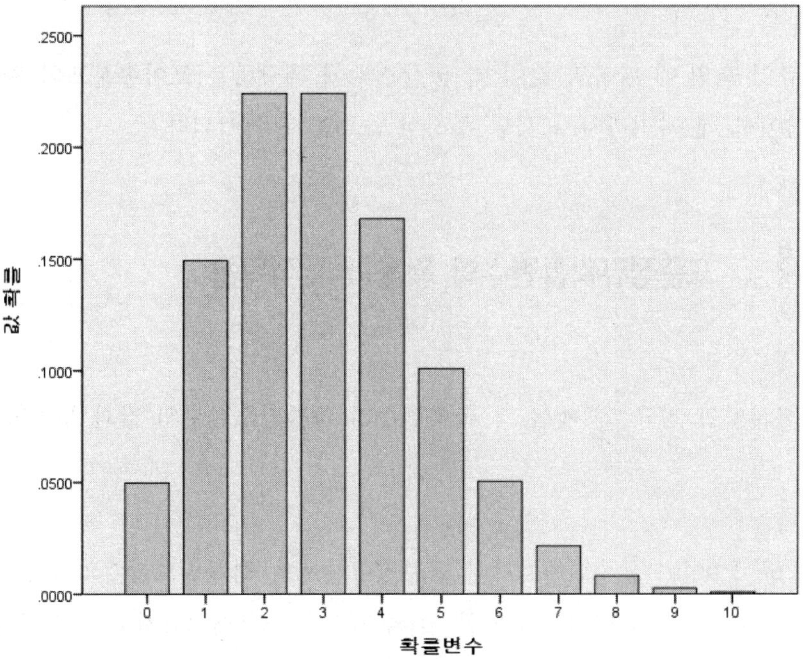

(6) 나타나는 "도표 편집기" 창의 메뉴에서 **[요소 → 데이터 레이블 표시]**를 누른다.

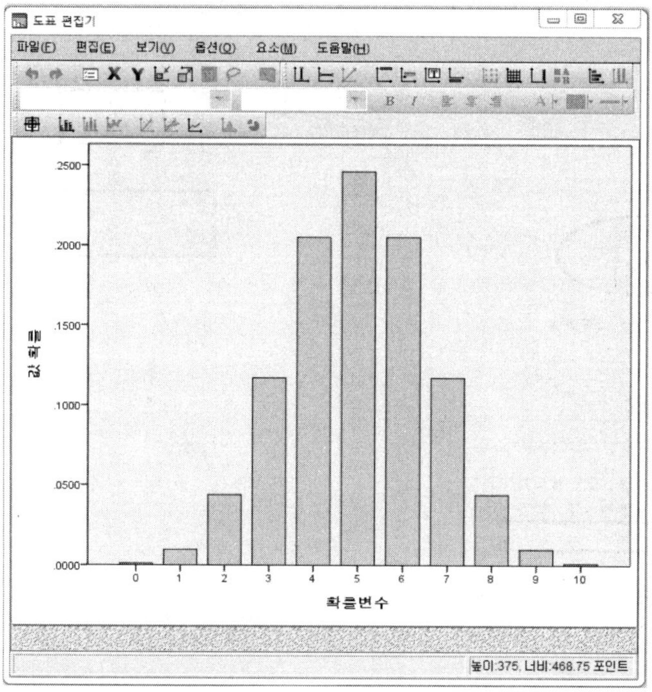

(7) 앞에서와 같은 방법으로 나타나는 "특성" 창에서 "숫자형식"을 누르고 "소수점 이하 자리수"에 "4"를 입력하고 "적용"을 누르고 "닫기"를 누른다. "도표 편집기" 창을 닫는다.

(8) "뷰어 화면"에 다음과 같이 각 확률변수에 해당하는 **포아송분포의 확률**이 소수점이하 네 자리까지 표시된 수정된 그래프가 완성된다.

6.5 표준정규확률변수의 확률과 누적확률

연속확률분포인 정규분포에서 각 **확률변수의 확률밀도함수의 값과 누적확률**을 계산하자.

(1) 평균이 0이고 표준편차가 1인 **표준정규분포의 확률밀도함수의 값**을 계산하자.

(2) "데이터 보기" 화면에 1열에 확률변수인 X를 -3부터 3까지 0.01씩 증가시키면서 값을 입력한다.

(3) 2열에 "확률밀도함수의 값", 3열에 "누적확률"을 입력한다.

	확률변수	확률밀도함수의값	누적확률
1	-3.00	.	.
2	-2.99	.	.
3	-2.98	.	.
4	-2.97	.	.
5	-2.96	.	.
6	-2.95	.	.
7	-2.94	.	.
8	-2.93	.	.
9	-2.92	.	.
10	-2.91	.	.
11	-2.90	.	.
12	-2.89	.	.

(4) 메뉴에서 **[변환 → 변수 계산]**을 누른다.

(5) 나타나는 창에서 **"함수 집단"**에서 "PDF **및 비중심** PDF"를 선택한다.

(6) **"함수 및 특수변수"**에서 "Pdf.Normal"을 선택한다. 정규확률분포인 "Pdf.Normal" 설명이 나타난다.

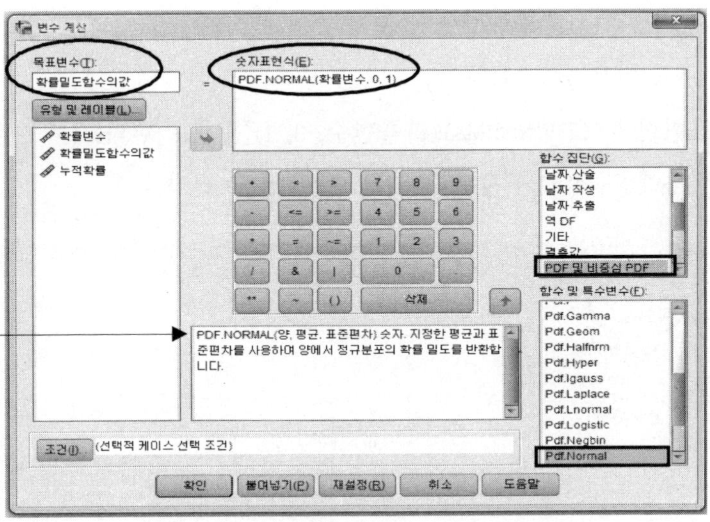

(7) 숫자표현식에 "PDF.NORMAL(**확률변수**, 0, 1)"를 입력한다.

(8) 목표변수에 "확률밀도함수의 값"을 입력하고 "확인"을 누른다.

(9) 나타나는 "기존 변수를 바꾸시겠습니까?" 창에서 "확인"을 누른다.

(10) “뷰어 화면”에 실행된 메시지가 나타나고 “데이터 보기” 화면으로 돌아가면 표준 정규 확률분포의 각 확률변수에 대한 **확률밀도함수의 값**이 계산되어 나타난다.

	확률변수	확률밀도함수의값
1	-3.00	.0044
2	-2.99	.0046
3	-2.98	.0047
4	-2.97	.0048
5	-2.96	.0050
6	-2.95	.0051
7	-2.94	.0053
8	-2.93	.0055
9	-2.92	.0056
10	-2.91	.0058
11	-2.90	.0060
12	-2.89	.0061
13	-2.88	.0063
14	-2.87	.0065
15	-2.86	.0067

(11) 평균이 0이고 표준편차가 1인 **표준정규분포의 누적확률**을 계산하자.

(12) 메뉴에서 [**변환 → 변수 계산**]을 누른다.

(13) 나타나는 창에서 “**함수집단**”에서 “**CDF 및 비중심 CDF**”를 선택한다.

(14) “**함수 및 특수변수**”에서 “Cdf.Normal”을 선택한다. 정규분포의 누적분포함수인 “Cdf.Normal” 설명이 나타난다.

(15) 숫자표현식에 “CDF.NORMAL(**확률변수**, 0, 1)”을 입력한다.

(16) 목표변수에 “누적확률”을 입력하고 “확인”을 누른다.

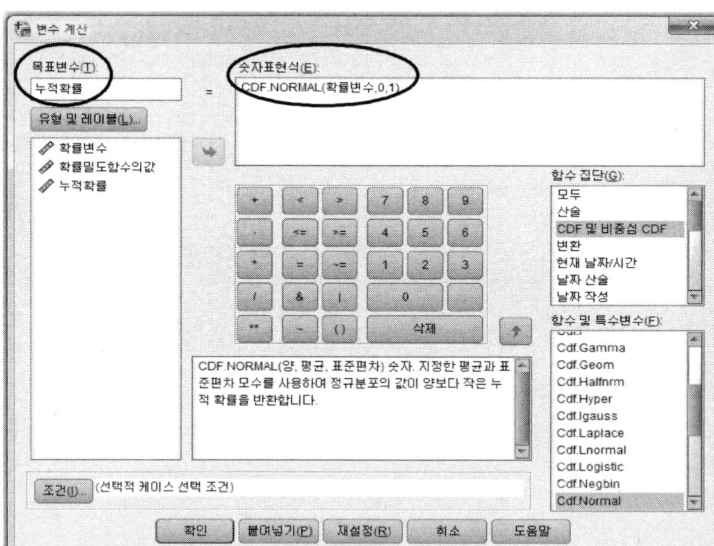

(17) 나타나는 “기존 변수를 바꾸시겠습니까?” 창에서 “확인”을 누른다.

(18) “뷰어 화면”에 실행되는 메시지가 나타나고 “데이터 보기” 화면으로 돌아가면 표준정규확률분포의 각 확률변수에 대한 **누적확률**이 계산되어 나타난다.

	확률변수	확률밀도함수의값	누적확률
1	-3.00	.0044	.0013
2	-2.99	.0046	.0014
3	-2.98	.0047	.0014
4	-2.97	.0048	.0015
5	-2.96	.0050	.0015
6	-2.95	.0051	.0016
7	-2.94	.0053	.0016
8	-2.93	.0055	.0017
9	-2.92	.0056	.0018
10	-2.91	.0058	.0018
11	-2.90	.0060	.0019
12	-2.89	.0061	.0019
13	-2.88	.0063	.0020
14	-2.87	.0065	.0021
15	-2.86	.0067	.0021
16	-2.85	.0069	.0022
17	-2.84	.0071	.0023
18	-2.83	.0073	.0023
19	-2.82	.0075	.0024
20	-2.81	.0077	.0025
21	-2.80	.0079	.0026
22	-2.79	.0081	.0026
23	-2.78	.0084	.0027
24	-2.77	.0086	.0028
25	-2.76	.0088	.0029
26	-2.75	.0091	.0030
27	-2.74	.0093	.0031
28	-2.73	.0096	.0032
29	-2.72	.0099	.0033
30	-2.71	.0101	.0034
31	-2.70	.0104	.0035
32	-2.69	.0107	.0036
33	-2.68	.0110	.0037
34	-2.67	.0113	.0038
35	-2.66	.0116	.0039

6.6 표준정규분포의 그래프 작성

표준정규확률분포의 확률을 이용하여 **그래프**를 작성하자.

(1) 메뉴에서 **[그래프 → 레거시 대화상자 → 선도표]**를 누른다.

(2) 나타나는 창에서 "**단순**"을 선택하고 **[도표에 표시할 데이터 → ○ 각 케이스의 값]**을 선택하고 **"정의"**를 누른다.

(3) 나타나는 창에서 **"선 표시"** 아래에 **"확률밀도함수의 값"**을 이동시키고, **"범주 레이블"**에 "○ **변수**"를 선택한 후, **"확률변수"**를 이동시키고 "확인"을 누른다.

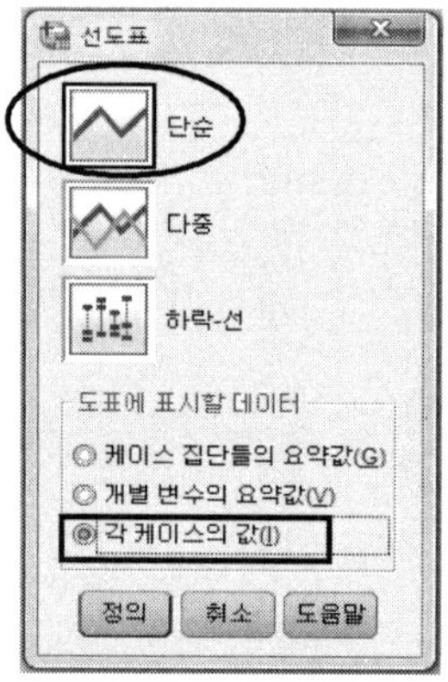

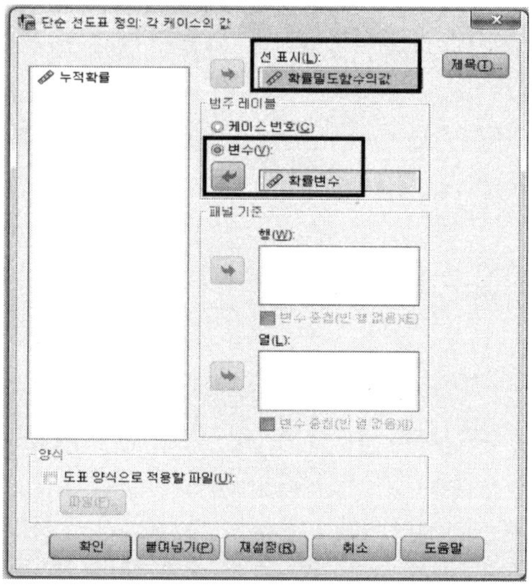

(4) "뷰어 화면"에 표준정규확률분포의 **확률밀도함수 그래프**가 나타난다.

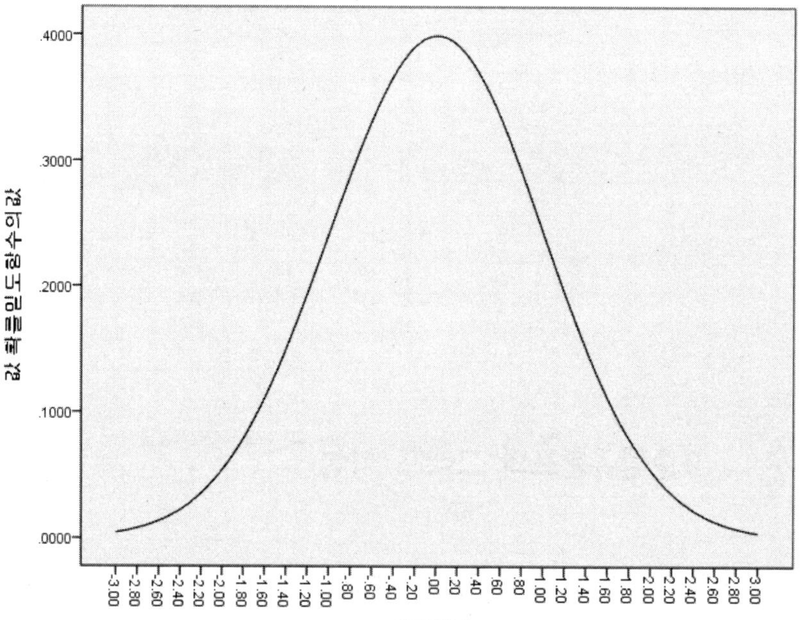

(5) 표준정규확률분포의 누적분포함수 그래프를 그리려고 한다면 "단순 선도표 정

의: 각 케이스의 값" 대화상자에서 **"선 표시"** 아래에 **"누적확률"**을 이동시키고, **"범주 레이블"**에 **"○ 변수"**를 선택한 후, **"확률변수"**를 이동시키고 "확인"을 누른다.

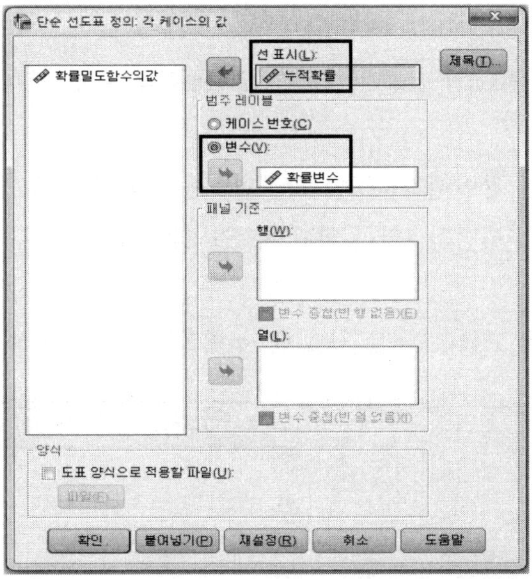

(6) "뷰어 화면"에 표준정규확률분포의 **누적분포함수 그래프**가 나타난다.

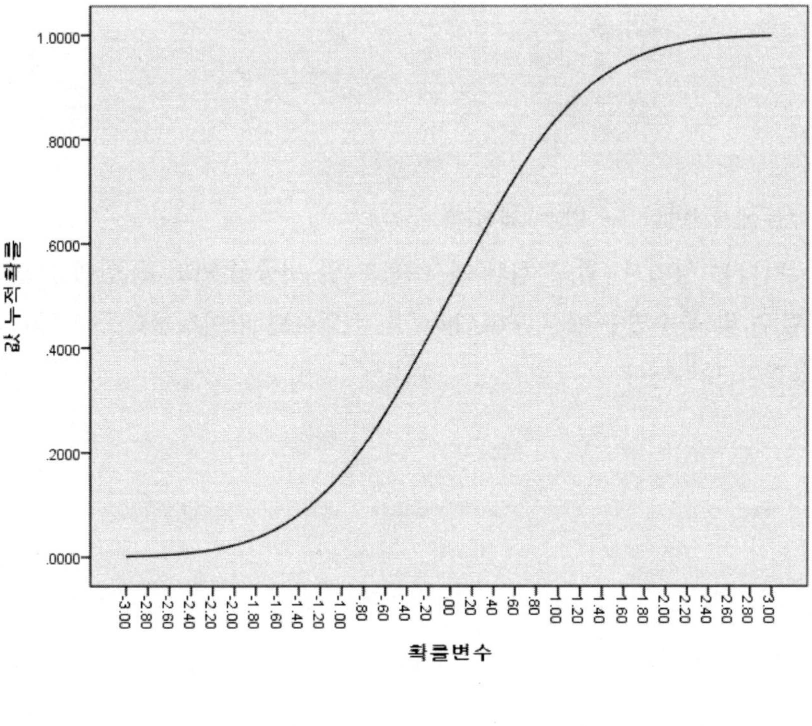

6.7 카이제곱확률변수의 확률과 누적확률

카이제곱확률분포에서 각 확률변수의 확률밀도함수의 값과 누적확률을 계산하자.

(1) 자유도가 3인 카이제곱분포의 확률밀도함수의 값을 계산하자.

(2) "데이터 보기" 화면의 1열에 확률변수인 X를 0부터 15까지 0.01씩 증가시키면서 값을 입력한.

(3) 2열에 "확률밀도함수의 값", 3열에 "누적확률"을 입력한다.

	확률변수	확률밀도함수의값	누적확률
1	.00	.	.
2	.01	.	.
3	.02	.	.
4	.03	.	.
5	.04	.	.
6	.05	.	.
7	.06	.	.
8	.07	.	.
9	.08	.	.
10	.09	.	.
11	.10	.	.

(4) 메뉴에서 **[변환 → 변수 계산]**을 누른다.

(5) 나타나는 창에서 **"함수 집단"**에서 **"PDF 및 비중심 PDF"**를 선택한다.

(6) **"함수 및 특수변수"**에서 **"Pdf.Chisq"**을 선택하면 카이제곱확률분포인 **"Pdf.Chisq"** 설명이 나타난다.

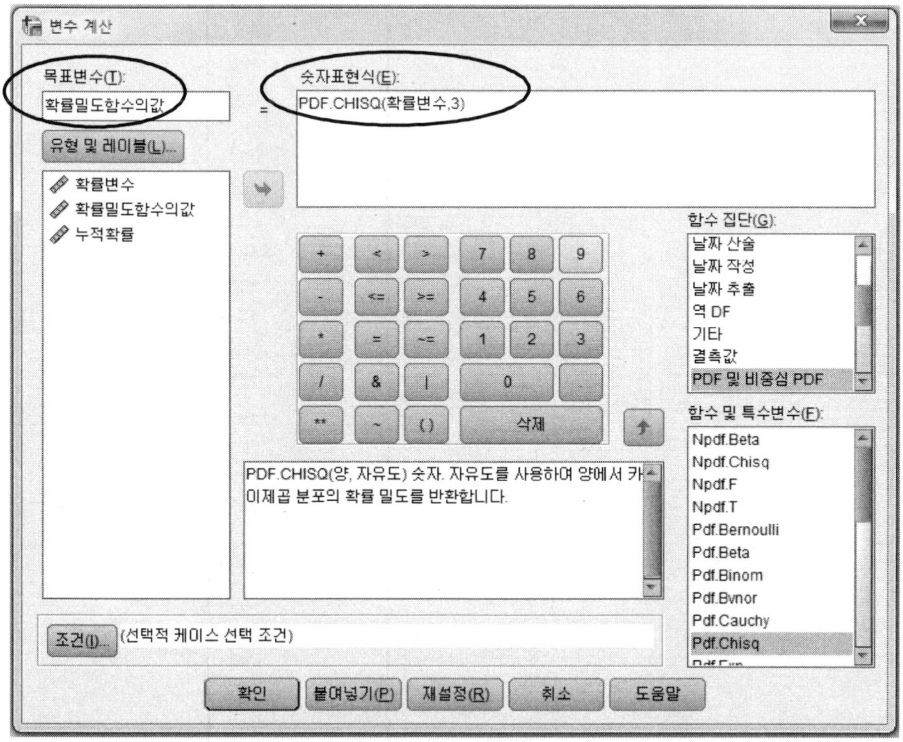

(7) 숫자표현식에 **"PDF.CHISQ(확률변수, 3)"**를 입력한다.

(8) 목표변수에 "확률밀도함수의 값"을 입력하고 "확인"을 누른다.

(9) 나타나는 "기존 변수를 바꾸시겠습니까?" 창에서 "확인"을 누른다.

(10) "뷰어 화면"에 실행된 메시지가 나타나고 "데이터 보기" 화면으로 돌아가면 카이제곱확률분포의 각 확률변수에 대한 **확률밀도함수의 값**이 계산되어 나타난다.

	확률변수	확률밀도함수의값
1	.00	.0000
2	.01	.0397
3	.02	.0559
4	.03	.0681
5	.04	.0782
6	.05	.0870
7	.06	.0948
8	.07	.1019
9	.08	.1084
10	.09	.1144
11	.10	.1200
12	.11	.1252
13	.12	.1301
14	.13	.1348
15	.14	.1392
16	.15	.1433
17	.16	.1473
18	.17	.1511
19	.18	.1547
20	.19	.1581
21	.20	.1614
22	.21	.1646
23	.22	.1676
24	.23	.1705
25	.24	.1733
26	.25	.1760
27	.26	.1786
28	.27	.1811
29	.28	.1835
30	.29	.1858
31	.30	.1881
32	.31	.1902
33	.32	.1923
34	.33	.1943
35	.34	.1963

(11) 자유도가 3인 **카이제곱분포의 누적확률**을 계산하자.

(12) 메뉴에서 **[변환 → 변수 계산]**을 누른다.

(13) 나타나는 창에서 **"함수 집단"**에서 **"CDF 및 비중심 CDF"**를 선택한다.

(14) **"함수 및 특수변수"**에서 "Cdf.Chisq"을 선택한다. 카이제곱분포의 누적분포함수인 "Cdf.Chisq" 설명이 나타난다.

(15) 숫자표현식에 **"CDF.CHISQ(확률변수, 3)"**을 입력한다.

(16) 목표변수에 "누적확률"을 입력하고 "확인"을 누른다.

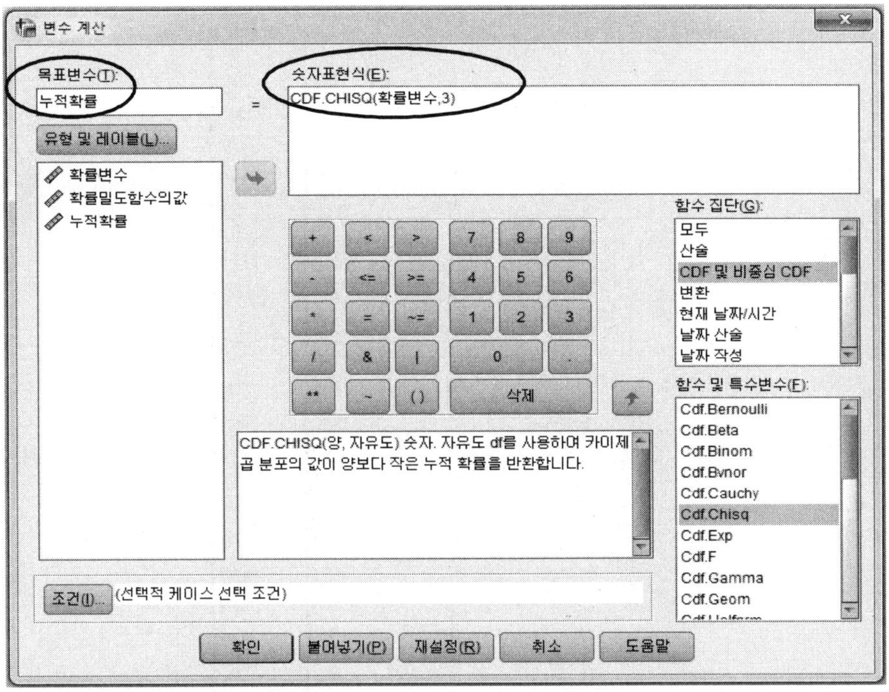

(17) 나타나는 “기존 변수를 바꾸시겠습니까?”창에서 “확인”을 누른다.

(18) “뷰어 화면”에 실행되는 메시지가 나타나고 “데이터 보기” 화면으로 돌아가면 카이제곱확률분포의 각 확률변수에 대한 **누적확률**이 계산되어 나타난다.

	확률변수	확률밀도함수의값	누적확률
1	.00	.0000	.0000
2	.01	.0397	.0003
3	.02	.0559	.0007
4	.03	.0681	.0014
5	.04	.0782	.0021
6	.05	.0870	.0029
7	.06	.0948	.0038
8	.07	.1019	.0048
9	.08	.1084	.0059
10	.09	.1144	.0070
11	.10	.1200	.0082
12	.11	.1252	.0094
13	.12	.1301	.0107
14	.13	.1348	.0120
15	.14	.1392	.0134
16	.15	.1433	.0148
17	.16	.1473	.0162
18	.17	.1511	.0177
19	.18	.1547	.0192
20	.19	.1581	.0208
21	.20	.1614	.0224
22	.21	.1646	.0240
23	.22	.1676	.0257
24	.23	.1705	.0274
25	.24	.1733	.0291
26	.25	.1760	.0309
27	.26	.1786	.0326
28	.27	.1811	.0344
29	.28	.1835	.0363
30	.29	.1858	.0381
31	.30	.1881	.0400
32	.31	.1902	.0419
33	.32	.1923	.0438
34	.33	.1943	.0457
35	.34	.1963	.0477

6.8 카이제곱확률분포와 그래프 작성

자유도가 3인 카이제곱확률분포의 확률을 이용하여 그래프를 작성하자.

(1) 메뉴에서 **[그래프 → 레거시 대화상자 → 선도표]**를 누른다.

(2) 나타나는 창에서 **"단순"**을 선택하고 **[도표에 표시할 데이터 → ○ 각 케이스의 값]**을 선택하고 **"정의"**를 누른다.

(3) 나타나는 창에서 **"선 표시"** 아래에 **"확률밀도함수의 값"**을 이동시키고, **"범주 레이블"**에 **"○ 변수"**를 선택한 후, **"확률변수"**를 이동시키고 "확인"을 누른다.

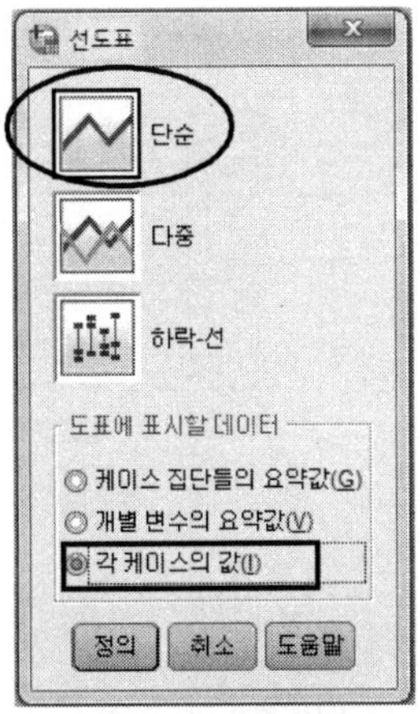

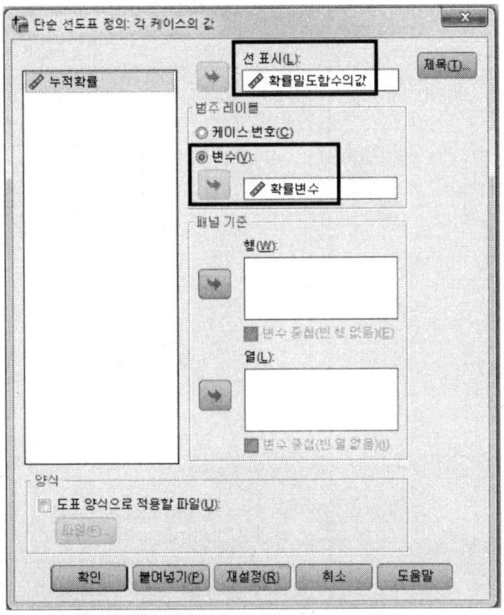

(4) "뷰어 화면"에 자유도가 3인 카이제곱확률분포의 **확률밀도함수 그래프**가 나타난다.

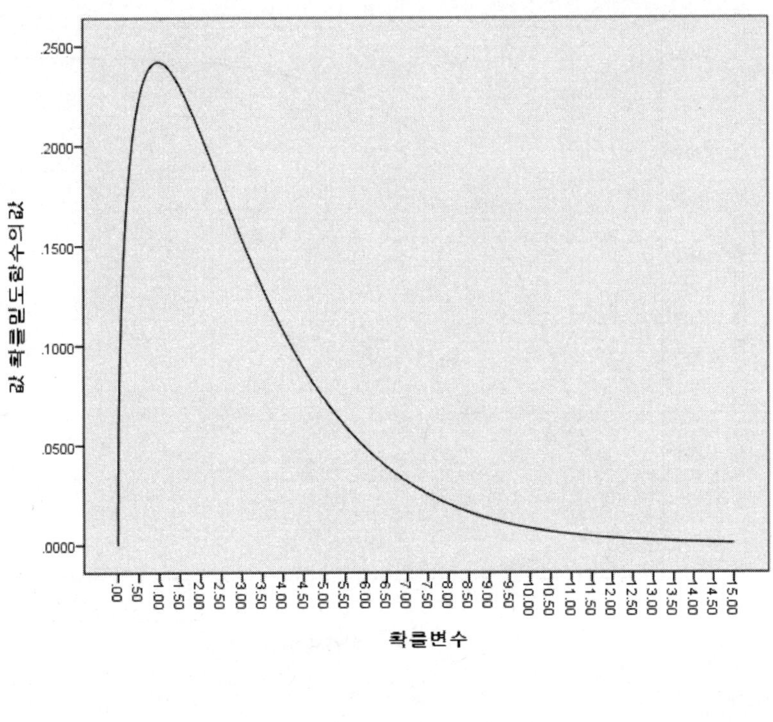

(5) 자유도가 3인 카이제곱확률분포의 누적분포함수 그래프를 그리려고 한다면 "단순 선도표 정의: 각 케이스의 값" 대화상자에서 **"선 표시"** 아래에 **"누적확률"**을 이동시키고, **"범주 레이블"**에 "○ **변수**"를 선택한 후, **"확률변수"**를 이동시키고 "확인"을 누른다.

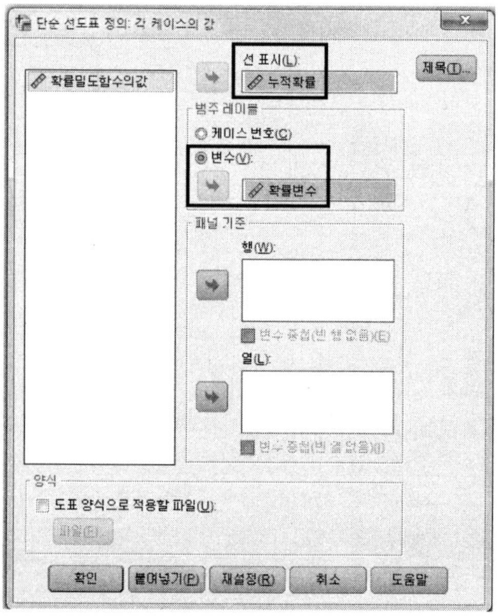

(6) "뷰어 화면"에 자유도가 3인 카이제곱확률분포의 **누적분포함수 그래프**가 나타난다.

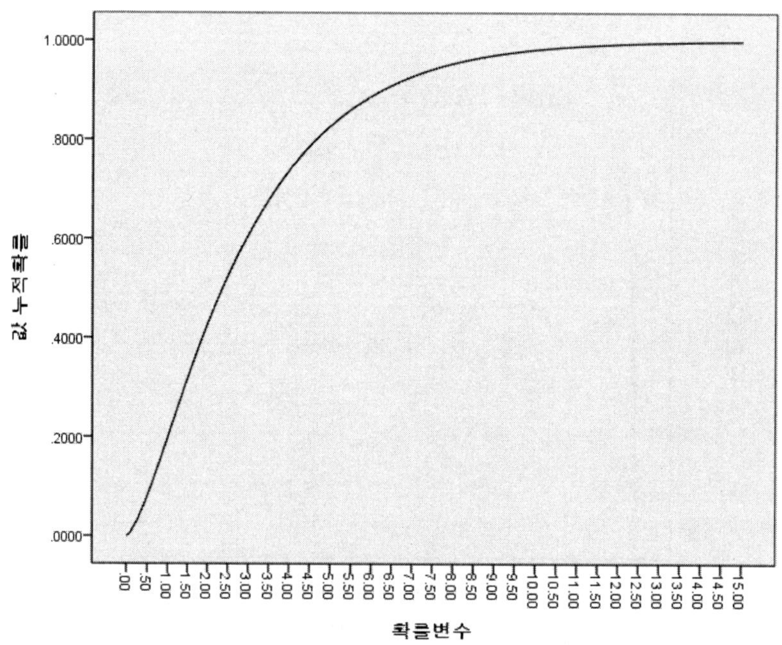

연 습 문 제

1. 시행횟수가 $n = 10$이고 성공의 확률이 $p = 0.1$인 이항분포의 확률과 누적확률을 계산하여라.

확률변수 X	확률	누적확률
0		
1		
2		
3		
4		
5		
6		
7		
8		
9		
10		

2. 시행횟수가 $n = 10$이고 성공의 확률이 $p = 0.3$인 이항분포의 확률과 누적확률을 계산하여라.

확률변수 X	확률	누적확률
0		
1		
2		
3		
4		
5		
6		
7		
8		
9		
10		

3. 시행횟수가 $n = 10$이고 성공의 확률이 $p = 0.9$인 이항분포의 확률과 누적확률을 계산하여라.

확률변수 X	확률	누적확률
0		
1		
2		
3		
4		
5		
6		
7		
8		
9		
10		

4. (1)번과 (3)번의 이항확률분포를 그리고 두 분포의 특징을 설명하여라.

5. 다음의 표 안에 이항확률분포의 확률($P(X = x) = {}_nC_x\, p^x (1-p)^{n-x}$)을 소수 넷째 자리까지 적어라.

		$P(X=x)$								
n	x	0.1	0.2	0.3	0.4	0.5	0.6	0.7	0.8	0.9
2	0									
	1									
	2									
3	0									
	1									
	2									
	3									
4	0									
	1									
	2									
	3									
	4									
5	0									
	1									
	2									
	3									
	4									
	5									

6. 평균 m이 다음과 같을 때 포아송확률분포의 확률($P(X=x)=\dfrac{m^x e^{-m}}{x!}$)을 소수 셋째 자리까지 적어라.

X	m								
	0.1	0.5	1.0	1.5	2.0	2.5	3.0	3.5	4.0
0									
1									
2									
3									
4									
5									
6									
7									
8									
9									
10									

7. 다음 그림과 같이 0부터 z까지 표준정규분포의 누적확률을 소수 넷째 자리까지 계산하여 표의 빈칸을 적어라.

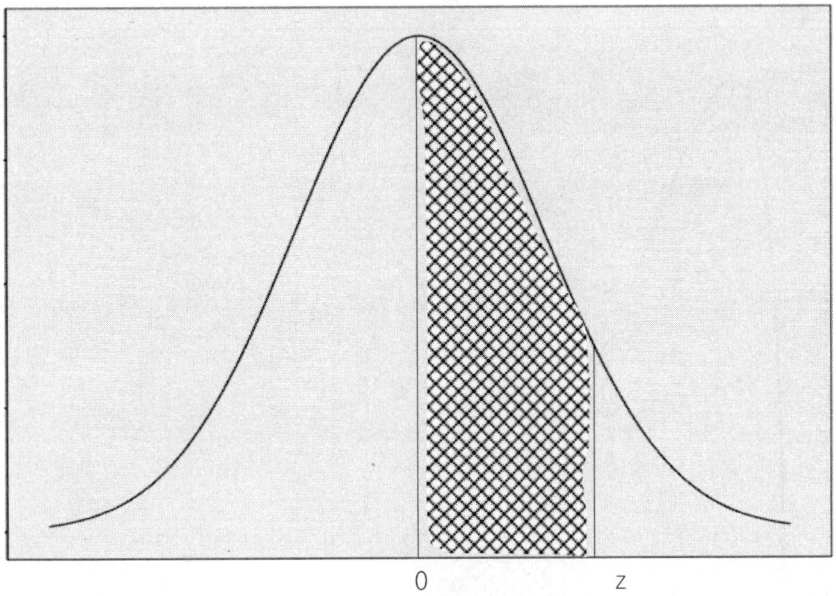

z	0.00	0.01	0.02	0.03	0.04	0.05	0.06	0.07	0.08	0.09
0.0										
0.2										
0.4										
0.6										
0.8										
1.0										
1.2										
1.4										
1.6										
1.8										
2.0										
2.2										
2.5										
3.0										

8. 다음 그림과 같이 χ_α^2부터 $+\infty$까지 빗금친 지역을 α라고 할 때 각 자유도에 따라 χ_α^2에 해당하는 값들을 소수 넷째 자리까지 계산하여 표의 빈칸을 적어라.

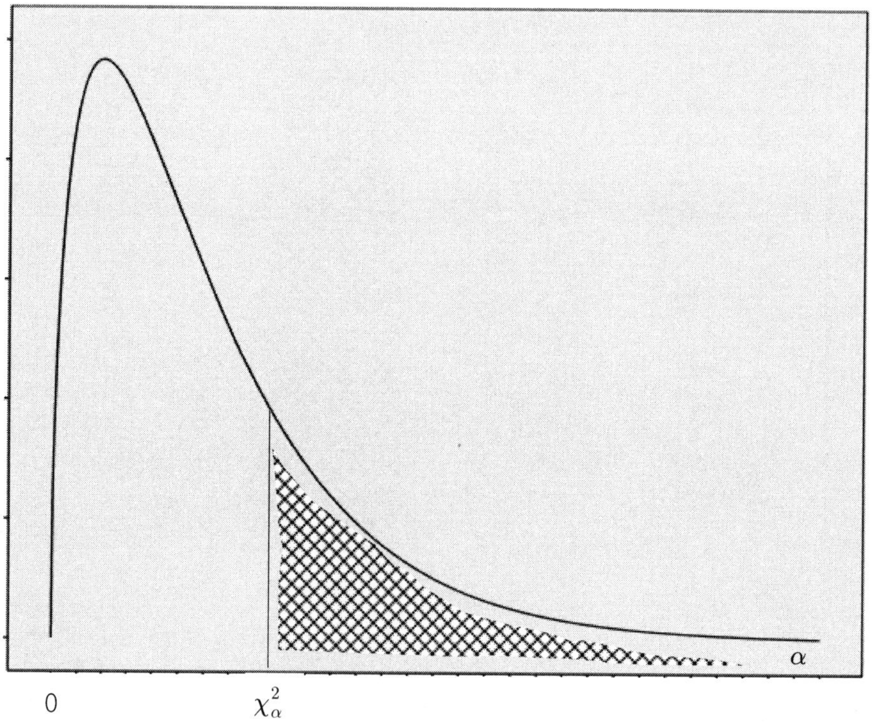

자유도	$\chi^2_{0.1}$	$\chi^2_{0.05}$	$\chi^2_{0.01}$	$\chi^2_{.005}$
1				
2				
3				
4				
5				
6				
7				
8				
9				
10				

7장 모평균의 검정

7.1 모평균의 오른쪽 검정

앞에서 입력한 "N2height" 자료로부터 **"자연대학 학생들의 평균 IQ가 110보다 큰가?"**를 검정하자.

단, 모집단인 자연대학 학생들의 IQ의 분포는 정규분포를 가정하고, 가설검정을 위한 유의수준은 5%로 한다.

(1) "N2height.sav" 파일을 "데이터 보기" 화면에 부른다.

(2) 메뉴에서 [분석 → 평균 비교 → **일표본 T 검정**]을 누른다.

(3) 나타나는 창에서 **"검정 변수"** 아래로 "IQ"를 이동시킨다.

(4) **"검정값"**에 "110"을 입력하고 "확인"을 누른다.

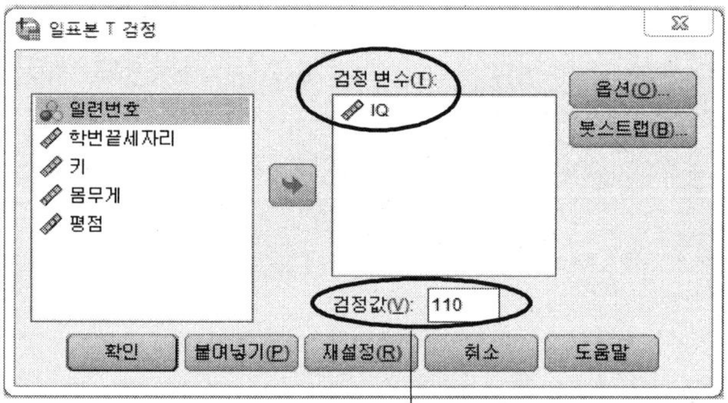

(5) "뷰어 화면"에 다음의 결과가 나타난다.

T 검정

일표본 통계량

	N	평균	표준편차	평균의 표준오차
IQ	20	118.80	13.760	3.077

일표본 검정

	검정값 = 110					
					차이의 95% 신뢰구간	
	t	자유도	유의확률 (양측)	평균차이	하한	상한
IQ	2.860	19	.010	8.800	2.36	15.24

검정통계량의 계산값

(6) 위의 결과를 보고 다음과 같이 가설을 검정한다.

① 가설의 설정: $H_0 : \mu \leqq 110$, $H_a : \mu > 110$ (오른쪽 검정)

② 검정통계량: 모집단에 있는 학생의 IQ의 분포는 정규분포를 한다.

표본의 크기는 20으로서 소표본이다.

모표준편차를 모른다.

이상과 같은 3가지 조건에 따라 모평균 μ를 검정하기 위하여 t^*검정통계량을 사용한다.

③ 유의수준의 결정: 유의수준 α는 5%를 사용한다.

④ 기각역의 결정:

t표로부터 $t_{(0.05\,:\,19)} = 1.729$이므로 $t^* > 1.729$이면 $H_0 : \mu \leqq 110$을 기각한다.

$t^* \leqq 1.729$이면 $H_0 : \mu \leqq 110$을 채택한다.

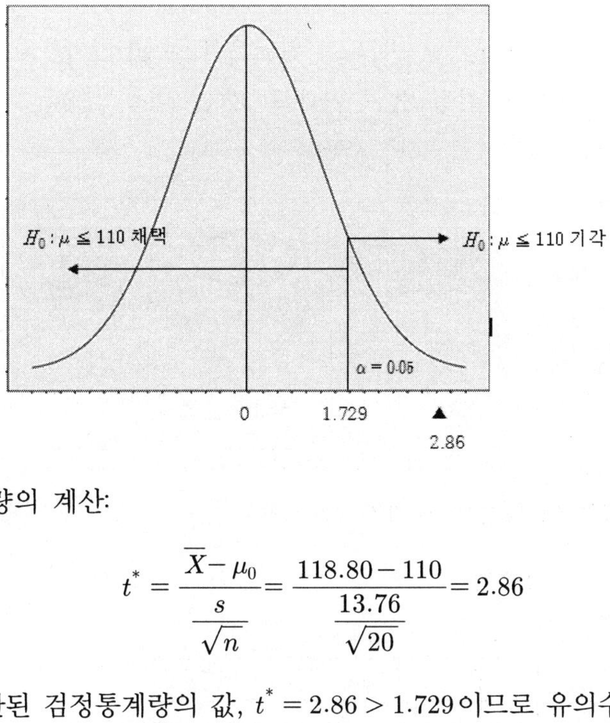

⑤ 검정통계량의 계산:

$$t^* = \frac{\overline{X} - \mu_0}{\frac{s}{\sqrt{n}}} = \frac{118.80 - 110}{\frac{13.76}{\sqrt{20}}} = 2.86$$

⑥ 판정: 계산된 검정통계량의 값, $t^* = 2.86 > 1.729$이므로 유의수준 5%에서 H_0를 기각한다.

⑦ 결론: 그러므로 **자연대학 학생들의 평균 IQ가 110보다 크다는 충분한 통계적 증거가 있다.**

※ 일표본 T 검정 결과 검정통계량의 값으로부터 계산된 **유의확률(p값):** 0.01/2 = **0.005**가 된다. SPSS에서는 **항상 양쪽 검정의 유의확률**을 제공한다. 위의 가설검

정은 **한쪽 검정**이므로 SPSS에서 계산한 유의확률을 2로 나눈다. 이 값은 유의수준 5%보다 작으므로 H_0를 기각한다.

7.2 모평균의 왼쪽 검정

앞의 "N2height" 자료로부터 **"자연대학 학생들의 평균 IQ가 130보다 작은가?"**를 검정하자.

단, 모집단인 자연대학 학생들의 IQ의 분포는 정규분포를 가정하고, 가설검정을 위한 유의수준은 5%로 한다.

(1) "N2height.sav" 파일을 "데이터 보기" 화면에 부른다.

(2) 메뉴에서 [분석 → 평균 비교 → **일표본 T 검정**]을 누른다.

(3) 나타나는 창에서 **"검정 변수"** 아래로 "IQ"를 이동시킨다.

(4) **"검정값"**에 **"130"**을 입력하고 "확인"을 누른다.

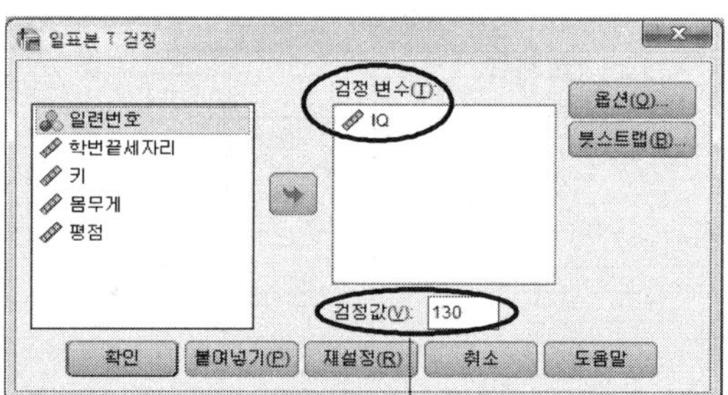

(5) "뷰어 화면"에 다음의 결과가 나타난다.

T 검정

일표본 통계량

	N	평균	표준편차	평균의 표준오차
IQ	20	118.80	13.760	3.077

일표본 검정

	검정값 = 130					
					차이의 95% 신뢰구간	
	t	자유도	유의확률 (양측)	평균차이	하한	상한
IQ	-3.640	19	.002	-11.200	-17.64	-4.76

검정통계량의 계산값

(6) 위의 결과를 보고 다음과 같이 가설을 검정한다.

① 가설의 설정: $H_0 : \mu \geq 130$, $H_a : \mu < 130$ (왼쪽 검정)

② 검정통계량: 모집단에 있는 학생의 IQ의 분포는 정규분포를 한다.

표본의 크기는 20으로서 소표본이다.

모표준편차를 모른다.

이상과 같은 3가지 조건에 따라 모평균 μ를 검정하기 위하여 t^*검정통계량을 사용한다.

③ 유의수준의 결정: 유의수준 α는 5%를 사용한다.

④ 기각역의 결정:

t표로부터 $t_{(0.05\,:\,19)} = 1.729$이므로 $t^* < -1.729$이면 $H_0 : \mu \geq 130$을 기각한다.

$t^* \geq -1.729$이면 $H_0 : \mu \geq 130$을 채택한다.

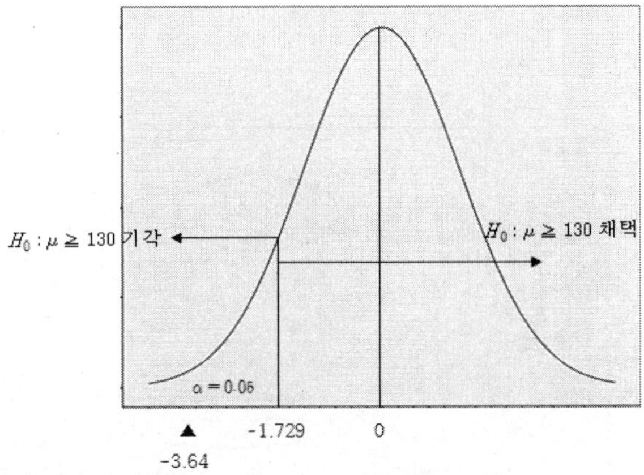

⑤ 검정통계량의 계산: $t^* = \dfrac{\overline{X} - \mu_0}{\dfrac{s}{\sqrt{n}}} = \dfrac{118.80 - 130}{\dfrac{13.76}{\sqrt{20}}} = -3.64$

⑥ 판정: 계산된 검정통계량의 값, $t^* = -3.64 < -1.729$이므로 유의수준 5%에서 H_0를 기각한다.

⑦ 결론: 그러므로 **자연대학 학생들의 평균 IQ가 130보다 작다는 충분한 통계적 증거가 있다.**

※ 일표본 T 검정 결과 검정통계량의 값으로부터 계산된 **유의확률(p값)**: 0.002/2 = 0.001이 된다. SPSS에서는 **항상 양쪽 검정의 유의확률**을 제공한다. 위의 가설검정은 **한쪽 검정**이므로 SPSS에서 계산한 유의확률을 2로 나눈다. 이 값은 유의수준 5%보다 작으므로 H_0를 기각한다.

7.3 모평균의 양쪽 검정

"N2height" 자료로부터 **"자연대학 학생들의 평균 IQ가 120과 차이가 있는가?"**를 검정하자.

단, 모집단인 자연대학 학생들의 IQ의 분포는 정규분포를 가정하고, 가설검정을 위한 유의수준은 5%로 한다.

(1) "N2height.sav" 파일을 "데이터 보기" 화면에 부른다.

(2) 메뉴에서 [분석 → 평균 비교 → **일표본 T 검정**]을 누른다.

(3) 나타나는 창에서 **"검정 변수"** 아래로 "IQ"를 이동시킨다.

(4) **"검정값"**에 **"120"**을 입력하고 "확인"을 누른다.

(5) "계속", "확인"을 누른다.

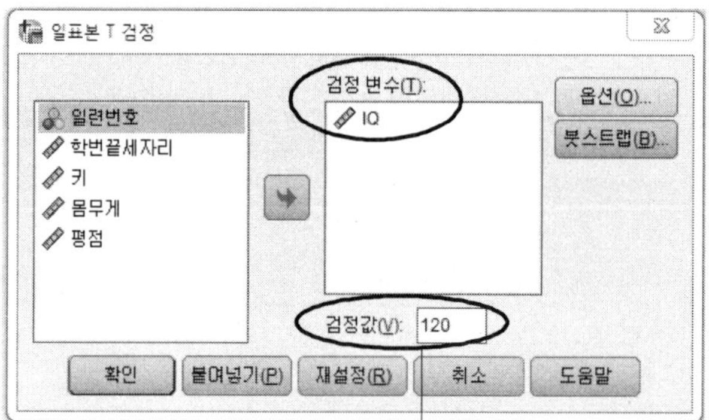

(6) "뷰어 화면"에 다음의 결과가 나타난다.

일표본 통계량

	N	평균	표준편차	평균의 표준오차
IQ	20	118.80	13.760	3.077

일표본 검정

	검정값 = 120					
					차이의 95% 신뢰구간	
	t	자유도	유의확률 (양측)	평균차이	하한	상한
IQ	-.390	19	.701	-1.200	-7.64	5.24

검정통계량의 계산값

(6) 위의 결과를 보고 다음 절차와 같이 가설을 검정한다.

① 가설의 설정: $H_0 : \mu = 120$, $H_a : \mu \neq 120$ (양쪽 검정)

② 검정통계량: 모집단에 있는 학생의 IQ의 분포는 정규분포를 한다.
표본의 크기는 20으로서 소표본이다.
모표준편차를 모른다.

이상과 같은 3가지 조건에 따라 모평균 μ를 검정하기 위하여 t^* 검정통계량을 사용한다.

③ 유의수준의 결정: 유의수준 α는 5%를 사용한다.

④ 기각역의 결정:

t 표로부터 $t_{(0.025\ :\ 19)} = 2.093$이므로 $|t^*| > 2.093$ 이면 $H_0 : \mu = 120$을 기각한다.
$|t^*| \leqq 2.093$ 이면 $H_0 : \mu = 120$을 채택한다.

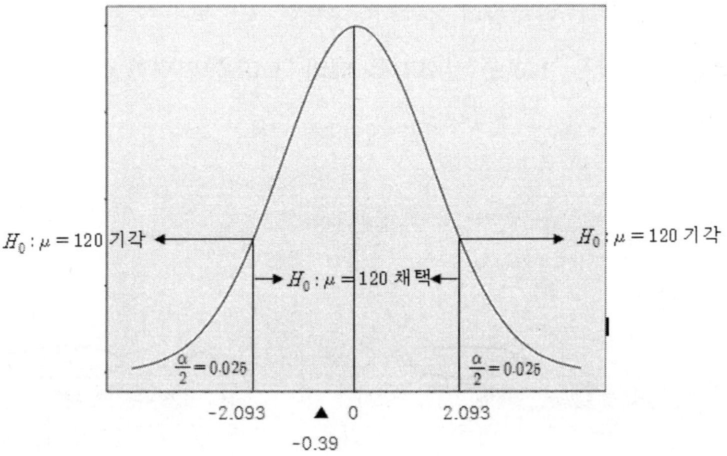

⑤ 검정통계량의 계산:

$$t^* = \frac{\overline{X} - \mu_0}{\frac{s}{\sqrt{n}}} = \frac{118.80 - 120}{\frac{13.76}{\sqrt{20}}} = -0.39$$

⑥ 판정: 계산된 검정통계량의 값, $|t^*| = 0.39 \leqq 2.093$이므로 유의수준 5%에서 H_0를 채택한다.

⑦ 결론: 그러므로 **자연대학 학생들의 평균 IQ가 120과 차이가 있다는 충분한 통계적 증거가 없다.**

※ 일표본 T 검정 결과 검정통계량의 값으로부터 계산된 유의확률(p값):

앞의 표(

유의확률 (양측)
.701

)로부터 유의확률은 0.701로서 유의수준 5%보다 크므로 H_0를 채택한다. **SPSS에서는 항상 양쪽 검정의 유의확률을 제공한다.**

7.4 모평균의 신뢰구간

"N2height" 자료로부터 **"자연대학 학생들의 IQ의 모평균 μ에 대한 95% 신뢰구간"**을 계산하라.

단, 모집단인 자연대학 학생들의 IQ의 분포는 정규분포를 가정하고, 가설검정을 위한 유의수준은 5%로 한다.

(1) 앞에서와 같이 "N2height.sav" 파일을 불러서 [분석 → 평균 비교 → **일표본 T 검정**]을 누른다.

(2) **"검정 변수"**에 "IQ"를 옮기고, IQ의 표본평균값을 참고하여 **표본평균값 주위의 값**을 **"검정값"**에 입력한다.

(3) 다음은 검정값을 **"110"**을 입력했을 때와 **"120"**을 입력했을 때 **"일표본 T 검정"** 결과이다.

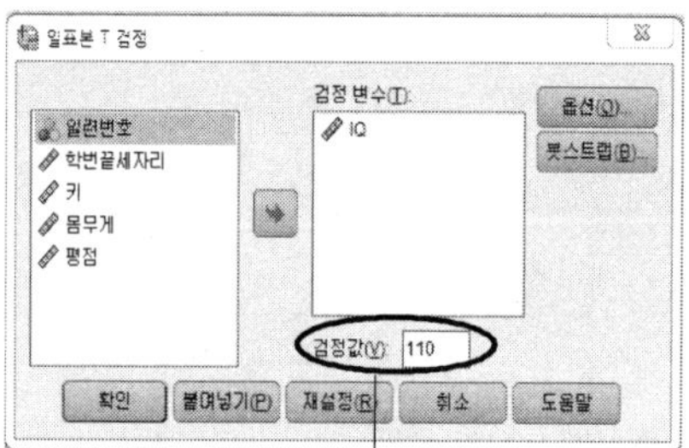

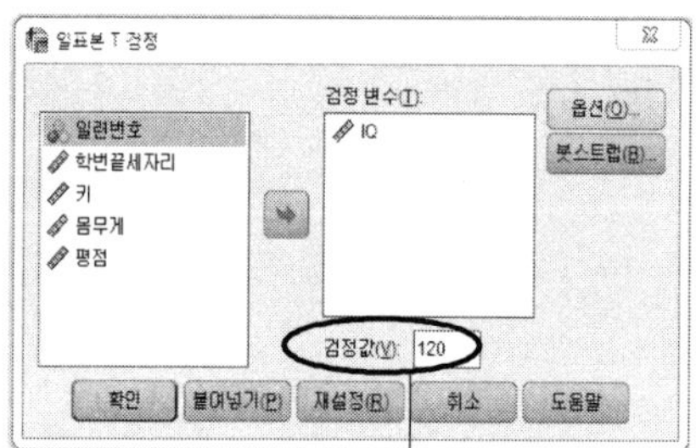

(4) 위에서 **"옵션"**을 누른다. 나타나는 **"일표본 T 검정: 옵션"** 창의 **"신뢰구간"**에는 **"95"**%가 나타나 있다. 이는 모평균에 대한 95% 신뢰구간을 계산한다는 의미이다.

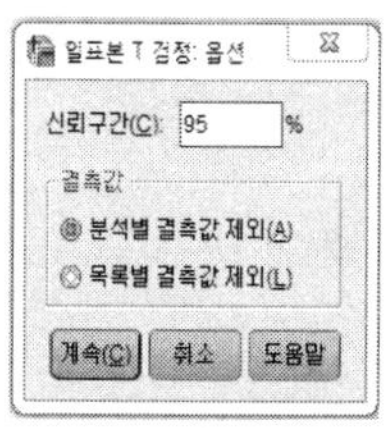

일표본 통계량

	N	평균	표준편차	평균의 표준오차
IQ	20	118.80	13.760	3.077

일표본 검정

	검정값 = 110					
					차이의 95% 신뢰구간	
	t	자유도	유의확률 (양측)	평균차이	하한	상한
IQ	2.860	19	.010	8.800	2.36	15.24

일표본 통계량

	N	평균	표준편차	평균의 표준오차
IQ	20	118.80	13.760	3.077

일표본 검정

	검정값 = 120					
					차이의 95% 신뢰구간	
	t	자유도	유의확률 (양측)	평균차이	하한	상한
IQ	-.390	19	.701	-1.200	-7.64	5.24

(5) "뷰어 화면"의 결과로부터 신뢰구간의 상한과 하한은 다음과 같이 계산할 수 있다.

왼쪽의 결과로부터 $110+\ 2.36=\mathbf{112.36}$이 되고, 오른쪽 결과로부터 $120-7.64=\mathbf{112.36}$

$110+15.24=\mathbf{125.24}$ $120+5.24=\mathbf{125.24}$

(6) 또는 공식으로부터 모평균의 95% 신뢰구간 계산은 다음과 같이 할 수 있다.

$$\overline{X} \pm t_{(0.025\,:\,19)}\frac{s}{\sqrt{n}} = 118.80 \pm 2.093\,\frac{13.76}{\sqrt{20}}$$

$$= 118.80 \pm 2.093 \times 3.077$$

$$= 118.80 \pm 6.4398$$

$$\Rightarrow 112.36, 125.24$$

그러므로 **"자연대학 학생들의 IQ의 모평균 μ의 95% 신뢰구간"**은 **[112.36, 125.24]**이다.

7.5 두 모평균의 차이의 검정: 독립표본

다음 자료에서 **"남학생(M)과 여학생(F)의 Reading 모평균의 점수에 차이가 있는지"**를 유의수준 5%로 검정하자.

단, **두 집단의 점수**는 각각 **정규분포**를 하는 **모집단**으로부터 랜덤으로 추출된 값이고 두 모집단은 **서로 독립**이다.

(1) 다음과 같이 "데이터 보기" 화면에 자료를 부른다.

	Class	Gender	Reading	Writing	Speaking	Understanding
1	1	M	80	77	125	135
2	1	F	70	68	118	121
3	1	F	79	80	125	128
4	1	M	87	72	127	125
5	1	M	70	69	118	115
6	1	M	80	81	106	116
7	1	M	75	63	98	105
8	1	F	83	70	114	116
9	1	M	89	73	132	130
10	1	F	60	79	105	110
11	1	F	79	78	126	128
12	1	M	90	85	139	138
13	1	F	74	92	137	135
14	1	F	79	84	107	115
15	1	M	95	92	139	142
16	2	M	89	72	127	129
17	2	F	90	88	140	145
18	2	M	74	76	120	117
19	2	F	80	78	123	125
20	2	M	82	89	116	120
21	2	F	77	75	124	128
22	2	F	95	84	137	139
23	2	F	81	90	127	130
24	2	F	75	81	111	121
25	2	M	94	95	145	146
26	2	M	89	72	124	126
27	2	F	91	88	125	128
28	2	M	79	75	127	130
29	2	M	80	77	125	126
30	2	F	72	83	109	117

(2) 메뉴에서 [분석 → 평균 비교 → **독립표본 T 검정**]을 누른다.

(3) 나타나는 창에서 **"검정 변수"** 아래로 "Reading"을 옮기고, **"집단변수"** 아래로 "Gender"를 옮긴다.

(4) **"집단 정의"**를 누르고 나타나는 창에서 **"집단 1"**에 "M", **"집단 2"**에 "F"를 입력하고 "계속"을 누르고 "확인"을 누른다.

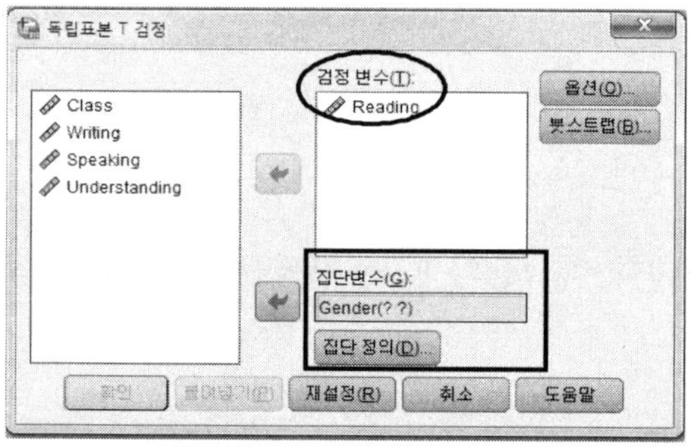

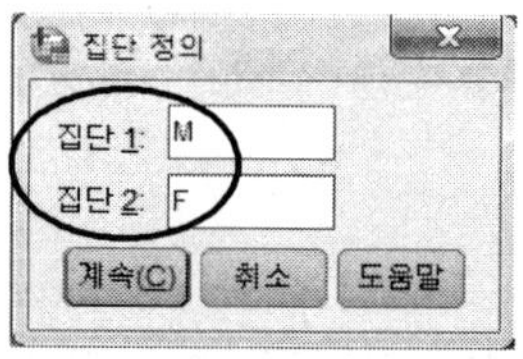

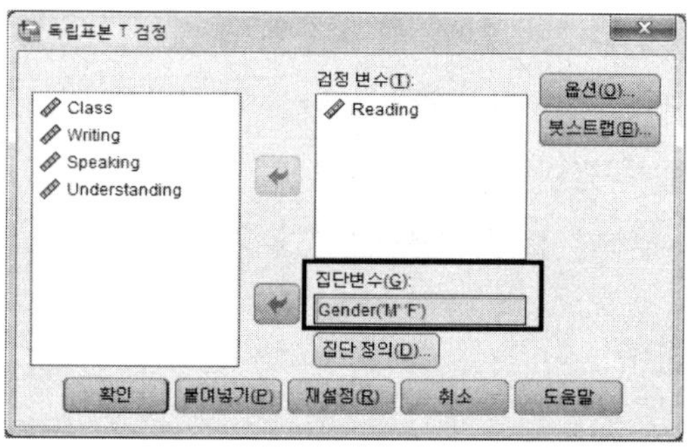

(5) "뷰어 화면"에 다음의 결과가 나타난다.

집단통계량

	Gender	N	평균	표준편차	평균의 표준오차
Reading	M	15	83.53	7.520	1.942
	F	15	79.00	8.775	2.266

독립표본 검정

		Levene의 등분산 검정		평균의 동일성에 대한 T 검정						
									차이의 95% 신뢰구간	
		F	유의확률	t	자유도	유의확률 (양측)	평균차이	차이의 표준오차	하한	상한
Reading	등분산을 가정함	.028	.868	1.519	28	.140	4.533	2.984	-1.579	10.646
	등분산을 가정하지 않음			1.519	27.359	.140	4.533	2.984	-1.585	10.652

(6) 다음 두 단계로 남학생과 여학생의 Reading 모평균의 점수에 차이가 있는지를 검정한다.

> **1 단계: Levene의 등분산 검정**(F-검정통계량 사용)을 실행하여 비교하려는 두 모집단(남학생과 여학생의 Reading 점수)의 모분산이 동일한지 검정($H_0 : \sigma_X^2 = \sigma_Y^2$, $H_a : \sigma_X^2 \neq \sigma_Y^2$)을 실행한다.
>
> **2 단계:** 위의 검정결과에 따라 **자유도를 달리한 t^* 검정통계량**으로 두 모평균을 검정한다.
>
> ① **등분산일 경우**에는 모평균의 차이의 검정($H_0 : \mu_X = \mu_Y$, $H_a : \mu_X \neq \mu_Y$)을 위하여 다음 검정통계량을 사용한다.
>
> $$t^* = \frac{\overline{X} - \overline{Y}}{S_p\sqrt{\dfrac{1}{n_X} + \dfrac{1}{n_Y}}} \sim t_{(n_X + n_Y - 2)}$$
>
> ② **등분산이 아닐 경우**에는 모평균의 차이의 검정($H_0 : \mu_X = \mu_Y$, $H_a : \mu_X \neq \mu_Y$)을 위하여 다음 검정통계량을 사용한다
>
> $$t^* = \frac{\overline{X} - \overline{Y}}{\sqrt{\dfrac{S_X^2}{n_X} + \dfrac{S_Y^2}{n_Y}}} \sim t_r \text{ 여기서 자유도는 } r = \frac{\left(\dfrac{S_X^2}{n_X} + \dfrac{S_Y^2}{n_Y}\right)^2}{\dfrac{\left(\dfrac{S_X^2}{n_X}\right)^2}{n_X - 1} + \dfrac{\left(\dfrac{S_Y^2}{n_Y}\right)^2}{n_Y - 1}} \text{ 이다.}$$

[1 단계] 남학생과 여학생의 Reading 점수의 **모분산**($H_0 : \sigma^2_{남학생} = \sigma^2_{여학생}$, $H_a : \sigma^2_{남학생} \neq \sigma^2_{여학생}$)이 동일한지 검정한다.

Levene의 등분산 검정의 F-통계량값: 0.028, 유의확률: 0.868이므로 $H_0 : \sigma^2_{남학생} = \sigma^2_{여학생}$를 채택한다(즉, 두 집단의 모분산은 같다고 가정한다).

[2 단계] 남학생과 여학생의 Reading 점수의 **모평균의 차이**를 검정한다.

① 가설설정: $H_0 : \mu_{남학생} = \mu_{여학생}$ 또는 $H_0 : \mu_d = 0$ (여기서 $\mu_d = \mu_{남학생} - \mu_{여학생}$)

$H_a : \mu_{남학생} \neq \mu_{여학생}$ $\quad$ $H_0 : \mu_d \neq 0$

② 검정통계량의 계산:

$$t^* = \frac{\overline{X} - \overline{Y}}{S_p\sqrt{\dfrac{1}{n_1} + \dfrac{1}{n_2}}} = \frac{(83.53 - 79.00) - 0}{\sqrt{\dfrac{14(7.52)^2 + 14(8.775)^2}{15 + 15 - 2}}\sqrt{\dfrac{1}{15} + \dfrac{1}{15}}} = 1.519$$

위의 등분산 검정에서 등분산이 채택되었으므로 뷰어 화면의 결과 가운데서 **"Reading 등분산을 가정함"**에 해당하는 행을 읽는다.

③ 유의확률(p값): 0.140. 즉, 다음의 t분포표로부터

k	α											
	.25	.20	.15	.10	.05	.025	.02	.01	.005	.0025	.001	.0005
1	1.000	1.376	1.963	3.078	6.314	12.71	15.89	31.82	63.66	127.3	318.3	636.6
2	0.816	1.061	1.386	1.886	2.920	4.303	4.849	6.965	9.925	14.09	22.33	31.60
28	0.683	0.855	1.056	1.313	1.701	2.048	2.154	2.467	2.763	3.047	3.408	3.674

※ 왜냐하면 자유도가 "28"($n_{남학생} + n_{여학생} - 2 = 15 + 15 - 2 = 28$)인 t분포에서 t^* 검정통계량의 계산값이 1.519부터 t분포의 끝까지 면적은 약 0.07 정도 되므로 양쪽 검정이니까 2를 곱하면 약 0.14가 된다.

④ 판정: 유의수준이 5%이므로 $\alpha = 5\% < p$값이 되어 $H_0 : \mu_{남학생} = \mu_{여학생}$를 채택한다.

⑤ 결론: **남학생과 여학생의 Reading 모평균의 점수에 차이가 없다.**

[서로 독립인 두 모집단의 모평균의 차이 검정 방법]

두 모평균의 차이 $H_0 : \mu_X - \mu_Y = \delta_0$의 검정
(두 표본은 각각 정규모집단으로부터 추출)

독립표본일 때

σ_X^2과 σ_Y^2을 아는가?

- **Yes**
  - $\sigma_X^2 = \sigma_Y^2 = \sigma^2$일 때

    $$Z^* = \frac{\overline{X} - \overline{Y} - \delta_0}{\sigma \sqrt{\frac{1}{n_X} + \frac{1}{n_Y}}}$$

  - $\sigma_X^2 \neq \sigma_Y^2$일 때

    $$Z^* = \frac{\overline{X} - \overline{Y} - \delta_0}{\sqrt{\frac{\sigma_X^2}{n_X} + \frac{\sigma_Y^2}{n_Y}}}$$

- **No**
  - 가정: $\sigma_X^2 = \sigma_Y^2$일 때
    - n_X와 $n_Y \geqq 30$일 때

      $$Z^* = \frac{\overline{X} - \overline{Y} - \delta_0}{\sqrt{\frac{S_X^2}{n_X} + \frac{S_Y^2}{n_Y}}}$$

    - n_X와 $n_Y < 30$일 때

      $$t^*_{n_X + n_Y - 2} = \frac{\overline{X} - \overline{Y} - \delta_0}{S_p \sqrt{\frac{1}{n_X} + \frac{1}{n_Y}}}$$

      여기서
      합동분산

      $$S_p^2 = \frac{(n_X - 1)S_X^2 + (n_Y - 1)S_Y^2}{n_X + n_Y - 2}$$

  - 가정: $\sigma_X^2 \neq \sigma_Y^2$일 때

    $$t_r^* = \frac{\overline{X} - \overline{Y} - \delta_0}{\sqrt{\frac{S_X^2}{n_X} + \frac{S_Y^2}{n_Y}}}$$

    여기서

    자유도 $$r = \frac{\left(\frac{S_X^2}{n_X} + \frac{S_Y^2}{n_Y}\right)^2}{\frac{\left(\frac{S_X^2}{n_X}\right)^2}{n_X - 1} + \frac{\left(\frac{S_Y^2}{n_Y}\right)^2}{n_Y - 1}}$$

대응표본일 때

$$t^*_{n-1} = \frac{\overline{D} - \delta_0}{S_D / \sqrt{n}}$$

여기서 $\overline{D} = \frac{1}{n} \sum_{i=1}^{n} D_i$,

$$S_D^2 = \frac{1}{n-1} \sum_{i=1}^{n} (D_i - \overline{D})^2,$$

$$D_i = X_i - Y_i$$

7.6 두 모평균의 차이의 검정: 대응표본

앞의 자료는 "Speaking" 시험을 치른 다음, 학생들이 원어민의 특별훈련을 받은 후, "Understanding" 시험을 치고 측정한 점수이다. 즉, **"원어민의 특별훈련이 효과가 있는가?"**를 보기 위하여 훈련 전 "Speaking" 점수와 훈련 후 "Understanding" 점수를 기록하였다. 유의수준 5%로 검정하자.

(1) "데이터 보기" 화면에 자료를 부른다.

	Class	Gender	Reading	Writing	Speaking	Understanding
1	1	M	80	77	125	135
2	1	F	70	68	118	121
3	1	F	79	80	125	128
4	1	M	87	72	127	125
5	1	M	70	69	118	115
6	1	M	80	81	106	116
7	1	M	75	63	98	105
8	1	F	83	70	114	116
9	1	M	89	73	132	130
10	1	F	60	79	105	110
11	1	F	79	78	126	128
12	1	M	90	85	139	138
13	1	F	74	92	137	135
14	1	F	79	84	107	115
15	1	M	95	92	139	142
16	2	M	89	72	127	129
17	2	F	90	88	140	145
18	2	M	74	76	120	117
19	2	F	80	78	123	125
20	2	M	82	89	116	120
21	2	F	77	75	124	128
22	2	F	95	84	137	139
23	2	F	81	90	127	130
24	2	F	75	81	111	121
25	2	M	94	95	145	146
26	2	M	89	72	124	126
27	2	F	91	88	125	128
28	2	M	79	75	127	130
29	2	M	80	77	125	126
30	2	F	72	83	109	117

(2) 메뉴에서 [분석 → 평균 비교 → **대응표본 T 검정**]을 누른다.

(3) 나타나는 창에서 **"대응 변수"** 아래의 **"변수 1"**에 "Speaking", **"변수 2"**에 "Understanding"을 옮기고 "확인"을 누른다.

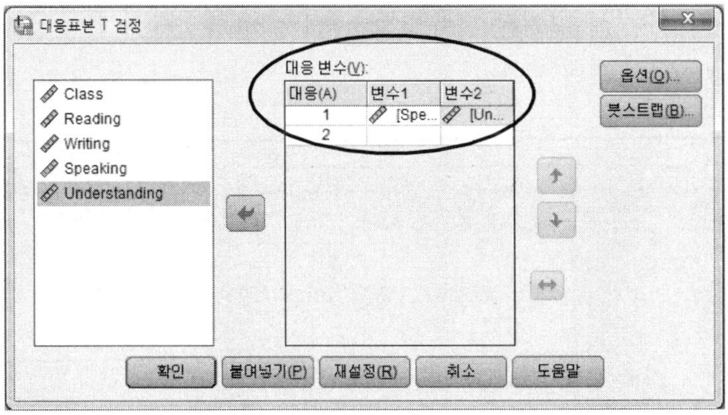

(4) "뷰어 화면"에 다음의 결과가 나타난다.

대응표본 통계량

		평균	N	표준편차	평균의 표준오차
대응 1	Speaking	123.20	30	11.553	2.109
	Understanding	126.20	30	10.091	1.842

대응표본 상관계수

		N	상관관계	유의확률
대응 1	Speaking & Understanding	30	.950	.000

대응표본 검정

		대응차					t	자유도	유의확률 (양측)
				평균의	차이의 95% 신뢰구간				
		평균	표준편차	표준오차	하한	상한			
대응 1	Speaking - Understanding	-3.000	3.714	.678	-4.387	-1.613	-4.424	29	.000

(5) 위의 결과를 보고 다음과 같이 가설을 검정한다.

가정: 단, **두 집단의 점수**는 각각 **정규분포**를 하는 **모집단**으로부터 랜덤으로 추출된 값이다.

① 가설: $H_0 : \mu_d \geqq 0$, $H_a : \mu_d < 0$

여기서 $\mu_d = \mu_{Spk} - \mu_{Und}$, μ_{Spk}: 특별강좌 훈련 전 "Speaking" 점수의 모평균,

μ_{Und}: 특별강좌 훈련 후 "Understanding" 점수의 모평균.

② 검정통계량의 계산:

$$t^* = \frac{\bar{d} - 0}{\frac{S_d}{\sqrt{n}}} = \frac{(123.2 - 126.2) - 0}{\frac{3.714}{\sqrt{30}}} = \frac{-3.0}{0.678} = -4.424$$

③ 유의확률(p값): SPSS로부터 $P(t_{29} < -4.424) \cong 0.000/2 = 0.000$

여기서 자유도는 $n-1=30(\text{명})-1=29$

다음의 t분포표로부터

k	α											
	.25	.20	.15	.10	.05	.025	.02	.01	.005	.0025	.001	.0005
1	1.000	1.376	1.963	3.078	6.314	12.71	15.89	31.82	63.66	127.3	318.3	636.6
2	0.816	1.061	1.386	1.886	2.920	4.303	4.849	6.965	9.925	14.09	22.33	31.60
29	0.683	0.854	1.055	1.311	1.699	2.045	2.150	2.462	2.756	3.038	3.396	3.660

※ 왜냐하면 자유도가 29인 t분포에서 t^*검정통계량의 계산값인 -4.424(+4.424로 위치를 찾으면)부터 t분포의 끝까지 면적은 0.0005보다 작은 값으로서 약 0.000이 된다.

④ 판정: 유의수준이 5%이므로 $\alpha=5\%>p$값이 되어 $H_0: \mu_d \geqq 0$를 기각한다.

⑤ 결론: **훈련 전 "Speaking" 점수보다 훈련 후 "Understanding" 점수가 향상되었다. 즉, 원어민의 특별훈련이 효과가 있다.**

연 습 문 제

1. "N2height" 자료로부터 "자연대학 학생들의 평균 키가 160보다 큰가?"를 유의수준 1%로 검정하여라. 단, 모집단인 자연대학 학생들의 키의 분포는 정규분포를 가정한다. 가설, 검정통계량, 유의수준, 판정방법(기각역 결정), 검정통계량의 계산값, 유의확률, 결론을 모두 적어라.

2. "N2height" 자료로부터 "자연대학 학생들의 평균 키가 165보다 큰가?"를 유의수준 1%로 검정하여라. 단, 모집단인 학생들의 키의 분포는 정규분포를 가정한다. 가설, 검정통계량, 유의수준, 판정방법(기각역 결정), 검정통계량의 계산값, 유의확률, 결론을 모두 적어라.

3. "N2height" 자료로부터 "자연대학 학생들의 평균 키가 165와 차이가 있는가?"를 유의수준 5%로 검정하여라. 단, 모집단인 키의 분포는 정규분포를 가정한다. 가설, 검정통계량, 유의수준, 판정방법(기각역 결정), 검정통계량의 계산값, 유의확률, 결론을 모두 적어라.

4. "N2height" 자료로부터 자연대학 학생들의 키의 모평균에 대한 95% 신뢰구간을 계산하여라. 단, 모집단인 키의 분포는 정규분포를 가정한다.

5. "N2height" 자료로부터 "자연대학 학생들의 평균 몸무게가 80보다 작은가?"를 유의수준 1%로 검정하여라. 단, 모집단인 몸무게의 분포는 정규분포를 가정한다. 가설, 검정통계량, 유의수준, 판정방법(기각역 결정), 검정통계량의 계산값, 유의확률, 결론을 모두 적어라.

6. "N2height" 자료로부터 "자연대학 학생들의 평균 몸무게가 70과 차이가 있는가?"를 유의수준 1%로 검정하여라. 단, 모집단인 몸무게의 분포는 정규분포를 가정한다. 가설, 검정통계량, 유의수준, 판정방법(기각역 결정), 검정통계량의 계산값, 유의확률, 결론을 모두 적어라.

7. "N2height" 자료로부터 자연대학 학생들의 몸무게의 모평균에 대한 99% 신뢰구간을 계산하여라. 단, 모집단인 몸무게의 분포는 정규분포를 가정한다.

8. 위의 (6)번의 검정의 결론과 (7)번의 신뢰구간의 계산 결과는 어떤 관련성이 있는지 상세히 설명하여라.

9. "F2height" 자료로부터 "수산과학대학 학생들의 평균 평점이 4.0보다 작은가?"를 유의수준 5%로 검정하여

라. 단, 모집단인 평점의 분포는 정규분포를 가정한다. 가설, 검정통계량, 유의수준, 판정방법(기각역 결정), 검정통계량의 계산값, 유의확률, 결론을 모두 적어라.

10. "F2height" 자료로부터 "수산과학대학 학생들의 평균 평점이 4.0과 차이가 있는가?"를 유의수준 1%로 검정하여라. 단, 모집단인 평점의 분포는 정규분포를 가정한다. 가설, 검정통계량, 유의수준, 판정방법(기각역 결정), 검정통계량의 계산값, 유의확률, 결론을 모두 적어라.

11. "F2height" 자료로부터 "수산과학대학 학생들의 평균 키가 165보다 큰가?"를 유의수준 5%로 검정하여라. 단, 모집단인 키의 분포는 정규분포를 가정한다. 가설, 검정통계량, 유의수준, 판정방법(기각역 결정), 검정통계량의 계산값, 유의확률, 결론을 모두 적어라.

12. "F2height" 자료로부터 "수산과학대학 학생들의 평균 키가 165와 차이가 있는가?"를 유의수준 1%로 검정하여라. 단, 모집단인 키의 분포는 정규분포를 가정한다. 가설, 검정통계량, 유의수준, 판정방법(기각역 결정), 검정통계량의 계산값, 유의확률, 결론을 모두 적어라.

13. "F2height" 자료로부터 "수산과학대학 학생들의 키의 모평균에 대한 99% 신뢰구간을 계산하여라. 단, 모집단인 키의 분포는 정규분포를 가정한다.

14. "F2height" 자료로부터 "수산과학대학 학생들의 평균 몸무게가 70과 차이가 있는가?"를 유의수준 10%로 검정하여라. 단, 모집단인 몸무게의 분포는 정규분포를 가정한다. 가설, 검정통계량, 유의수준, 판정방법(기각역 결정), 검정통계량의 계산값, 유의확률, 결론을 모두 적어라.

15. "F2height" 자료로부터 "수산과학대학 학생들의 몸무게의 모평균에 대한 99% 신뢰구간을 계산하여라. 단, 모집단인 몸무게의 분포는 정규분포를 가정한다.

16. "F2height" 자료로부터 "수산과학대학 학생들의 평균 평점이 3.5보다 큰가?"를 유의수준 5%로 검정하여라. 단, 모집단인 평점의 분포는 정규분포를 가정한다. 가설, 검정통계량, 유의수준, 판정방법(기각역 결정), 검정통계량의 계산값, 유의확률, 결론을 모두 적어라.

17. 다음은 신입생들 가운데 15명을 랜덤으로 뽑아서 실시한 심리검사 점수이다. 심리검사의 평균 점수가 40점보다 크다고 말할 수 있는가? 유의수준 5%로 검정하여라. 단, 점수들은 정규분포를 가정한다. 가설, 검정통계량, 유의수준, 판정방법(기각역 결정), 검정통계량의 계산값, 유의확률, 결론을 모두 적어라.

22, 25, 34, 35, 41, 41, 46, 46, 46, 47, 49, 54, 54, 59, 60

18. 한 페인트 회사는 새로운 페인트를 개발한 결과, 기존의 페인트보다 빠르게 마른다고 주장한다. 새로 개발한

페인트와 기존의 페인트를 랜덤으로 5 샘플을 취하여 건조한 결과(분)는 다음과 같다. 위의 주장이 맞는지 유의수준 5%로 검정하여라. 단, 건조시간은 정규분포를 가정한다. 가설, 검정통계량, 유의수준, 판정방법(기각역 결정), 검정통계량의 계산값, 유의확률, 결론을 모두 적어라.

	기존 페인트	새로 개발한 페인트
1	48	42
2	46	43
3	44	45
4	46	44
5	43	43

19. 두 종류의 사료를 사용하여 젖소의 우유 생산량을 측정하였다. 16마리의 젖소들을 골라서 랜덤으로 두 그룹으로 나누어 일정기간 동안 두 종류의 사료를 사용한 결과, 생산된 우유의 생산량(리터)은 다음과 같다. 두 종류의 사료가 우유 생산량의 차이에 영향을 미치는지 유의수준 5%로 검정하여라. 단, 우유 생산량은 정규분포를 가정한다. 가설, 검정통계량, 유의수준, 판정방법(기각역 결정), 검정통계량의 계산값, 유의확률, 결론을 모두 적어라.

	A	B
1	54	65
2	60	70
3	66	62
4	53	67
5	62	59
6	61	45
7	42	60
8	50	52

20. 많은 젖소들로부터 영양 상태와 나이가 매우 비슷한 젖소를 2마리씩 선발하였다. 이와 같은 방법으로 모두 8쌍을 랜덤으로 선발한 다음, 두 그룹으로 나누어 일정기간 동안 두 종류의 사료를 사용하여 생산한 우유의 생산량(리터)은 다음과 같다. 단, 우유 생산량은 정규분포를 가정한다. 가설, 검정통계량, 유의수준, 판정방법(기각역 결정), 검정통계량의 계산값, 유의확률, 결론을 모두 적어라.

	A	B
1	52	58
2	60	62
3	63	62
4	43	48
5	46	50
6	56	55
7	62	68
8	50	57

21. A와 B 방법으로 생산된 전구의 수명이 같은지 알아보기 위해 각 방법으로 생산된 전구들 가운데 랜덤으로 5개씩 수집하고 수명을 측정한 결과(시간)는 다음과 같다. 단, 두 방법으로 생산된 전구의 수명의 분포는 정규분포를 가정한다. 유의수준 5%로 검정하여라. 가설, 검정통계량, 유의수준, 판정방법(기각역 결정), 검정통계량의 계산값, 유의확률, 결론을 모두 적어라.

	A	B
1	245	270
2	278	286
3	260	234
4	210	310
5	242	285

22. 서울에서 10월과 12월의 대기오염을 비교하기 위하여 7개 지역에서 아황산가스 오염값(ppm)을 측정한 결과는 다음과 같았다. 단, 10월과 12월의 아황산가스 오염값의 분포는 정규분포를 가정한다. 12월의 오염값이 10월의 오염값보다 더 큰지 유의수준 5%로 검정하여라. 가설, 검정통계량, 유의수준, 판정방법(기각역 결정), 검정통계량의 계산값, 유의확률, 결론을 모두 적어라.

	10월	12월
1	0.04	0.06
2	0.12	0.10
3	0.08	0.11
4	0.06	0.10
5	0.05	0.06
6	0.09	0.11
7	0.03	0.06

23. A와 B 방법으로 생산된 밧줄의 장력(N)을 비교하기 위하여 랜덤으로 추출한 샘플을 측정한 결과는 다음과 같다. 단, 두 방법으로 생산된 밧줄의 장력의 분포는 정규분포를 가정한다. B방법으로 생산된 밧줄의 장력이 A방법으로 생산된 밧줄의 장력보다 더 큰지 유의수준 1%로 검정하여라. 가설, 검정통계량, 유의수준, 판정방법(기각역 결정), 검정통계량의 계산값, 유의확률, 결론을 모두 적어라.

	A	B
1	15	15
2	14	18
3	16	19
4	19	18
5	13	17
6	15	16
7	14	17

24. 피임약이 사용자의 혈압을 저하시키는지 알아보기 위하여 10명의 여성을 대상으로 피임약 사용 전과 후 이완기의 혈압을 측정한 결과는 다음과 같았다. 혈압의 분포는 정규분포를 가정할 때 유의수준 1%로 검정하여라. 가설, 검정통계량, 유의수준, 판정방법(기각역 결정), 검정통계량의 계산값, 유의확률, 결론을 모두 적어라.

	사용 전	사용 후
1	75	70
2	80	78
3	72	75
4	76	70
5	70	65
6	80	80
7	78	70
8	82	80
9	90	85
10	85	86

8장

일원배치 분산분석

8.1 요인이 수치 자료일 때 일원배치 분산분석

다음은 앞에서 언급한 "학급"과 "성별"이 표시된 "Reading"부터 "Understanding" 자료에 **"학년(Year)"**과 **"어학훈련 과정(Train)"**이 추가된 자료이다. **학년에 따라 "Reading" 점수의 차이가 나타나는지 유의수준 5%로 검정하자.**

(1) 다음과 같이 "데이터 보기" 화면에 자료를 부른다.

	Class	Gender	Reading	Writing	Speaking	Understanding	Year	Train
1	1	M	80	77	125	135	1	A
2	1	F	70	68	118	121	1	B
3	1	F	79	80	125	128	1	B
4	1	M	87	72	127	125	1	B
5	1	M	70	69	118	115	1	C
6	1	M	80	81	106	116	1	D
7	1	M	75	63	98	105	1	D
8	1	F	83	70	114	116	1	D
9	1	M	89	73	132	130	1	A
10	1	F	60	79	105	110	1	D
11	1	F	79	78	126	128	2	B
12	1	M	90	85	139	138	2	A
13	1	F	74	92	137	135	2	A
14	1	F	79	84	107	115	2	D
15	1	M	95	92	139	142	2	A
16	2	M	89	72	127	129	2	C
17	2	F	90	88	140	145	2	A
18	2	M	74	76	120	117	2	D
19	2	F	80	78	123	125	2	C
20	2	M	82	89	116	120	2	B
21	2	F	77	75	124	128	3	C
22	2	F	95	84	137	139	3	A
23	2	F	81	90	127	130	3	B
24	2	F	75	81	111	121	3	C
25	2	M	94	95	145	146	3	A
26	2	M	89	72	124	126	3	C
27	2	F	91	88	125	128	3	C
28	2	M	79	75	127	130	3	B
29	2	M	80	77	125	126	3	B
30	2	F	72	83	109	117	3	D

(2) 메뉴에서 [분석 → 기술통계량 → **데이터 탐색**]을 누른다.

(3) 나타나는 창에서 **"종속변수"**에 **"Reading"**, **"요인"**에 **"Year"**를 옮기고 **"도표"**를 선택한다.

(4) 나타나는 “데이터 탐색: 도표” 창에서 **“□ 줄기와 잎그림”**의 선택을 **제거**하고 “계속”, “확인”을 누른다.

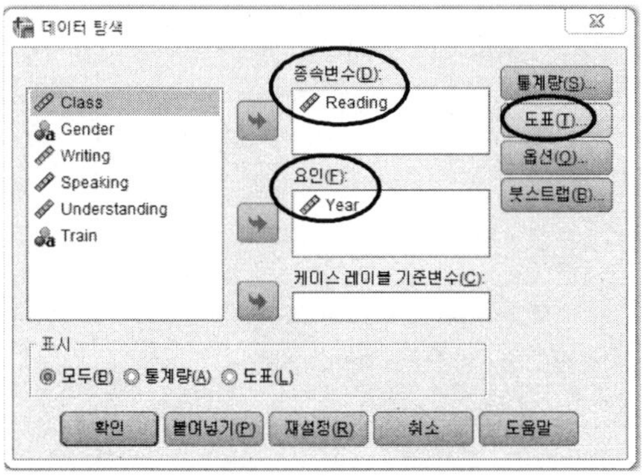

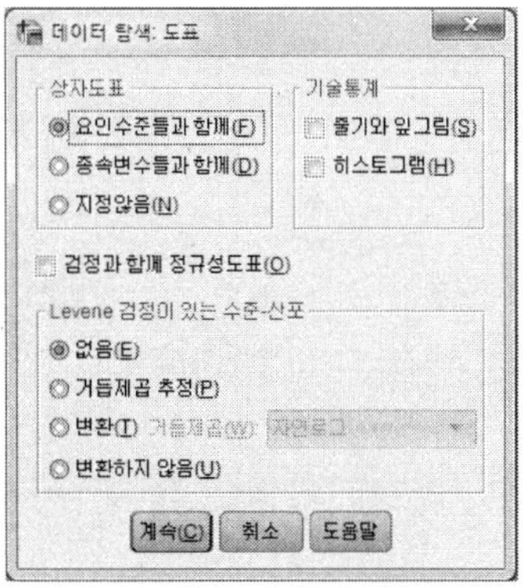

(5) “뷰어 화면”에 **“학년”**에 따른 **“Reading”** 점수의 다양한 **“기술통계량”**이 계산되고 **“상자그림”**이 나타난다.

기술통계

	Year			통계량	표준오차
Reading	1	평균		77.30	2.773
		평균의 95% 신뢰구간	하한	71.03	
			상한	83.57	
		5% 절사평균		77.61	
		중위수		79.50	
		분산		76.900	
		표준편차		8.769	
		최소값		60	
		최대값		89	
		범위		29	
		사분위수 범위		14	
		왜도		-.664	.687
		첨도		.239	1.334
	2	평균		83.20	2.313
		평균의 95% 신뢰구간	하한	77.97	
			상한	88.43	
		5% 절사평균		83.06	
		중위수		81.00	
		분산		53.511	
		표준편차		7.315	
		최소값		74	
		최대값		95	
		범위		21	
		사분위수 범위		12	
		왜도		.258	.687
		첨도		-1.302	1.334
	3	평균		83.30	2.612
		평균의 95% 신뢰구간	하한	77.39	
			상한	89.21	
		5% 절사평균		83.28	
		중위수		80.50	
		분산		68.233	
		표준편차		8.260	
		최소값		72	
		최대값		95	
		범위		23	
		사분위수 범위		15	
		왜도		.265	.687
		첨도		-1.549	1.334

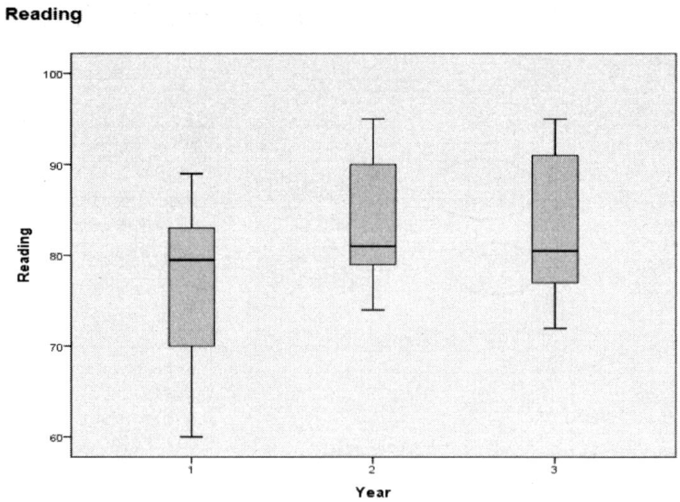

※ 학년별 분포의 특징을 살펴보면 다음과 같다.

① 1, 2, 3학년의 Reading 점수의 **평균값**은 각각 77.3, 83.2, 83.3이다.

② 상자그림의 중앙에 짙은 선으로 표시된 학년별 **중앙값**은 각각 79.5, 81.0, 80.5이다.

③ 이러한 대표값들로부터 **2학년과 3학년은 평균값이 유사**하게 나타나지만 1학년의 **평균값은 다소 낮아** 보인다.

④ 그러나 **"학년별 상자그림"**으로부터 점수들의 흩어진 분포는 서로 **겹치는** 부분이 많아 **차이가 없어** 보인다.

⑤ 따라서 과연 학년별로 Reading 점수의 평균값이 통계적으로 유의한 차이가 있는지 검정할 필요가 있다. 이를 확인하기 위해서 **"일원배치 분산분석"**을 사용한다.

(6) 메뉴에서 [분석 → 평균 비교 → **일원배치 분산분석**]을 누른다.

(7) 나타나는 창에서 **"종속변수"** 아래로 "Reading", **"요인"** 아래로 "Year"를 옮기고 **"옵션"**을 누른다.

(8) 나타나는 **"일원배치 분산분석: 옵션"** 창에서 **"□ 기술통계"**를 선택하고 "계속", "확인"을 누른다.

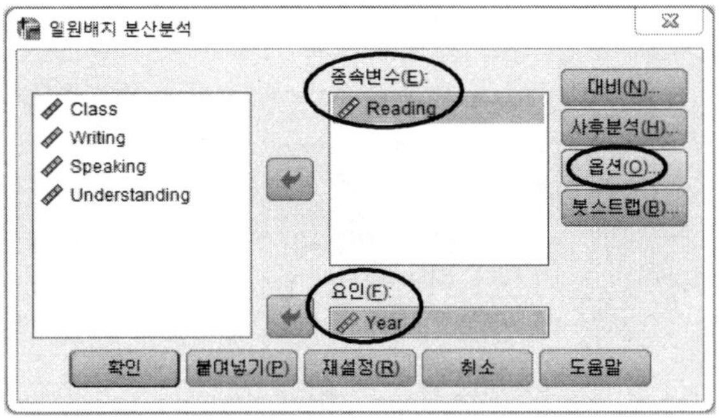

(9) "뷰어 화면"에 다음의 결과가 나타난다.

기술통계

Reading

	N	평균	표준편차	표준오차	평균에 대한 95% 신뢰구간		최소값	최대값
					하한	상한		
1	10	77.30	8.769	2.773	71.03	83.57	60	89
2	10	83.20	7.315	2.313	77.97	88.43	74	95
3	10	83.30	8.260	2.612	77.39	89.21	72	95
전체	30	81.27	8.354	1.525	78.15	84.39	60	95

ANOVA

Reading

	제곱합	자유도	평균제곱	F	유의확률
집단-간	236.067	2	118.033	1.783	.187
집단-내	1787.800	27	66.215		
전체	2023.867	29			

(10) 위의 분산분석표(ANOVA, ANalysis Of VAriance)에 따른 가설검정의 결과는 다음과 같다.

① 가설의 설정 $H_0 : \mu_1 = \mu_2 = \mu_3$(학년에 따라 Reading 점수의 모평균은 차이가 없다.) 여기서 μ_i는 i학년의 Reading 점수의 모평균이고 $i = 1, 2, 3$이다.

$H_a : \mu_i \neq \mu_j$ 임의의 i와 j에 대해서 $i \neq j$

② 검정통계량: $F^* = \dfrac{MSBG}{MSWG}$

여기서 $MSBG$: 집단-간 평균제곱(Mean Squares Between Groups)

$MSWG$: 집단-내 평균제곱(Mean Squares Within Groups)

③ 유의수준의 결정: 유의수준 α는 5%를 사용한다.

④ 기각역의 결정:

F표로부터 $F_{(0.05\,:\,2,\,27)} = 3.35$이므로 $F^* > 3.35$이면 $H_0 : \mu_1 = \mu_2 = \mu_3$를 기각한다.

$F^* \leq 3.35$이면 $H_0 : \mu_1 = \mu_2 = \mu_3$를 채택한다.

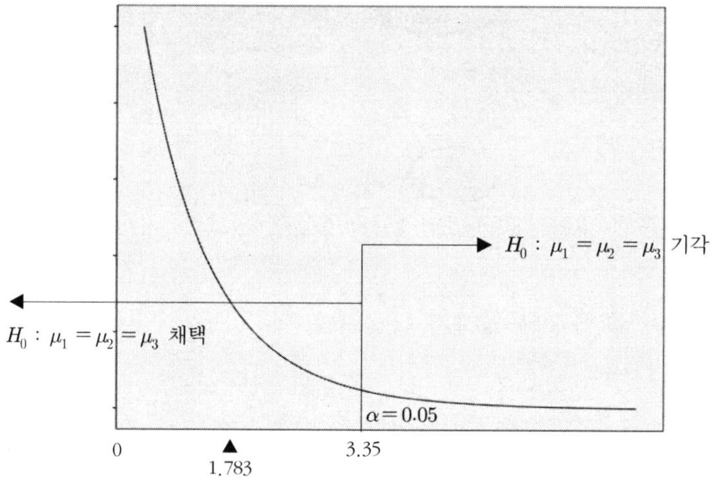

⑤ 검정통계량의 계산: $F^* = \dfrac{MSBG}{MSWG} = \dfrac{118.033}{66.215} = 1.783$

※**유의확률**은 0.187이다.

⑥ 판정: $F^* = 1.783 \leq 3.35$이므로 유의수준 5%에서 H_0를 채택한다.

⑦ 결론: 그러므로 **학년에 따라 "Reading" 점수의 모평균의 차이가 유의하게 나타나지 않는다.**

8.2 요인이 문자열 자료일 때 일원배치 분산분석: 사후검정

"학급"과 "성별"이 표시된 "Reading"부터 "Understanding" 자료에서 **"어학훈련 과정(Train)"에 따라 "Reading" 점수의 차이가 나타나는지 유의수준 5%로 검정하자.**

(1) "일원배치 분산분석"의 창에서 **"요인"**을 입력할 때는 **"숫자"**만 가능하므로 **"문자"** 변수인 **"어학훈련 과정(Train)"**을 숫자로 바꾸기 위하여 **"다른 변수로 코딩 변경"**을 선택하여 숫자로 변경한다.

(2) 메뉴에서 [변환 → **다른 변수로 코딩변경**]을 선택한다.

(3) 나타나는 창에서 "문자변수" 아래로 **"Train"**을 옮긴다. "출력변수" 이름을 **"Train2"**로 입력한 후, "변경"을 누른다.

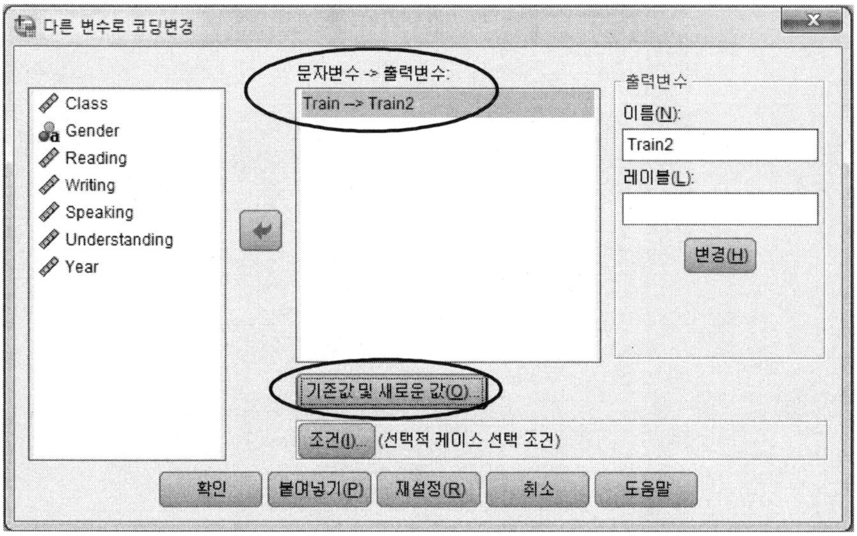

(4) **"기존값 및 새로운 값"**을 눌러서 나타나는 창에서 **"기존값"** 아래에 **"A"**, **"새로운 값"** 아래에 "1"을 입력하고 "추가"를 누른다.

(5) "기존값 → 새로운 값" 아래에 'A' → 1 이 나타난다. 같은 방법으로 A, B, C, D를 각각 1, 2, 3, 4로 변경하고 "계속", "확인"을 누른다.

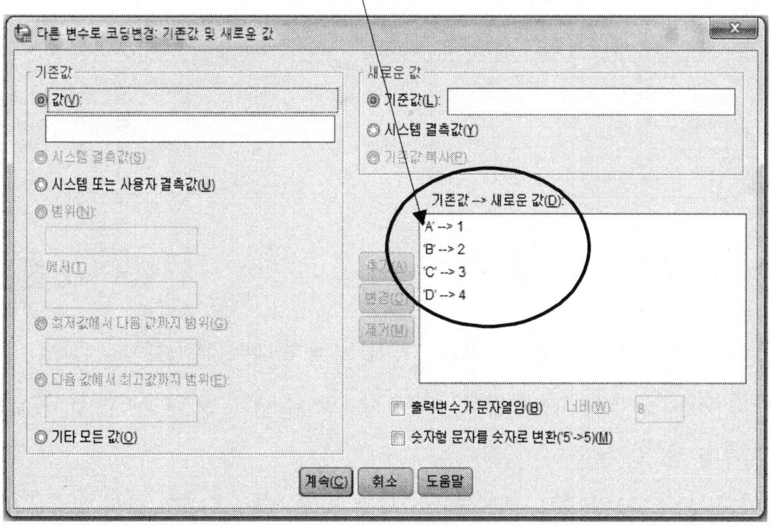

(6) "데이터 보기" 화면에 **"Train"**의 문자들이 **"Train2"**의 **숫자**들로 바뀐 결과는 다음과 같다.

	Class	Gender	Reading	Writing	Speaking	Understanding	Year	Train	Train2
1	1	M	80	77	125	135	1	A	1
2	1	F	70	68	118	121	1	B	2
3	1	F	79	80	125	128	1	B	2
4	1	M	87	72	127	125	1	B	2
5	1	M	70	69	118	115	1	C	3
6	1	M	80	81	106	116	1	D	4
7	1	M	75	63	98	105	1	D	4
8	1	F	83	70	114	116	1	D	4
9	1	M	89	73	132	130	1	A	1
10	1	F	60	79	105	110	1	D	4
11	1	F	79	78	126	128	2	B	2
12	1	M	90	85	139	138	2	A	1
13	1	F	74	92	137	135	2	A	1
14	1	F	79	84	107	115	2	D	4
15	1	M	95	92	139	142	2	A	1
16	2	M	89	72	127	129	2	C	3
17	2	F	90	88	140	145	2	A	1
18	2	M	74	76	120	117	2	D	4
19	2	F	80	78	123	125	2	C	3
20	2	M	82	89	116	120	2	B	2
21	2	F	77	75	124	128	3	C	3
22	2	F	95	84	137	139	3	A	1
23	2	F	81	90	127	130	3	B	2
24	2	F	75	81	111	121	3	C	3
25	2	M	94	95	145	146	3	A	1
26	2	M	89	72	124	126	3	C	3
27	2	F	91	88	125	128	3	C	3
28	2	M	79	75	127	130	3	B	2
29	2	M	80	77	125	126	3	B	2
30	2	F	72	83	109	117	3	D	4

(7) "변수 보기" 화면에서 **"Train2"**의 **"유형"**은 **"숫자"**로 **"측도"**는 **"척도"**로 바꾼다.

	이름	유형	너비	소수점이...	레이블	값	결측값	열	맞춤	측도	역할
1	Class	숫자	8	0		없음	없음	8	오른쪽	척도	입력
2	Gender	문자	8	0		없음	없음	8	오른쪽	명목형	입력
3	Reading	숫자	8	0		없음	없음	8	오른쪽	척도	입력
4	Writing	숫자	8	0		없음	없음	8	오른쪽	척도	입력
5	Speaking	숫자	8	0		없음	없음	8	오른쪽	척도	입력
6	Understanding	숫자	8	0		없음	없음	10	오른쪽	척도	입력
7	Year	숫자	8	0		없음	없음	7	오른쪽	척도	입력
8	Train	문자	8	0		없음	없음	7	오른쪽	명목형	입력
9	Train2	숫자	8	0		없음	없음	7	오른쪽	척도	입력

(8) 메뉴에서 [분석 → 평균 비교 → **일원배치 분산분석**]을 누른다.

(9) 나타나는 창에서 **"종속변수"** 아래로 "Reading", **"요인"** 아래로 "Train2"를 옮기고 **"사후분석"**을 누른다.

(10) 나타나는 **"일원배치 분산분석: 사후분석 - 다중비교"** 창에서 "□ LSD"를 선택하고 "계속", "확인"을 누른다.

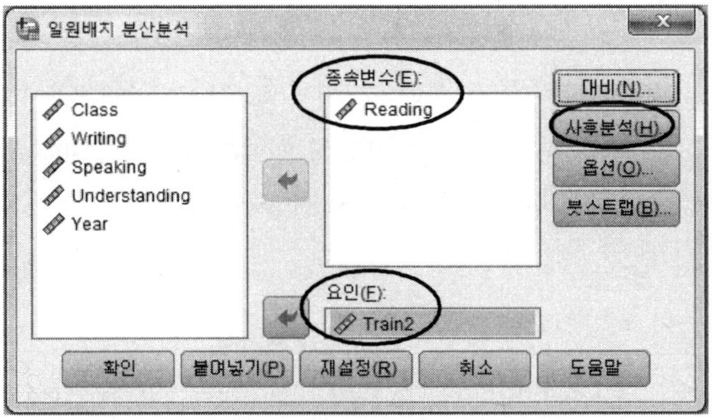

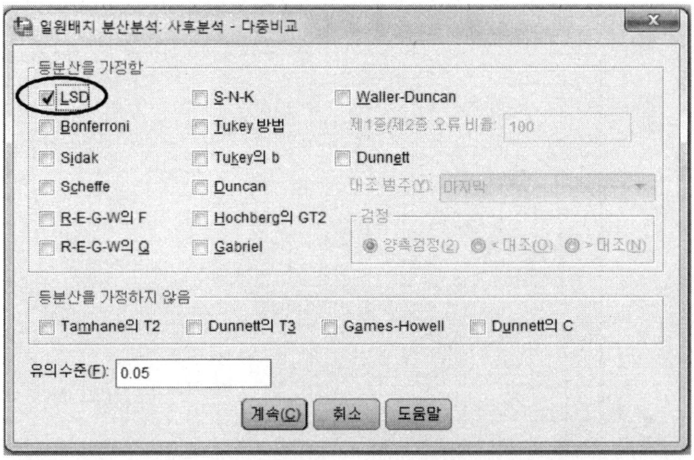

(11) "뷰어 화면"에 다음의 **"ANOVA(분산분석표)"**와 **"사후검정"** 결과가 나타난다.

ANOVA

Reading

	제곱합	자유도	평균제곱	F	유의확률
집단-간	726.974	3	242.325	4.858	.008
집단-내	1296.893	26	49.880		
전체	2023.867	29			

(12) 위의 분산분석표에 따른 가설검정의 결과는 다음과 같다.

① 가설설정 $H_0 : \mu_1 = \mu_2 = \mu_3 = \mu_4$(어학훈련 과정(Train2)에 따라 Reading 점수의 모평균은 차이가 없다.) 여기서 μ_i는 i과정의 Reading 점수의 모평균이고 $i = 1(A), 2(B), 3(C), 4(D)$이다.

$H_a : \mu_i \neq \mu_j$ 임의의 i와 j에 대해서 $i \neq j$

② 검정통계량: $F^* = \dfrac{MSBG}{MSWG}$

여기서 $MSBG$: 집단-간 평균제곱(Mean Squares Between Groups)

$MSWG$: 집단-내 평균제곱(Mean Squares Within Groups)

③ 유의수준의 결정: 유의수준 α는 5%를 사용한다.

④ 기각역의 결정:

F표로부터 $F_{(0.05\,:\,3,\,26)} = 2.98$이므로

$F^* > 2.98$이면 $H_0 : \mu_1 = \mu_2 = \mu_3 = \mu_4$를 기각한다.

$F^* \leq 2.98$이면 $H_0 : \mu_1 = \mu_2 = \mu_3 = \mu_4$를 채택한다.

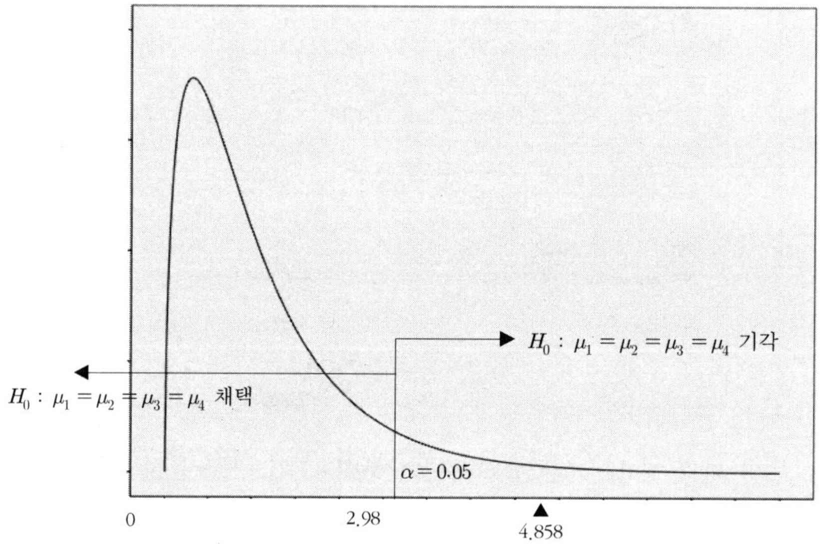

⑤ 검정통계량의 계산: $F^* = \dfrac{MSBG}{MSWG} = \dfrac{242.325}{49.880} = 4.858$, ※**유의확률**은 0.008이다.

⑥ 판정: $F^* = 4.858 > 2.98$이므로 유의수준 5%에서 H_0를 기각한다.

⑦ 결론: 그러므로 **어학훈련 과정(Train2)에 따라 "Reading" 점수의 모평균의 차이가 유의하게 나타난다.**

(13) 분산분석으로부터 네 가지 어학훈련 과정에 따른 "Reading" 점수의 모평균의 차이가 유의하게 나타났으므로 **어느 과정과 어느 과정이 서로 유의하게 차이가 나는지** 찾아보자.

(14) 다음은 일원배치 분산분석 시 "뷰어 화면"에 나타난 **"기술통계량"**과 **"사후검정"**에서 **"다중비교"**의 결과이다.

기술통계

Reading

	N	평균	표준편차	표준오차	평균에 대한 95% 신뢰구간		최소값	최대값
					하한	상한		
1	8	88.38	7.577	2.679	82.04	94.71	74	95
2	8	79.63	4.719	1.668	75.68	83.57	70	87
3	7	81.57	8.162	3.085	74.02	89.12	70	91
4	7	74.71	7.521	2.843	67.76	81.67	60	83
전체	30	81.27	8.354	1.525	78.15	84.39	60	95

사후검정

다중비교

종속변수: Reading

LSD

(I) Train2	(J) Train2	평균차이(I-J)	표준오차	유의확률	95% 신뢰구간	
					하한	상한
1	2	8.750*	3.531	.020	1.49	16.01
	3	6.804	3.655	.074	-.71	14.32
	4	13.661*	3.655	.001	6.15	21.17
2	1	-8.750*	3.531	.020	-16.01	-1.49
	3	-1.946	3.655	.599	-9.46	5.57
	4	4.911	3.655	.191	-2.60	12.42
3	1	-6.804	3.655	.074	-14.32	.71
	2	1.946	3.655	.599	-5.57	9.46
	4	6.857	3.775	.081	-.90	14.62
4	1	-13.661*	3.655	.001	-21.17	-6.15
	2	-4.911	3.655	.191	-12.42	2.60
	3	-6.857	3.775	.081	-14.62	.90

*. 평균차이는 0.05 수준에서 유의합니다.

※ 사후검정 결과

① **"기술통계량"** 표로부터 1(A), 2(B), 3(C), 4(D) 과정의 평균은 각각 88.38, 79.63, 81.57, 74.71로 계산되었다.

② **"다중비교"** 표로부터 **"평균차이"**에 *가 붙은 값들은 **"두 과정의 평균의 차이** ($\mu_i - \mu_j$)" 값에 대한 "Fisher의 **최소유의차**(Least Significant Difference)" 검정을 실행한 결과 유의수준 5%에서 **통계적으로 유의한 차이가 있는 것**을 의미한다.

③ 그러므로 두 과정의 평균이 차이가 유의한 값들은 과정 1(A)과 2(B)의 차이인 $\mu_1 - \mu_2 = \mathbf{88.38 - 79.63 = 8.75}$와 과정 1(A)과 4(D)의 차이인 $\mu_1 - \mu_4 = \mathbf{88.38 - 74.71 \cong 13.661}$만 유의한 차이가 있는 것을 알 수 있다.

(15) **어학훈련 과정**(Train2)에 따른 평균의 차이를 **상자그림**으로 보기 위하여 메뉴에서 [분석 → 기술통계량 → **데이터 탐색**]을 누른다.

(16) 나타나는 창에서 **"종속변수"**에 "Reading", **"요인"**에 "Train2"를 옮기고 **"도표"**를 선택한다.

(17) 나타타는 "데이터 탐색: 도표" 창에서 **"□ 줄기와 잎그림"**의 **선택**을 제거하고 "계속", "확인"을 누른다.

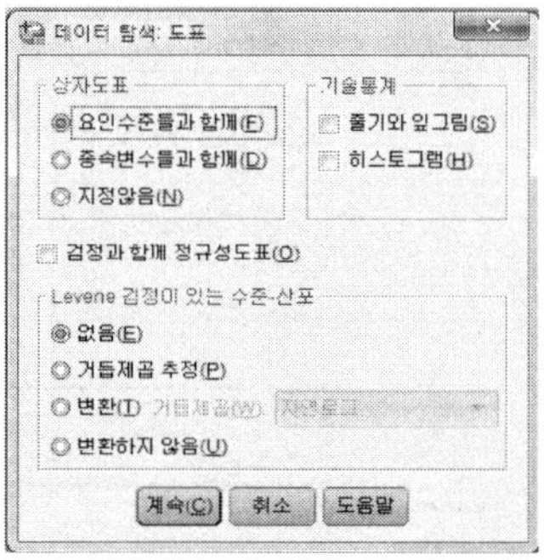

(18) "뷰어 화면"에 **"어학훈련 과정(Train2)"**에 따른 **"Reading"** 점수의 다양한 **"기술통계량"**이 계산되고 **"상자그림"**이 나타난다.

케이스 처리 요약

	Train2	케이스 유효 N	유효 퍼센트	결측 N	결측 퍼센트	전체 N	전체 퍼센트
Reading	1	8	100.0%	0	0.0%	8	100.0%
	2	8	100.0%	0	0.0%	8	100.0%
	3	7	100.0%	0	0.0%	7	100.0%
	4	7	100.0%	0	0.0%	7	100.0%

기술통계

	Train2			통계량	표준오차
Reading	1	평균		88.38	2.679
		평균의 95% 신뢰구간	하한	82.04	
			상한	94.71	
		5% 절사평균		88.81	
		중위수		90.00	
		분산		57.411	
		표준편차		7.577	
		최소값		74	
		최대값		95	
		범위		21	
		사분위수 범위		13	
		왜도		-1.221	.752
		첨도		.560	1.481
	2	평균		79.63	1.668
		평균의 95% 신뢰구간	하한	75.68	
			상한	83.57	
		5% 절사평균		79.75	
		중위수		79.50	
		분산		22.268	
		표준편차		4.719	
		최소값		70	
		최대값		87	
		범위		17	
		사분위수 범위		3	
		왜도		-.861	.752
		첨도		3.104	1.481
	3	평균		81.57	3.085
		평균의 95% 신뢰구간	하한	74.02	
			상한	89.12	
		5% 절사평균		81.69	
		중위수		80.00	
		분산		66.619	
		표준편차		8.162	
		최소값		70	
		최대값		91	
		범위		21	
		사분위수 범위		14	
		왜도		-.118	.794
		첨도		-1.801	1.587
	4	평균		74.71	2.843
		평균의 95% 신뢰구간	하한	67.76	
			상한	81.67	
		5% 절사평균		75.07	
		중위수		75.00	
		분산		56.571	
		표준편차		7.521	
		최소값		60	
		최대값		83	
		범위		23	
		사분위수 범위		8	
		왜도		-1.322	.794
		첨도		2.294	1.587

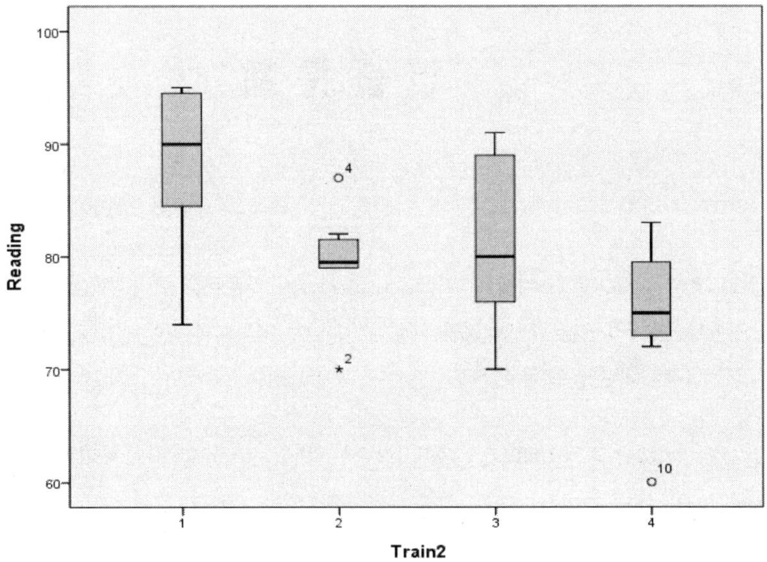

※ **어학훈련 과정**(Train2)에 따른 **분포의 특징**을 살펴보면 다음과 같다.

① "기술통계량" 표로부터 1(A), 2(B), 3(C), 4(D) 과정의 평균은 각각 88.38, 79.63, 81.57, 74.71이다.

② 상자그림의 중앙에 짙은 선으로 표시된 1(A), 2(B), 3(C), 4(D) 과정의 **중앙값**은 각각 90.00, 79.50, 80.00, 75.00이다.

③ 이러한 대표값들로부터 2(B)와 3(C) 과정의 차이는 매우 작으나 **1(A)는 가장 높고, 4(D)는 가장 낮은** 것을 볼 수 있다.

④ **"과정별 상자그림"**의 흩어진 분포로부터 1(A)과 2(B), 1(A)과 4(D)는 서로 **겹치는** 부분이 적어 모평균의 유의한 차이가 있어 보인다.

⑤ 이 결과는 앞에서 "일원배치 분산분석" 후 **"사후검정"**에서 실시한 "Fisher"의 "LSD" 검정 결과와 일치한다.

연 습 문 제

1. "학급"과 "성별"이 표시된 "Reading"부터 "Understanding" 자료로부터 학년별 Writing 점수의 모평균의 차이가 있는지 유의수준 5%로 검정하여라. 가설, 검정통계량, 유의수준, 판정방법(기각역 결정), 검정통계량의 계산값, 유의확률, 결론을 모두 적어라.

2. 1번 문제의 검정에서 유의한 차이가 나타난다면 어느 학년 사이에 모평균의 차이가 있는지 유의수준 5%로 Fisher의 LSD 검정을 하여라. 그리고 각 학년별 상자그림을 그려라.

3. "학급"과 "성별"이 표시된 "Reading"부터 "Understanding" 자료로부터 학년별 Speaking 점수의 모평균의 차이가 있는지 유의수준 10%로 검정하여라. 가설, 검정통계량, 유의수준, 판정방법(기각역 결정), 검정통계량의 계산값, 유의확률, 결론을 모두 적어라.

4. 3번 문제의 검정에서 유의한 차이가 나타난다면 어느 학년 사이에 모평균의 차이가 있는지 유의수준 5%로 Fisher의 LSD 검정을 하여라. 그리고 각 학년별 상자그림을 그려라.

5. "학급"과 "성별"이 표시된 "Reading"부터 "Understanding" 자료로부터 학년별 Understanding 점수의 모평균의 차이가 있는지 유의수준 10%로 검정하여라. 가설, 검정통계량, 유의수준, 판정방법(기각역 결정), 검정통계량의 계산값, 유의확률, 결론을 모두 적어라.

6. 5번 문제의 검정에서 유의한 차이가 나타난다면 어느 학년 사이에 모평균의 차이가 있는지 유의수준 5%로 Fisher의 LSD 검정을 하여라. 그리고 각 학년별 상자그림을 그려라.

7. "학급"과 "성별"이 표시된 "Reading"부터 "Understanding" 자료로부터 어학훈련 과정별 Writing 점수의 모평균의 차이가 있는지 유의수준 10%로 검정하여라. 가설, 검정통계량, 유의수준, 판정방법(기각역 결정), 검정통계량의 계산값, 유의확률, 결론을 모두 적어라.

8. 7번 문제의 검정에서 유의한 차이가 나타난다면 어느 어학훈련 과정들끼리 모평균의 차이가 있는지 유의수준 5%로 Fisher의 LSD 검정을 하여라. 그리고 각 어학훈련 과정별 상자그림을 그려라.

9. "학급"과 "성별"이 표시된 "Reading"부터 "Understanding" 자료로부터 어학훈련 과정별 Speaking 점수의 모평균의 차이가 있는지 유의수준 10%로 검정하여라. 가설, 검정통계량, 유의수준, 판정방법(기각역 결정), 검정통계량의 계산값, 유의확률, 결론을 모두 적어라.

10. 9번 문제의 검정에서 유의한 차이가 나타난다면 어느 어학훈련 과정들끼리 모평균의 차이가 있는지 유의수준 5%로 Fisher의 LSD 검정을 하여라. 그리고 각 어학훈련 과정별 상자그림을 그려라.

11. "학급"과 "성별"이 표시된 "Reading"부터 "Understanding" 자료로부터 어학훈련 과정별 Understanding 점수의 모평균의 차이가 있는지 유의수준 10%로 검정하여라. 가설, 검정통계량, 유의수준, 판정방법(기각역 결정), 검정통계량의 계산값, 유의확률, 결론을 모두 적어라.

12. 11번 문제의 검정에서 유의한 차이가 나타난다면 어느 어학훈련 과정들끼리 모평균의 차이가 있는지 유의수준 5%로 Fisher의 LSD 검정을 하여라. 그리고 각 어학훈련 과정별 상자그림을 그려라.

13. "major_major_id_add_등급" 자료로부터 자연대학 학생들의 전공에 따라 평균 키의 차이가 있는지 유의수준 10%로 검정하여라. 가설, 검정통계량, 유의수준, 판정방법(기각역 결정), 검정통계량의 계산값, 유의확률, 결론을 모두 적어라.

14. "major_major_id_add_등급" 자료로부터 자연대학 학생들의 전공에 따라 평균 몸무게의 차이가 있는지 유의수준 10%로 검정하여라. 가설, 검정통계량, 유의수준, 판정방법(기각역 결정), 검정통계량의 계산값, 유의확률, 결론을 모두 적어라.

15. "major_major_id_add_등급" 자료로부터 자연대학 학생들의 전공에 따라 평균 IQ의 차이가 있는지 유의수준 10%로 검정하여라. 가설, 검정통계량, 유의수준, 판정방법(기각역 결정), 검정통계량의 계산값, 유의확률, 결론을 모두 적어라.

16. "major_major_id_add_등급" 자료로부터 자연대학 학생들의 전공에 따라 평균 평점의 차이가 있는지 유의수준 10%로 검정하여라. 가설, 검정통계량, 유의수준, 판정방법(기각역 결정), 검정통계량의 계산값, 유의확률, 결론을 모두 적어라.

17. 16번 문제의 검정에서 유의한 차이가 나타난다면 어느 전공 사이에 모평균의 차이가 있는지 유의수준 5%로 Fisher의 LSD 검정을 하여라. 그리고 각 전공별 상자그림을 그려라.

18. "major_major_id_add_등급" 자료로부터 수산과학 학생들의 전공에 따라 평균 키의 차이가 있는지 유의수준 10%로 검정하여라. 가설, 검정통계량, 유의수준, 판정방법(기각역 결정), 검정통계량의 계산값, 유의확률, 결론을 모두 적어라.

19. "major_major_id_add_등급" 자료로부터 수산과학 학생들의 전공에 따라 평균 몸무게의 차이가 있는지 유의수준 10%로 검정하여라. 가설, 검정통계량, 유의수준, 판정방법(기각역 결정), 검정통계량의 계산값, 유의확률, 결론을 모두 적어라.

20. “major_major_id_add_등급” 자료로부터 수산과학 학생들의 전공에 따라 평균 IQ의 차이가 있는지 유의수준 10%로 검정하여라. 가설, 검정통계량, 유의수준, 판정방법(기각역 결정), 검정통계량의 계산값, 유의확률, 결론을 모두 적어라.

21. “major_major_id_add_등급” 자료로부터 수산과학 학생들의 전공에 따라 평균 평점의 차이가 있는지 유의수준 10%로 검정하여라. 가설, 검정통계량, 유의수준, 판정방법(기각역 결정), 검정통계량의 계산값, 유의확률, 결론을 모두 적어라.

22. 같은 종류의 여러 돼지들 가운데서 12마리를 랜덤으로 선택한 후, 단백질의 함량(%)이 다른 A, B, C, D 4종류의 사료로 일정기간 사육한 후, 돼지몸무게의 증가량을 측정한 결과는 다음과 같다. 사료에 따라 돼지몸무게의 증가량에 차이가 나타나는지 유의수준 1%로 검정하여라. 가설, 검정통계량, 유의수준, 판정방법(기각역 결정), 검정통계량의 계산값, 유의확률, 결론을 모두 적어라.

	사료에 포함된 단백질의 함량			
	A(10%)	B(20%)	C(30%)	D(40%)
1	60	69	74	70
2	61	67	72	69
3	65	68	70	68

23. 22번 문제의 검정에서 유의한 차이가 나타난다면 사료의 종류에 따른 상자그림을 그려라. 그리고 어느 사료들 간에 돼지몸무게의 모평균의 차이가 있는지 유의수준 5%로 Fisher의 LSD 검정을 하여라.

24. 다음은 네 지역의 가구들을 랜덤으로 추출하여 각 가구당 평균 연소득(단위: 백만 원)을 조사한 결과이다. 지역별로 가구당 평균 연소득이 차이가 있는지 유의수준 1%로 가설을 검정하여라. 가설, 검정통계량, 유의수준, 판정방법(기각역 결정), 검정통계량의 계산값, 유의확률, 결론을 모두 적어라.

지 역			
A	B	C	D
25	32	27	18
27	35	32	23
31	30	48	29
17	46	25	26
29	32	20	42
30	22	12	
	19	18	
	31		
	27		

25. 24번 문제의 검정에서 유의한 차이가 나타난다면 네 지역에 따른 상자그림을 그려라. 그리고 어느 지역의 가구당 평균소득의 모평균에 차이가 있는지 유의수준 5%로 Fisher의 LSD 검정을 하여라.

26. 대형 강의를 듣는 학생들이 퀴즈를 치른 뒤 세 학과로부터 랜덤으로 5명씩 선발하여 퀴즈에서 틀린 개수를 정리하였다. 세 학과의 학생들의 평균적으로 틀린 개수가 차이가 있다고 말할 수 있는가? 유의수준 5%로 가설을 검정하여라. 가설, 검정통계량, 유의수준, 판정방법(기각역 결정), 검정통계량의 계산값, 유의확률, 결론을 모두 적어라.

A	B	C
3	1	6
5	3	8
6	2	3
2	4	3
1	1	2

27. 26번 문제의 검정에서 유의한 차이가 나타난다면 세 학과에 따른 상자그림을 그려라. 그리고 어느 학과 사이에 퀴즈에서 틀린 개수의 모평균의 차이가 있는지 유의수준 5%로 Fisher의 LSD 검정을 하여라.

28. 최근 토익시험을 치른 학생들 가운데서 랜덤으로 각 학과별 5명씩 선발된 학생들의 토익성적은 다음과 같다. 각 학과별로 토익성적의 모평균에 차이가 있는지 유의수준 5%로 가설을 검정하여라. 가설, 검정통계량, 유의수준, 판정방법(기각역 결정), 검정통계량의 계산값, 유의확률, 결론을 모두 적어라.

통계학과	응용수학과	미생물학과	물리학과
950	758	963	758
867	897	638	670
863	693	451	669
719	697	781	479
897	910	547	520

29. 28번 문제의 검정에서 유의한 차이가 나타난다면 네 학과에 따른 상자그림을 그려라. 그리고 어느 학과에 토익성적의 모평균의 차이가 있는지 유의수준 5%로 Fisher의 LSD 검정을 하여라.

9장

범주형 자료분석

9.1 독립성 검정

앞에서 저장한 "major_major_id_add" 자료로부터 학생들의 **성별과 주거형태는 서로 관련이 있는지** 검정하자.

(1) "major_major_id_add" 파일을 "데이터 보기" 화면에 부른다.

(2) 메뉴에서 [분석 → 기술통계량 → **교차분석**]을 누른다.

(3) 나타나는 창에서 **"행"** 아래로 **"성별"**, **"열"** 아래로 **"주거형태"**를 이동시키고 **"□ 수평배열 막대도표 표시"**를 선택하고, "통계량"을 누른다.

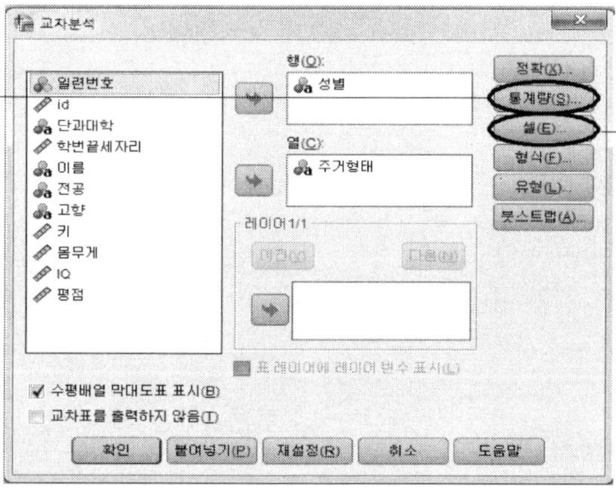

(4) "교차분석: 통계량" 창에서 **"□ 카이제곱"**, **"□ 분할계수"**를 선택하고 "계속"을 누른다. 성별과 주거형태 모두 **명목형 자료이므로 명목형 변수들 사이의 관련성의 강도**를 알아보기 위하여 **"분할계수"**를 선택하였다.

(5) "교차분석" 창에서 **"셀"**을 선택하고 나타나는 창에서 **"□ 관측빈도"**와 **"□ 기대빈도"**를 선택하고 "계속", "확인"을 누른다.

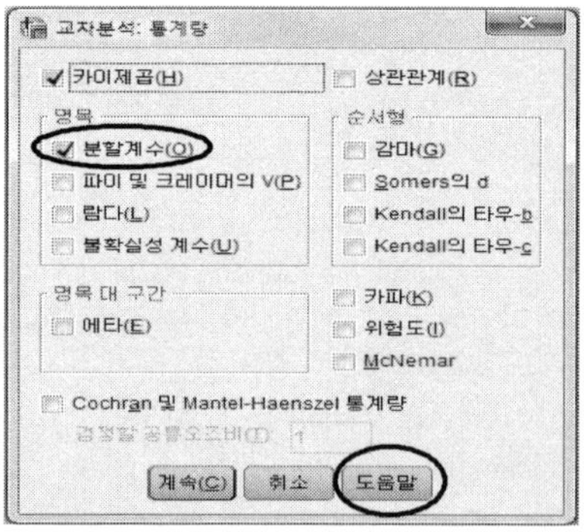

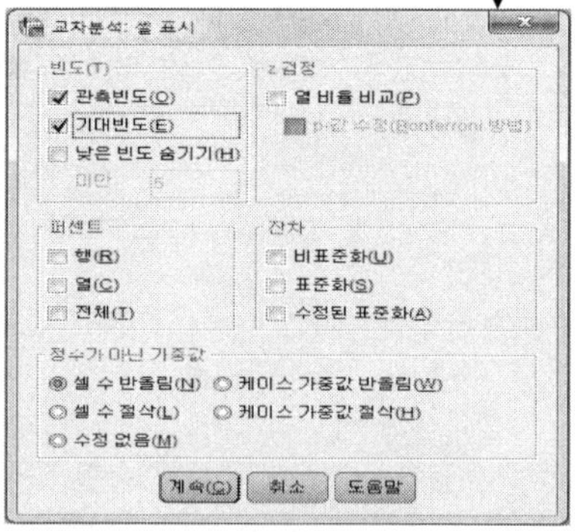

※ 다음은 "교차분석: 통계량" 창에서 "도움말"을 눌렀을 때 웹으로 연결되어 나타나는 **"통계량"**의 설명이다.

교차 분석표 통계

상관. 행과 열에 정렬된 값이 있는 테이블의 경우 상관을 통해 Spearman의 상관계수, rho(숫자 데이터만 사용)를 작성할 수 있습니다. Spearman의 rho는 순위 순서 간 연관 측도입니다.

명목. 명목 데이터에서는 분할계수, 파이(계수)와 Cramér의 V, 람다(대칭 및 비대칭 람다와 Goodman과 Kruskal의 타우), 불확실성 계수 등을 선택할 수 있습니다.

- **분할계수.** 카이제곱을 기반으로 한 연관 측도입니다. 값 범위는 0에서 1 사이이며 0은 행 변수와 열 변수 간에 연관이 없음을 나타내고 1에 가까운 값은 변수 간에 높은 연관이 있음을 나타냅니다. 가능한 최대값은 테이블의 행 수와 열 수에 따라 달라집니다.
- **파이 및 Cramer의 V(Phi and Cramer's V).** 파이는 카이제곱 통계량을 표본 결과로 나누고 그 결과의 제곱근을 구하는 연관 측도에 기반한 카이제곱입니다. Cramer의 V는 카이제곱을 기반으로 한 연관 측도입니다.
- **람다(Lambda).** 독립변수의 값이 종속변수의 값을 예측하는 데 사용될 때 오차 내 비례 축소를 반영하는 연관 측도입니다. 값 1은 독립변수가 종속변수를 완전하게 예측한다는 의미이고, 값 0은 독립변수가 종속변수를 예측하는 데 도움이 되지 않는다는 의미입니다.
- **불확실성 계수.** 하나의 변수값이 다른 변수값을 예측하는 데 사용될 때 오차 내 비례 축소를 나타내는 연관 측도입니다. 예를 들어, 값 0.83은 다른 변수 값을 예측하는 데 하나의 변수 정보가 오차를 83%까지 축소한 것을 나타냅니다. 프로그램에서는 불확실성 계수의 대칭 버전과 비대칭 버전을 모두 계산합니다.

순서. 행과 열이 모두 정렬된 값을 가질 때 해당 테이블에서는 감마(2원배치표에 대해 0차 감마, 3원배치표에서 10원배치표까지에 대해 조건 감마), Kendall의 타우-b, Kendall의 타우-c 등을 선택합니다. 행 범주로부터 열 범주를 예측할 때는 Somers의 d를 선택합니다.

- **감마(Gamma).** 범위가 -1에서 1 사이인 두 순서변수 간 연관의 대칭적 측도입니다. 값이 절대값 1에 가까우면 두 변수 간의 관계가 강함을 나타내며 0에 가까울수록 관계가 적거나 없음을 의미합니다. 2원배치표의 경우 0차 감마가, 3원배치 이상의 테이블에서는 조건부 감마가 표시됩니다.
- **Somers의 d(Somers' d).** 범위가 -1부터 1까지인 두 개의 순서변수 사이의 연관 측도입니다. 절대값 1에 가까울수록 두 변수 사이의 연관 정도가 높음을 의미하고, 0에 가까울수록 변수 사이의 관계가 적거나 없음을 의미합니다. Somers의 d는 독립변수에 대해 동률이 아닌 대응 수가 포함된 경우에만 달라지는 감마의 비대칭 확장입니다. 이 통계의 대칭 버전도 계산됩니다.
- **Kendall의 타우-b(Kendall's tau-b).** 동률을 고려하는 순서변수나 순위변수에 대한 비모수 상관 측도입니다. 계수의 부호는 관계의 방향을 나타내고 이에 대한 절대값은 강도를 나타냅니다. 이때 절대값이 클수록 관계가 더 강력합니다. 가능한 값의 범위는 -1부터 1까지이지만 -1 또는 +1 값은 제곱표에서만 구할 수 있습니다.
- **Kendall의 타우-c(Kendall's tau-c).** 동률을 무시하는 순서변수에 대한 비모수 연관 측도입니다. 계수의 부호는 관계의 방향을 나타내고 이에 대한 절대값은 강도를 나타냅니다. 이때 절대값이 클수록 관계가 더 강력합니다. 가능한 값의 범위는 -1부터 1까지이지만 -1 또는 +1 값은 제곱표에서만 구할 수 있습니다.

명목 대 구간 척도. 하나의 변수가 범주형이고 다른 변수가 양적일 때 에타를 선택합니다. 범주형 변수는 숫자로 코딩되어야 합니다.

- **에타.** 0과 1 사이에 존재하는 연관 측도로서, 0은 행 변수와 열 변수 간에 연관이 없음을 나타내고 1에 가까울수록 연관 정도가 높음을 의미합니다. 에타는 구간 척도(예: 수입)에 대해 측정된 종속변수와 범주(예: 성별)의 수가 제한된 독립변수에 적합합니다. 두 에타 값이 계산되는데, 하나는 행 변수를 구간변수로 처리하고 다른 하나는 열 변수를 구간변수로 처리합니다.

(6) "뷰어 화면"에 다음과 같이 **"교차분석"**의 결과와 함께 **"성별에 따른 주거형태"**의 **"막대그래프"**가 나타난다.

케이스 처리 요약

	케이스					
	유효		결측		전체	
	N	퍼센트	N	퍼센트	N	퍼센트
성별 * 주거형태	40	100.0%	0	0.0%	40	100.0%

성별 * 주거형태 교차표

			주거형태			전체
			기숙사	본가	자취	
성별	남	빈도	4	14	8	26
		기대빈도	7.8	10.4	7.8	26.0
	여	빈도	8	2	4	14
		기대빈도	4.2	5.6	4.2	14.0
전체		빈도	12	16	12	40
		기대빈도	12.0	16.0	12.0	40.0

카이제곱 검정

	값	자유도	근사 유의확률 (양측검정)
Pearson 카이제곱	8.864[a]	2	.012
우도비	9.186	2	.010
유효 케이스 수	40		

a. 2 셀 (33.3%)은(는) 5보다 작은 기대 빈도를 가지는 셀입니다. 최소 기대빈도는 4.20입니다.

대칭적 측도

		값	근사 유의확률
명목척도 대 명목척도	분할계수	.426	.012
유효 케이스 수		40	

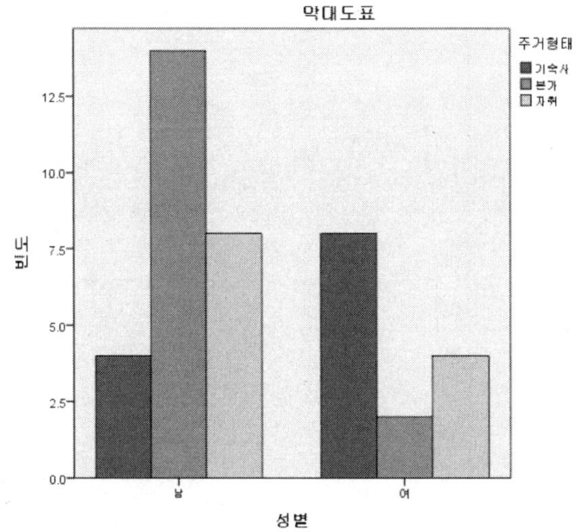

※ 막대그래프로부터 남자는 본가에, 여자는 기숙사에 가장 많이 거주하는 것을 볼 수 있다.

(7) "뷰어 화면"의 결과를 보고 다음과 같이 가설을 검정한다.

① 가설설정: $H_0 : P_{ij} = P_{i\cdot} \times P_{\cdot j}$(⇔ 또는 H_0: **학생들의 성별과 주거형태는 서로 독립이다.**)

$i = 1$(남자), 2(여자),

$j = 1$(기숙사), 2(본가), 3(자취)

$H_a : P_{ij} \neq P_{i\cdot} \times P_{\cdot j}$(⇔ 또는 H_a: **학생들의 성별과 주거형태는 서로 관련이 있다.**)

여기서 P_{ij}는 $(i,\ j)$번째 셀의 확률,

$P_{i\cdot}$은 i번째 행의 확률,

$P_{\cdot j}$는 j번째 열의 확률.

② 검정통계량: 분할표(교차표)에서 범주형 자료의 관련성 검정은 **카이제곱 통계량** χ^{2^*}을 사용한다.

③ 유의수준의 결정: 유의수준 α는 5%를 사용한다.

④ 기각역의 결정: $\chi^2_{(0.05\,:\,(2-1)(3-1))} = 5.99$이므로 $\chi^{2^*} > 5.99$이면 $H_0 : P_{ij} = P_{i\cdot} \times P_{\cdot j}$를 기각한다.

$\chi^{2^*} \leq 5.99$이면 $H_0 : P_{ij} = P_{i\cdot} \times P_{\cdot j}$를 채택한다.

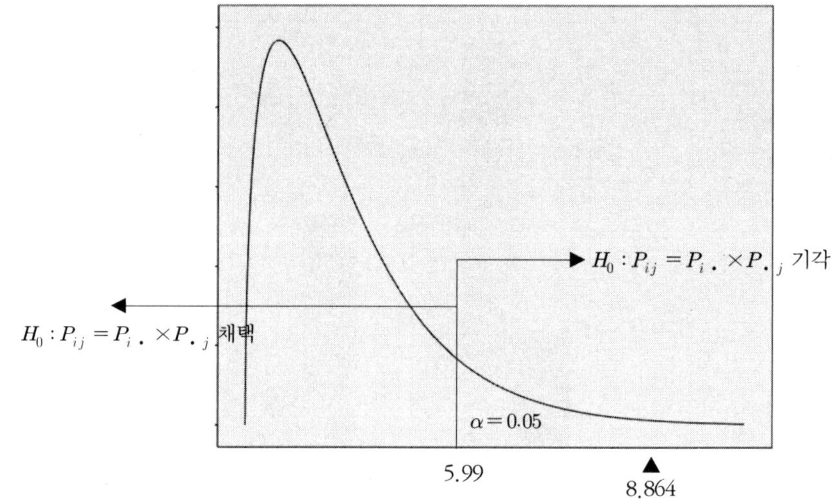

⑤ 검정통계량의 계산:

Pearson 카이제곱 통계량의 계산

$$\chi^{2*} = \sum_{i=1}^{2}\sum_{j=1}^{3}\frac{(o_{ij}-e_{ij})^2}{e_{ij}} = \frac{(4-7.8)^2}{7.8}+\frac{(14-10.4)^2}{10.4}+\frac{(8-7.8)^2}{7.8}$$

$$+\frac{(8-4.2)^2}{4.2}+\frac{(2-5.6)^2}{5.6}+\frac{(4-4.2)^2}{4.2}$$

$$\cong 8.864$$

⑥ 판정: $\chi^{2^*} = 8.864 > 5.99$이므로 유의수준 5%에서 $H_0 : P_{ij} = P_{i\cdot} \times P_{\cdot j}$를 기각한다. ※ 또는 유의확률은 0.012로서 유의수준 5%보다 작으므로 $H_0 : P_{ij} = P_{i\cdot} \times P_{\cdot j}$를 기각한다.

⑦ 결론: 그러므로 학생들의 성별과 주거형태의 선택은 서로 관련이 있다는 충분한 통계적 증거가 있다.

⑧ 그러나 분할표를 이용한 두 변수의 관련성 검정에서 카이제곱 통계량을 이용한 검정 결과가 타당한 결론이 되려면 **"5보다 작은 기대빈도"**를 가지는 셀이 **전체의 20%보다 작아야** 하는데 "뷰어 화면"의 **"카이제곱검정"** 표 아래의 주석 (a)으로 2셀(33.3%)이나 되므로 **위의 검정결과는 타당한 결론이라고 말할 수 없다.** 즉, 현재 표본의 크기인 40명보다 **더 많은 자료를 구하여 가설을 검정하는 것이 바람직하다.**

⑨ 주거형태 가운데 본가에서 다니는 학생을 제외하고, 성별과 주거형태의 관련성을 검정하자.

(8) 메뉴에서 **[데이터 → 케이스 선택]**을 누르고 나타나는 창에서 "**◉ 조건을 만족하는 케이스**"를 선택한다.

(9) 나타나는 창에서 "**not(주거형태 = "본가")**"를 입력하고 "계속"을 누른다.

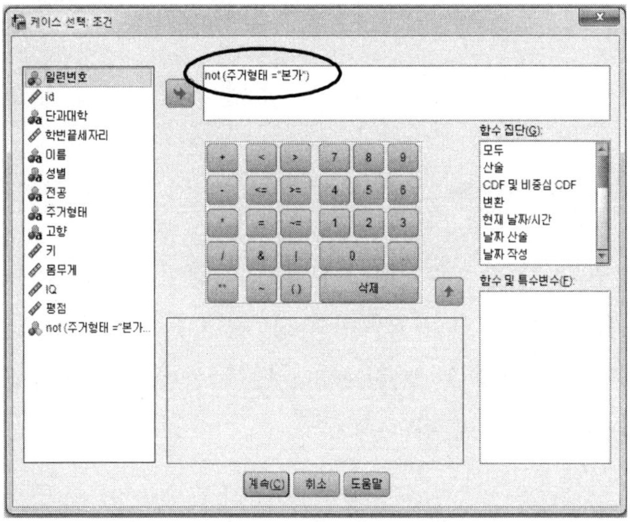

(10) 다음과 같이 조건이 선택된 상태에서 "확인"을 누른다.

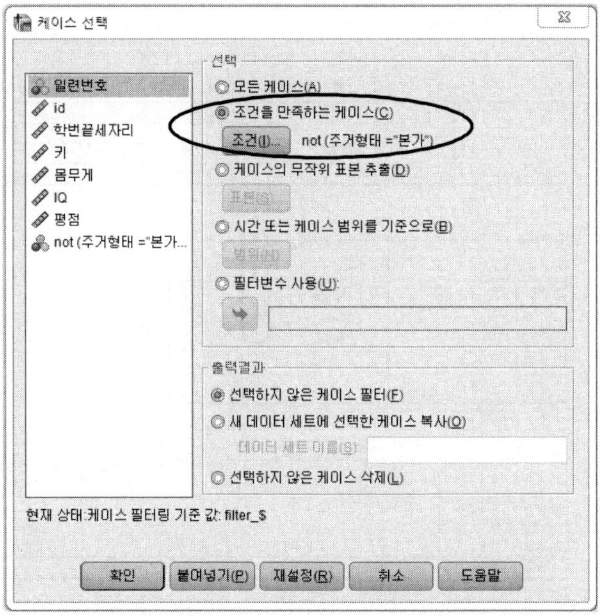

(11) 다시 메뉴에서 [분석 → 기술통계량 → **교차분석**]을 누르고 나타나는 창에서 "**행**" 아래로 "**성별**", "**열**" 아래로 "**주거형태**"를 이동시키고 "정확"을 선택한다.

(12) 나타나는 창에서 **"◉ 점근적 검정"**을 선택하고 "계속", "확인"을 누른다.

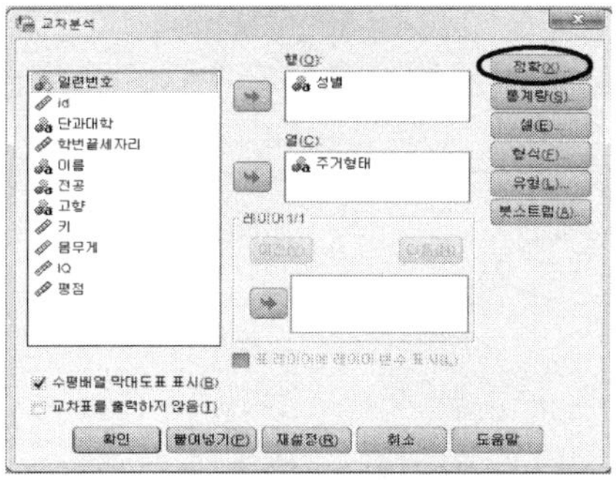

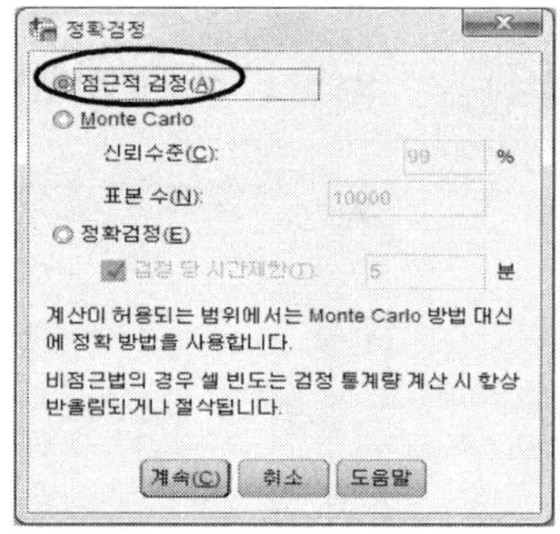

(13) "뷰어 화면"의 **"성별 * 주거형태 교차표"**와 같이 2×2표로 나타나는 범주형 자료 분석을 위해서는 "Fisher의 정확(성) 검정"을 사용한다. **"성별 * 주거형태 교차표"**로부터 "남학생"은 "자취"를 더 많이 선택하고 "여학생"은 "기숙사"를 더 많이 선택하는 경향이 나타난다.

(14) **"카이제곱 검정"** 표에서 **양측검정**의 유의확률은 0.22, **단측검정**의 유의확률은 0.11이다. 이들 모두 유의수준 10%보다 큰 값이다. 그러므로 표본의 크기가 24명인 이 예제로부터 "성별"과 "주거형태"가 통계적으로 유의한 관련이 있다고 말할 수 없다.

케이스 처리 요약

	케이스					
	유효		결측		전체	
	N	퍼센트	N	퍼센트	N	퍼센트
성별 * 주거형태	24	100.0%	0	0.0%	24	100.0%

성별 * 주거형태 교차표

			주거형태		전체
			기숙사	자취	
성별	남	빈도	4	8	12
		기대빈도	6.0	6.0	12.0
	여	빈도	8	4	12
		기대빈도	6.0	6.0	12.0
전체		빈도	12	12	24
		기대빈도	12.0	12.0	24.0

카이제곱 검정

	값	자유도	근사 유의확률 (양측검정)	정확 유의확률 (양측검정)	정확 유의확률 (단측검정)
Pearson 카이제곱	2.667[a]	1	.102		
연속성 수정[b]	1.500	1	.221		
우도비	2.718	1	.099		
Fisher의 정확검정				.220	.110
유효 케이스 수	24				

a. 0 셀 (0.0%)은(는) 5보다 작은 기대 빈도를 가지는 셀입니다. 최소 기대빈도는 6.00입니다.

b. 2x2 표에 대해서만 계산됨

대칭적 측도

		값	근사 유의확률
명목척도 대 명목척도	분할계수	.316	.102
유효 케이스 수		24	

9.2 동질성 검정

앞의 "major_major_id_add_등급" 자료로부터 학생들의 **성별에 따라 성적의 등급 비율은 일정한지** 검정하자.

(1) "major_major_id_add_등급" 파일을 "데이터 보기" 화면에 부른다.

(2) 메뉴에서 [분석 → 기술통계량 → **교차분석**]을 누른다.

(3) 나타나는 창에서 **"행"** 아래로 **"성별"**, **"열"** 아래로 **"등급"**을 이동시키고 **"□ 수평배열 막대도표 표시"**를 선택하고, **"통계량"**을 누른다.

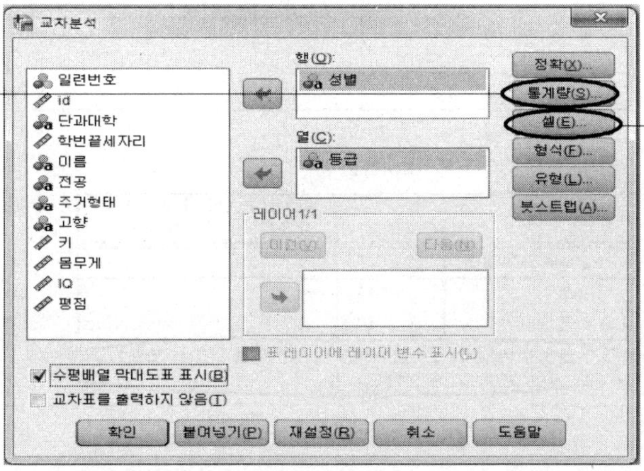

(4) "교차분석: 통계량" 창에서 **"□ 카이제곱"**을 선택하고 "계속"을 누른다.

(5) "교차분석" 창에서 **"셀"**을 선택하고 나타나는 창에서 **"□ 관측빈도"**, **"□ 기대빈도"**를 선택하고 **"퍼센트"** 아래의 "행"을 선택하고 "계속", "확인"을 누른다.

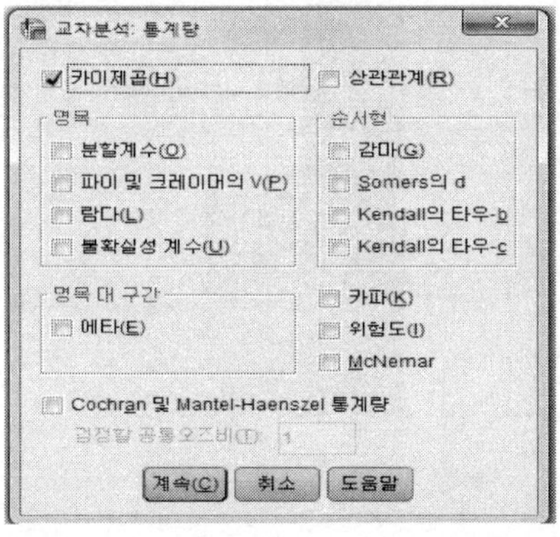

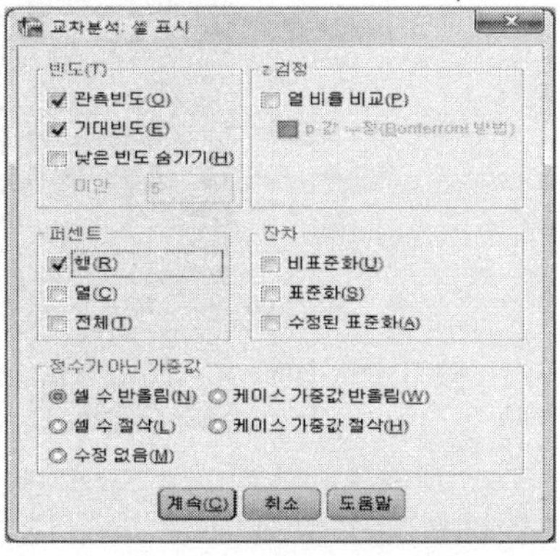

(6) "뷰어 화면"에 다음과 같이 **"교차분석"**의 결과와 함께 **"성별에 따른 등급"**의 **"막대그래프"**가 나타난다.

케이스 처리 요약

	케이스					
	유효		결측		전체	
	N	퍼센트	N	퍼센트	N	퍼센트
성별 * 등급	40	100.0%	0	0.0%	40	100.0%

성별 * 등급 교차표

			등급			전체
			A0	B+	B0	
성별	남	빈도	8	11	7	26
		기대빈도	10.4	9.8	5.9	26.0
		성별 중 %	30.8%	42.3%	26.9%	100.0%
	여	빈도	8	4	2	14
		기대빈도	5.6	5.3	3.2	14.0
		성별 중 %	57.1%	28.6%	14.3%	100.0%
전체		빈도	16	15	9	40
		기대빈도	16.0	15.0	9.0	40.0
		성별 중 %	40.0%	37.5%	22.5%	100.0%

카이제곱 검정

	값	자유도	근사 유의확률 (양측검정)
Pearson 카이제곱	2.686[a]	2	.261
우도비	2.683	2	.261
유효 케이스 수	40		

a. 1 셀 (16.7%)은(는) 5보다 작은 기대 빈도를 가지는 셀입니다. 최소 기대빈도는 3.15입니다.

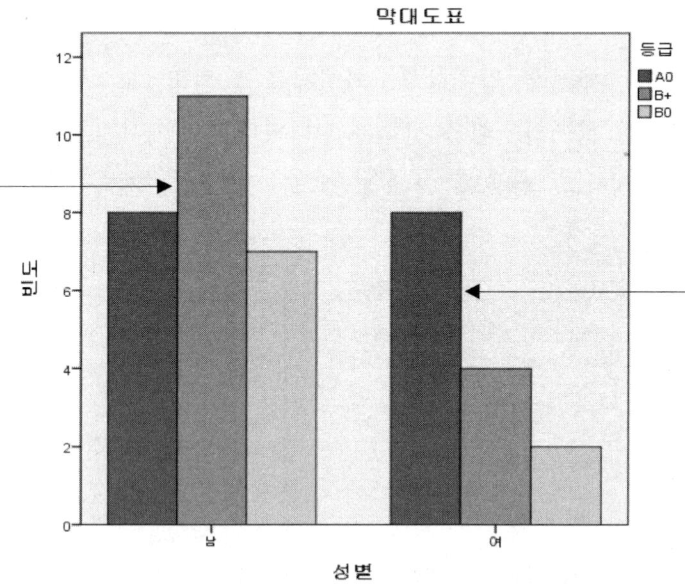

※ 막대그래프로부터 남자는 B+를, 여자는 A0를 가장 많이 받은 것을 볼 수 있다.

(7) “뷰어 화면”의 결과를 보고 다음과 같이 가설을 검정한다.

① 가설 설정:

H_0 : $P_{11} = P_{21}$, $P_{12} = P_{22}$, $P_{13} = P_{23}$(⇔ 또는 H_0: **성별에 따라 등급의 비율이 같다**).

H_a : 위의 세 비율은 서로 같지 않다(⇔ 또는 H_a: **성별에 따라 등급의 비율이 같지 않다**).

P_{ij}에서 $i = 1$은 남학생, $i = 2$는 여학생, $j = 1$은 A0, $j = 2$는 B+, $j = 3$은 B0를 의미한다. 예를 들어 P_{11}은 남학생이 A0를 받는 비율, P_{21}은 여학생이 A0를 받는 비율 등을 의미한다.

② 검정통계량: 분할표에서 범주형 자료의 동질성 검정은 독립성 검정과 같은 **카이제곱 통계량** χ^{2^*}을 사용한다.

③ 유의수준의 결정: 유의수준 α는 **10%**를 사용한다.

④ 기각역의 결정: $\chi^2_{(0.10\,:\,(2-1)(3-1))} = 4.61$이므로

$\chi^{2^*} > 4.61$이면 $H_0 : P_{11} = P_{21}$, $P_{12} = P_{22}$, $P_{13} = P_{23}$를 기각한다.

$\chi^{2^*} \leqq 4.61$이면 $H_0 : P_{11} = P_{21}$, $P_{12} = P_{22}$, $P_{13} = P_{23}$를 채택한다.

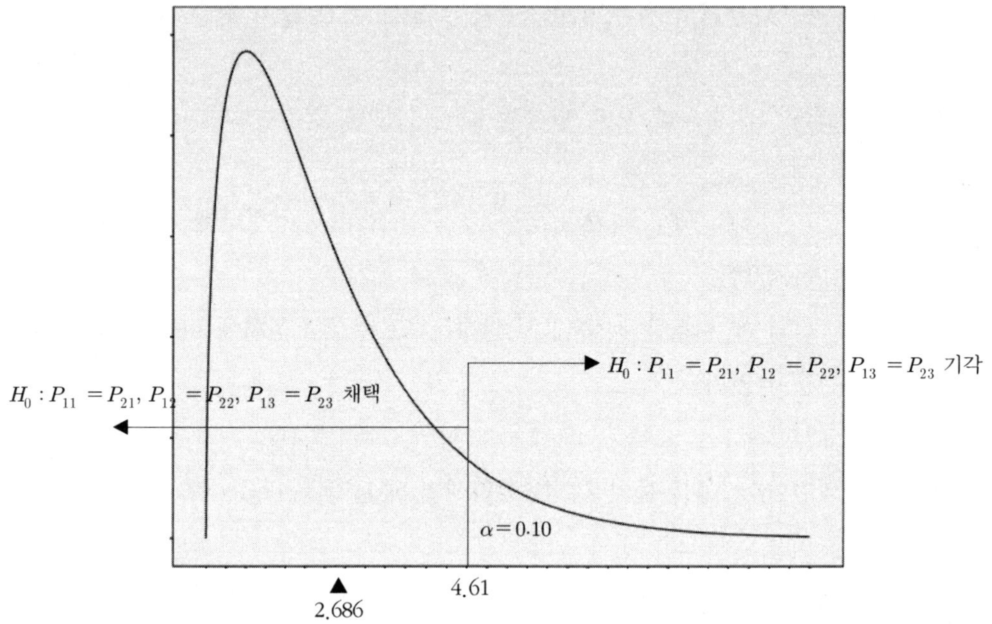

⑤ 검정통계량의 계산:

Pearson 카이제곱 통계량의 계산

$$\chi^{2*} = \sum_{i=1}^{2}\sum_{j=1}^{3}\frac{(o_{ij}-e_{ij})^2}{e_{ij}} = \frac{(8-10.4)^2}{10.4} + \frac{(11-9.8)^2}{9.8} + \frac{(7-5.9)^2}{5.9} + \frac{(8-5.6)^2}{5.6} + \frac{(4-5.3)^2}{5.3} + \frac{(2-3.2)^2}{3.2} \cong 2.686$$

⑥ 판정: $\chi^{2^*} = 2.686 \leq 4.61$ 이므로 유의수준 10%에서 $H_0 : P_{11} = P_{21},\ P_{12} = P_{22},\ P_{13} = P_{23}$를 채택한다.

※ 또는 유의확률은 0.261으로서 유의수준 10%보다 크므로 $H_0 : P_{11} = P_{21}, P_{12} = P_{22}, P_{13} = P_{23}$를 채택한다.

⑦ 결론: 그러므로 학생들의 성별에 따라 등급의 비율이 다르지 않다.

⑧ "뷰어 화면"의 **"카이제곱 검정"** 표 아래의 주석(a)으로부터 **"5보다 작은 기대빈도"**를 가지는 셀은 1셀(16.7%)로서 **전체의 20%보다 작으므로 위의 검정결과는 타당한 결론이라고 말할 수 있다.** 즉, 위의 카이제곱 통계량을 사용한 두 변수의 동질성 검정은 타당한 결론이 된다.

연 습 문 제

1. "major_major_id_add_등급" 자료로부터 학생들의 주거형태와 성적 등급은 서로 관련이 있는지 유의수준 5%로 검정하여라. 가설, 검정통계량, 유의수준, 판정방법(기각역 결정), 검정통계량의 계산값, 유의확률, 결론을 모두 적어라. 그리고 검정결과 내린 결론이 타당한지 말하여라.

2. "major_major_id_add_등급" 자료로부터 본가에 거주하는 학생들을 제외한 학생들의 주거형태와 성적 등급은 서로 관련이 있는지 유의수준 5%로 검정하여라. 가설, 검정통계량, 유의수준, 판정방법(기각역 결정), 검정통계량의 계산값, 유의확률, 결론을 모두 적어라. 그리고 검정결과 내린 결론이 타당한지 말하여라.

3. "major_major_id_add_등급" 자료로부터 학생들의 소속 단과대학과 성적 등급은 서로 관련이 있는지 유의수준 5%로 검정하여라. 가설, 검정통계량, 유의수준, 판정방법(기각역 결정), 검정통계량의 계산값, 유의확률, 결론을 모두 적어라. 그리고 검정결과 내린 결론이 타당한지 말하여라.

4. "major_major_id_add_등급" 자료로부터 자연대학 학생들을 대상으로 하여 전공과 성적 등급은 서로 관련이 있는지 유의수준 5%로 검정하여라. 가설, 검정통계량, 유의수준, 판정방법(기각역 결정), 검정통계량의 계산값, 유의확률, 결론을 모두 적어라. 그리고 검정결과 내린 결론이 타당한지 말하여라.

5. "major_major_id_add_등급" 자료로부터 고향이 부산인 학생을 그룹 1, 고향이 부산이 아닌 학생들을 그룹 2로 분류한 다음, 그룹들과 성적 등급은 서로 관련이 있는지 유의수준 5%로 검정하여라. 가설, 검정통계량, 유의수준, 판정방법(기각역 결정), 검정통계량의 계산값, 유의확률, 결론을 모두 적어라. 그리고 검정결과 내린 결론이 타당한지 말하여라.

6. (5)번의 검정결과 그룹에 따라 어떤 특징이 있는지 설명하여라.

7. "major_major_id_add_등급" 자료로부터 IQ가 125부터 최고값까지를 그룹 A, 최저값부터 124까지를 그룹 B로 분류한 다음, 그룹들과 성적 등급은 서로 관련이 있는지 유의수준 5%로 검정하여라. 가설, 검정통계량, 유의수준, 판정방법(기각역 결정), 검정통계량의 계산값, 유의확률, 결론을 모두 적어라. 그리고 검정결과 내린 결론이 타당한지 말하여라.

8. "major_major_id_add_등급" 자료로부터 학생들의 소속 단과대학에 따라 성적 등급의 비율은 동질인지 유의

수준 10%로 검정하여라. 가설, 검정통계량, 유의수준, 판정방법(기각역 결정), 검정통계량의 계산값, 유의확률, 결론을 모두 적어라. 그리고 검정결과 내린 결론이 타당한지 말하여라.

9. "major_major_id_add_등급" 자료로부터 고향이 부산인 학생을 그룹 1, 고향이 부산이 아닌 학생들을 그룹 2로 분류한 다음, 그룹에 따라 성적 등급의 비율은 일정한지 유의수준 10%로 검정하여라. 가설, 검정통계량, 유의수준, 판정방법(기각역 결정), 검정통계량의 계산값, 유의확률, 결론을 모두 적어라. 그리고 검정결과 내린 결론이 타당한지 말하여라.

10. "major_major_id_add_등급" 자료로부터 IQ가 최저값부터 109까지를 그룹 1, 110부터 120까지를 그룹 2, 121부터 최고값까지를 그룹 3으로 분류한 다음, 단과대학에 따라 IQ의 그룹의 비율은 일정한지 유의수준 10%로 검정하여라. 가설, 검정통계량, 유의수준, 판정방법(기각역 결정), 검정통계량의 계산값, 유의확률, 결론을 모두 적어라. 그리고 검정결과 내린 결론이 타당한지 말하여라.

11. "major_major_id_add_등급" 자료로부터 IQ가 최저값부터 109까지를 그룹 1, 110부터 120까지를 그룹 2, 121부터 최고값까지를 그룹 3으로 분류한 다음, 성별에 따라 IQ의 그룹의 비율은 일정한지 유의수준 10%로 검정하여라. 가설, 검정통계량, 유의수준, 판정방법(기각역 결정), 검정통계량의 계산값, 유의확률, 결론을 모두 적어라. 그리고 검정결과 내린 결론이 타당한지 말하여라.

12. "major_major_id_add_등급" 자료로부터 IQ가 최저값부터 109까지를 그룹 1, 110부터 120까지를 그룹 2, 121부터 최고값까지를 그룹 3으로 분류한 다음, 성적의 등급에 따라 IQ의 그룹의 비율은 일정한지 유의수준 5%로 우도비 검정통계량을 사용하여 검정하여라. 가설, 검정통계량, 유의수준, 판정방법(기각역 결정), 검정통계량의 계산값, 유의확률, 결론을 모두 적어라. 그리고 검정결과 내린 결론이 타당한지 말하여라.

13. 300명의 학부모들을 랜덤으로 택한 다음, 부모들의 성별과 학생들의 체벌에 대한 의견에 따라 분류한 결과는 다음과 같다. 유의수준 5%를 사용하여 부모들의 성별과 체벌의 의견은 관련이 있는지 검정하여라. 가설, 검정통계량, 유의수준, 판정방법(기각역 결정), 검정통계량의 계산값, 유의확률, 결론을 모두 적어라.

		의견			합
		찬성	반대	무응답	
학부모	남	93	70	12	175
	여	87	32	6	125
합		180	102	18	300

※ 위의 자료를 분석하기 위하여 입력하는 방법은 다음과 같다.

① "변수 보기" 화면에 각각의 변수 이름과 도수를 입력한다.

② 변수 이름인 "의견"에 "찬성", "반대", "무응답" 대신에 "1찬성", "2반대", "3무응답"을 입력하는 이유는 "뷰어 화면"에 분할표가 출력될 때 "가나다" 순서가 아니라 "숫자"의 증가순서에 따라 위의 표와 같이

출력하기 위함이다.

	학부모	의견	도수
1	남	1찬성	93
2	남	2반대	70
3	남	3무응답	12
4	여	1찬성	87
5	여	2반대	32
6	여	3무응답	6

③ "변수 보기" 화면에서 "3무응답"이 모두 나타나기 위해서는 "너비"를 충분히 크게(여기서는 16으로 하였음) 해야 한다.

	이름	유형	너비	소수점이하자리	레이블	값	결측값	열	맞춤	측도	역할
1	학부모	문자	8	0		없음	없음	8	왼쪽	명목형	입력
2	의견	문자	16	0		없음	없음	8	왼쪽	명목형	입력
3	도수	숫자	8	0		없음	없음	8	오른쪽	척도	입력

④ 메뉴에서 [데이터 → 가중 케이스]를 누르고 나타나는 창에서 "◉ 가중 케이스 지정"을 선택한 다음 "빈도변수" 아래로 "도수"를 옮긴다.

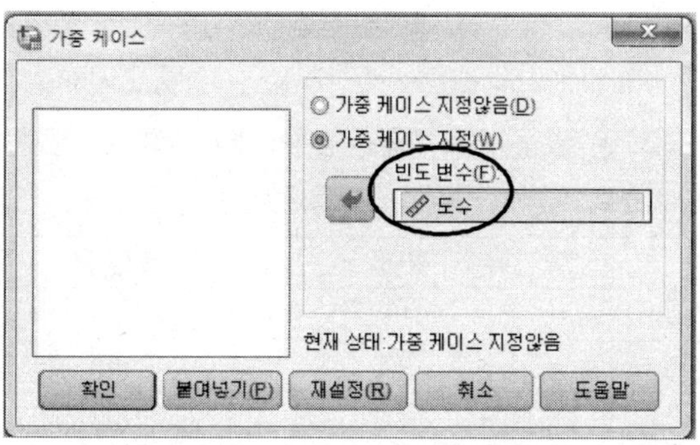

⑤ 분석을 위해서는 이전의 방법대로 메뉴에서 [분석 → 기술 통계량 → 교차분석]을 실행한다.

14. 수도권 지역의 150가구와 비수도권 지역 250가구를 랜덤하게 추출한 후 소득수준에 따라 분류하여 다음의 결과를 구하였다. 두 지역의 소득수준의 비율이 동일한지 유의수준 10%로 검정하여라. 가설, 검정통계량, 유의수준, 판정방법(기각역 결정), 검정통계량의 계산값, 유의확률, 결론을 모두 적어라.

		지역		합
		비수도권	수도권	
소득수준	고소득가구	70	34	104
	중소득가구	80	40	120
	저소득가구	100	76	176
합		250	150	400

15. 대학에서 최근에 있었던 학내행사에 학생들의 참여도가 별로 높지 않았다고 한다. 학생회에서는 학년에 따라 학생들의 행사참여도가 차이가 있는지 알아보기 위하여 각각 54, 46, 60, 40명을 랜덤으로 추출하여 행사참여 여부를 물었다. 참석한 학생들의 비율이 학년별로 동일한지를 유의수준 5%로 검정하여라. 가설, 검정통계량, 유의수준, 판정방법(기각역 결정), 검정통계량의 계산값, 유의확률, 결론을 모두 적어라.

	1학년	2학년	3학년	4학년
참석	6	14	13	7
불참	48	32	47	33
합	54	46	60	40

16. 다음의 분할표로부터 먹는 약의 형태에 대한 선호도와 나이의 독립성 여부를 유의수준 5%에서 검정하여라. 가설, 검정통계량, 유의수준, 판정방법(기각역 결정), 검정통계량의 계산값, 유의확률, 결론을 모두 적어라.

	캡슐형	정제형	합
20세~30세 미만	38	79	117
30세~50세 미만	87	118	205
50세 이상	78	89	167
합	203	286	489

17. 폐암환자 150명과 그렇지 않은 사람 150명에게 과거 흡연 여부를 조사하여 폐암환자의 흡연율과 비폐암환자의 흡연율이 동일한지 유의수준 5%로 가설을 검정하여라. 가설, 검정통계량, 유의수준, 판정방법(기각역 결정), 검정통계량의 계산값, 유의확률, 결론을 모두 적어라.

	흡연	비흡연	합
폐암 있음	117	33	150
폐암 없음	30	120	150
합	147	153	300

18. 한 사회학자가 도시에 따라 발생하는 범죄의 형태가 서로 같은지 다른지를 알아보기 위하여 연구하여 다음 결과를 구하였다. 유의수준 5%로 가설을 검정하여라. 가설, 검정통계량, 유의수준, 판정방법(기각역 결정), 검정통계량의 계산값, 유의확률, 결론을 모두 적어라. 그리고 검정결과 내린 결론이 타당한지 말하여라.

	강도·살인	폭력·절도	기타	합
도시 1	87	112	102	301
도시 2	77	184	98	359
도시 3	48	131	82	261
합	212	427	282	921

19. 다음은 월요일부터 금요일까지 어느 상담소에 걸려오는 전화의 통화수이다. SPSS를 사용하지 말고 계산기를 이용하여 유의수준 5%에서 각 요일에 상담소에 걸려오는 전화 통화의 수는 요일에 따라 일정한지 차이가 있는지 검정하여라. 가설, 검정통계량, 유의수준, 판정방법(기각역 결정), 검정통계량의 계산값, 유의확률, 결론을 모두 적어라.

요일	월	화	수	목	금
관측값	173	153	146	182	193

10장 상관분석

10.1 양의 상관

앞에서 입력한 "major_major_id_add" 자료로부터 학생들의 **키와 몸무게의 관련성**을 찾아보자.

(1) 우선 키와 몸무게의 관련성을 **그래프**로 작성함으로써 두 변수의 관련성을 이해한다.

(2) 메뉴에서 **[그래프 → 레거시 대화상자 → 산점도/점도표]**를 누른다.

(3) **"단순산점도"**가 선택된 상태에서 **"정의"**를 누른다.

(4) **"Y축"** 아래로 **"몸무게"**, **"X축"** 아래로 **"키"**를 옮기고 "확인"을 누른다.

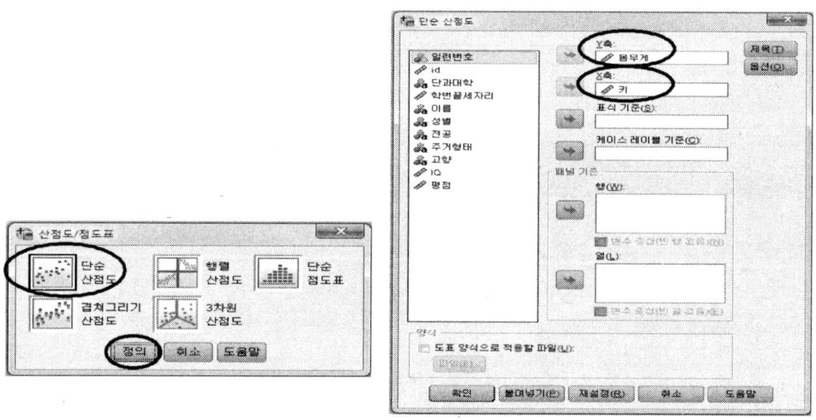

(5) "뷰어 화면"에 **"산점도"**가 나타난다.

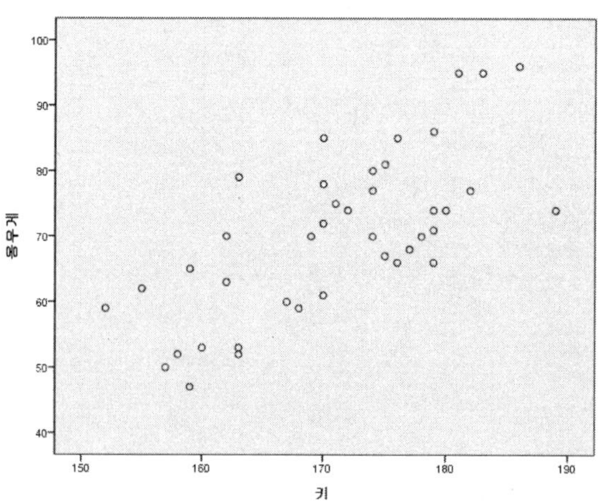

※ 키가 **증가하면** 몸무게도 **증가하는** 양상을 보인다(또는 키가 **감소하면** 몸무게도 **감소하는** 양상을 보인다). 그러므로 두 변수(키와 몸무게) 사이에는 **양의 상관관계**가 나타난다.

(6) 객관적인 분석을 위해서 **키와 몸무게의 표본 상관계수를 계산**한다.

① 메뉴에서 **[분석 → 상관분석 → 이변량 상관]**을 누른다.

② 나타나는 창에서 **"변수"** 아래로 **"키"**와 **"몸무게"**를 옮긴다.

③ **"옵션"**을 선택하고 나타나는 창에서 "**□ 평균과 표준편차**", "**□ 교차곱 편차와 공분산**"을 선택하고 "계속", "확인"을 누른다.

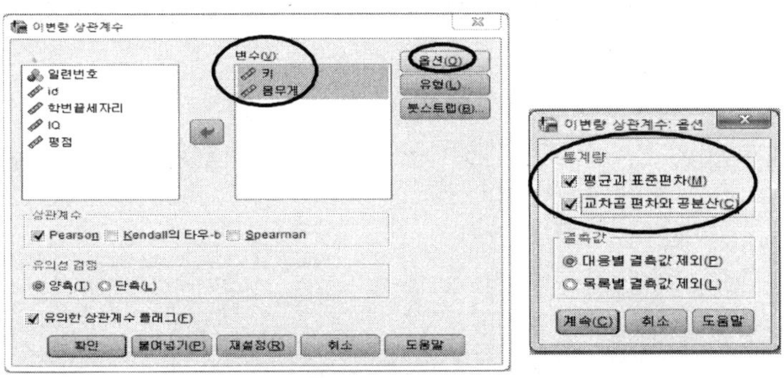

기술통계량

	평균	표준편차	N
키	170.90	9.092	40
몸무게	70.28	12.350	40

상관관계

		키	몸무게
키	Pearson 상관	1	.707**
	유의확률 (양측)		.000
	제곱합 및 교차곱	3223.600	3094.100
	공분산	82.656	79.336
	N	40	40
몸무게	Pearson 상관	.707**	1
	유의확률 (양측)	.000	
	제곱합 및 교차곱	3094.100	5947.975
	공분산	79.336	152.512
	N	40	40

**. 상관관계가 0.01 수준에서 유의합니다(양측).

④ **표본 상관계수**(Pearson product moment correlation coefficient: **두 변수가 모두 수치 자료**일 때 사용)의 계산은 다음과 같다:

$$r = Corr(X, Y) = \frac{Cov(X, Y)}{\sqrt{V(X)}\ \sqrt{V(Y)}} = \frac{79.336}{\sqrt{82.656}\ \sqrt{152.512}} = 0.707$$

상관계수는 -1부터 +1까지 값을 취하는데 여기서 두 변수의 상관계수는 0.707로서 +1에 가까운 값을 취하므로 키와 몸무게 사이에 **강한 양의 선형적 관련성**이 있다.

(7) 앞의 자료를 이용하여 키와 몸무게 사이의 **모집단 상관계수에 대한 가설검정**을 하자.

① 가설의 설정 $H_0 : \rho = 0$ (키와 몸무게 사이의 모집단 상관계수는 0이다.
⇔ 키와 몸무게는 관련이 없다.)

여기서 ρ는 키와 몸무게 사이의 모집단 상관계수

$H_a : \rho \neq 0$

② 검정통계량: $t^* = \dfrac{r - \rho_0}{\sqrt{\dfrac{1-r^2}{n-2}}}$ 여기서 ρ_0는 귀무가설의 $H_0 : \rho = \rho_0$에서 우변에 사용한 값

③ 유의수준의 결정: 유의수준 α는 5%를 사용한다.

④ 기각역의 결정:

t표로부터 $t_{(0.025\,:\,38)} = 2.025$이므로 $|t^*| > 2.025$이면 $H_0 : \rho = 0$을 기각한다.

$|t^*| \leq 2.025$이면 $H_0 : \rho = 0$을 채택한다.

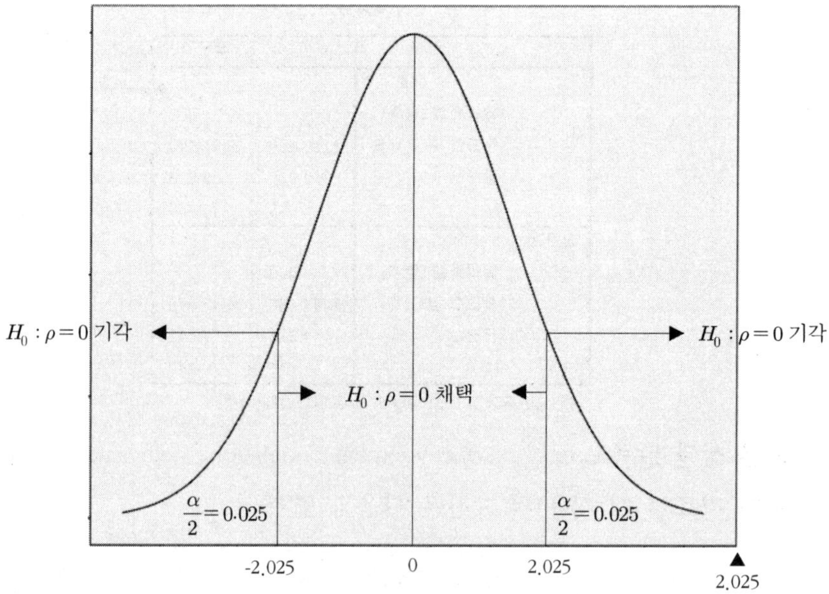

⑤ 검정통계량의 계산: $t^* = \dfrac{r-\rho_0}{\sqrt{\dfrac{1-r^2}{n-2}}} = \dfrac{0.707-0}{\sqrt{\dfrac{1-0.707^2}{40-2}}} = 6.163$,

※유의확률은 0.000이다.

⑥ 판정: $t^* = 6.163 > 2.025$이므로 유의수준 5%에서 H_0를 기각한다.

⑦ 결론: 그러므로 **키와 몸무게 사이에 통계적으로 유의한 상관관계가 존재한다.**

10.2 무상관

앞에서 입력한 "major_major_id_add" 자료로부터 학생들의 **몸무게와 IQ의 관련성**을 찾아보자.

(1) 우선 몸무게와 IQ의 관련성을 **그래프**로 작성한다.
(2) 메뉴에서 **[그래프 → 레거시 대화상자 → 산점도/점도표]**를 누른다.
(3) **"단순산점도"**가 선택된 상태에서 **"정의"**를 누른다.
(4) **"Y축"** 아래로 **"IQ"**, **"X축"** 아래로 **"몸무게"**를 옮기고 "확인"을 누른다.

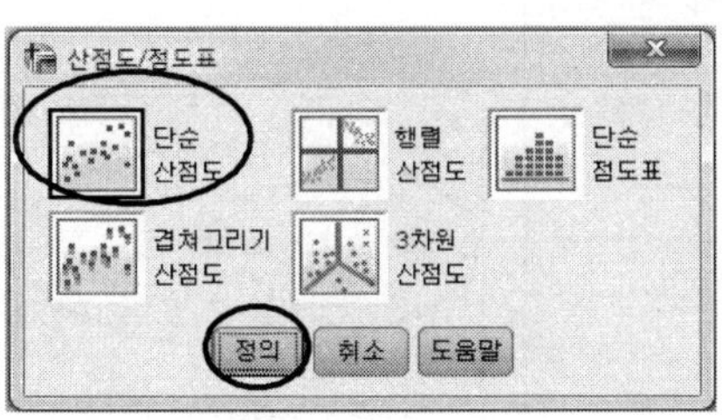

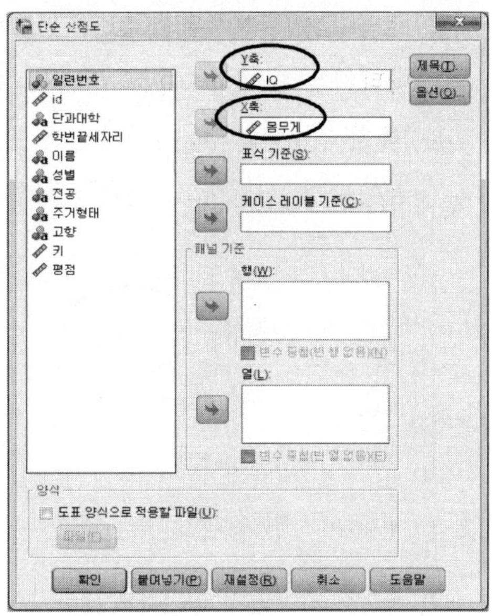

(5) "뷰어 화면"에 "산점도"가 나타난다.

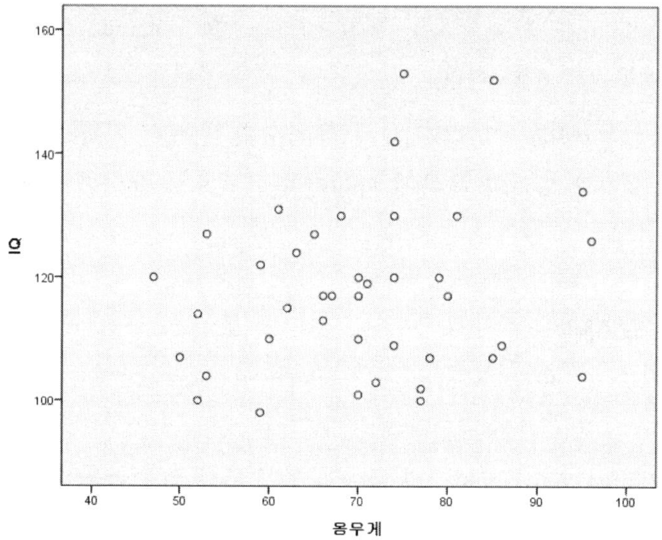

※ **몸무게의 변화와 관계없이 IQ가 다양하게 흩어져 있다.** 즉, 몸무게가 큰 경우에도 IQ가 높거나 낮은 경우가 있고 몸무게가 중앙에 위치한 경우에도 IQ가 높거나 낮은 경우가 나타나므로 **관련성을 찾기 어렵다.**

(6) **몸무게와 IQ의 상관계수를 계산**한다.

① 메뉴에서 [**분석 → 상관분석 → 이변량 상관**]을 누른다.

② 나타나는 창에서 **"변수"** 아래로 **"몸무게"**와 "IQ"를 옮긴다.

③ **"옵션"**을 선택하고 나타나는 창에서 "**□ 평균과 표준편차**", "**□ 교차곱 편차와 공분산**"을 선택하고 "계속", "확인"을 누른다.

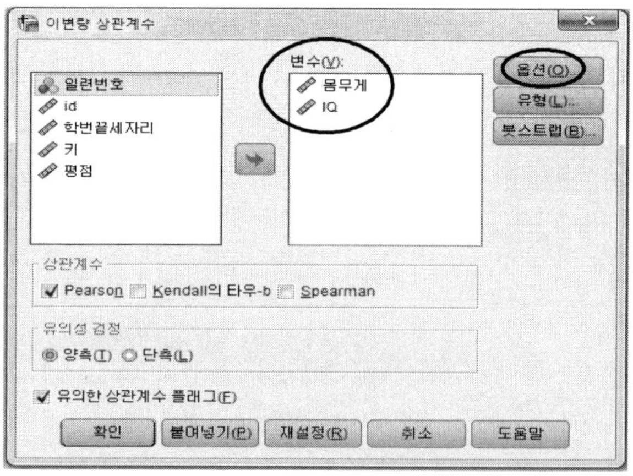

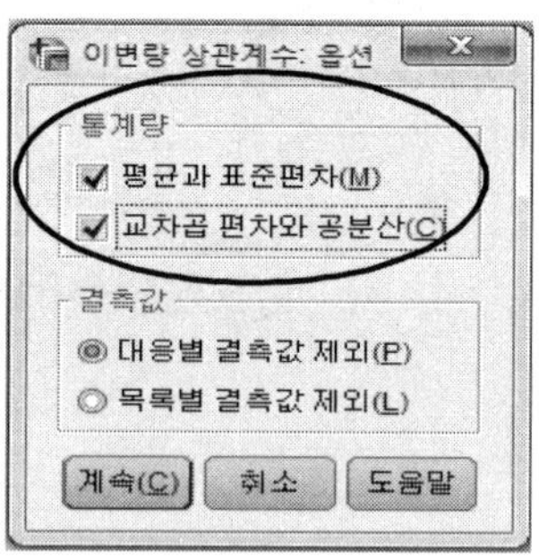

기술통계량

	평균	표준편차	N
몸무게	70.28	12.350	40
IQ	117.70	13.419	40

상관관계

		몸무게	IQ
몸무게	Pearson 상관	1	.197
	유의확률 (양측)		.223
	제곱합 및 교차곱	5947.975	1272.300
	공분산	152.512	32.623
	N	40	40
IQ	Pearson 상관	.197	1
	유의확률 (양측)	.223	
	제곱합 및 교차곱	1272.300	7022.400
	공분산	32.623	180.062
	N	40	40

④ **표본 상관계수**의 계산은 다음과 같다:

$$r = Corr(X,\ Y) = \frac{Cov(X,\ Y)}{\sqrt{V(X)}\ \sqrt{V(Y)}} = \frac{32.623}{\sqrt{152.512}\ \sqrt{180.062}} = 0.197$$

두 변수의 상관계수는 0.197로서 0에 가까운 값을 취하므로 몸무게와 IQ 사이에는 **선형적 관련성**이 거의 나타나지 않는다.

(7) 앞의 자료를 이용하여 몸무게와 IQ 사이의 **모집단 상관계수에 대한 가설검정**을 하자.

① 가설의 설정 $H_0 : \rho = 0$ (몸무게와 IQ 사이의 모집단 상관계수는 0이다.

⇔ 몸무게와 IQ는 관련이 없다.)

여기서 ρ는 몸무게와 IQ 사이의 모집단 상관계수

$$H_a : \rho \neq 0$$

② 검정통계량: $t^* = \dfrac{r - \rho_0}{\sqrt{\dfrac{1 - r^2}{n - 2}}}$

③ 유의수준의 결정: 유의수준 α는 5%를 사용한다.

④ 기각역의 결정:

t표로부터 $t_{(0.025\ :\ 38)} = 2.025$이므로 $|t^*| > 2.025$이면 $H_0 : \rho = 0$을 기각한다.

$|t^*| \leq 2.025$이면 $H_0 : \rho = 0$을 채택한다.

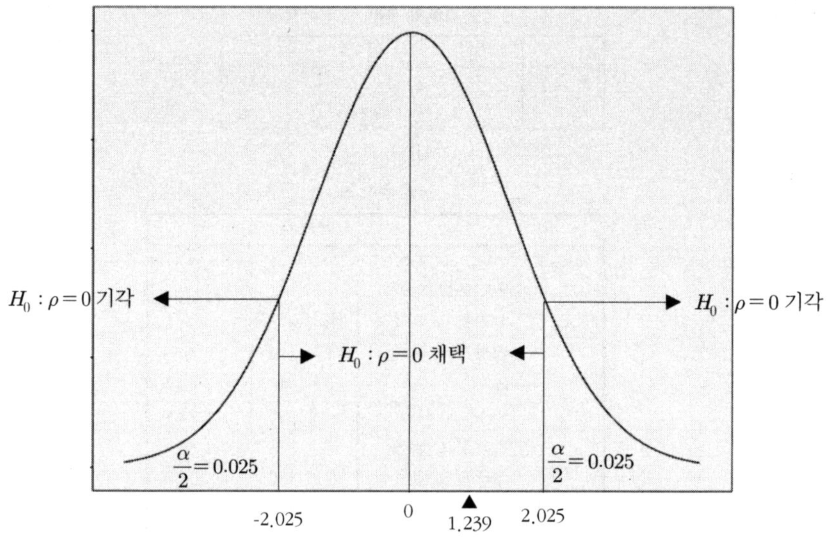

⑤ 검정통계량의 계산: $t^* = \dfrac{r-\rho_0}{\sqrt{\dfrac{1-r^2}{n-2}}} = \dfrac{0.197-0}{\sqrt{\dfrac{1-0.197^2}{40-2}}} = 1.239$,

※**유의확률**은 0.223이다.

⑥ 판정: $t^* = 1.239 \leq 2.025$이므로 유의수준 5%에서 H_0를 채택한다.

⑦ 결론: 그러므로 **몸무게와 IQ 사이에는 통계적으로 유의한 상관관계가 없다.**

10.3 음의 상관

다음은 랜덤으로 선발한 성인 10명의 수축기 혈압(mmHg)과 일일 평균 운동량(시간)을 나타낸 자료이다. **운동량과 혈압과의 관련성**을 찾자.

(1) "데이터 보기" 화면에 자료를 입력한다.

	혈압	운동량
1	135	.5
2	120	1.5
3	125	2.0
4	140	.3
5	135	.1
6	115	3.0
7	117	4.0
8	125	2.0
9	120	3.0
10	115	2.0

(2) 메뉴에서 **[그래프 → 레거시 대화상자 → 산점도/점도표]**를 누른다.

(3) **"단순산점도"**가 선택된 상태에서 **"정의"**를 누른다.

(4) **"Y축"** 아래로 **"혈압"**, **"X축"** 아래로 **"운동량"**을 옮기고 "확인"을 누른다.

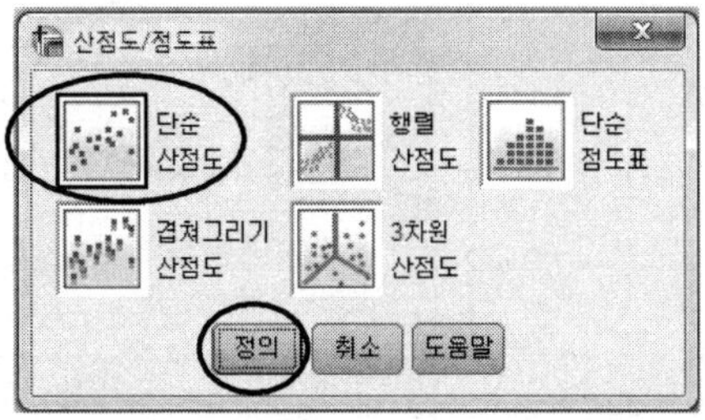

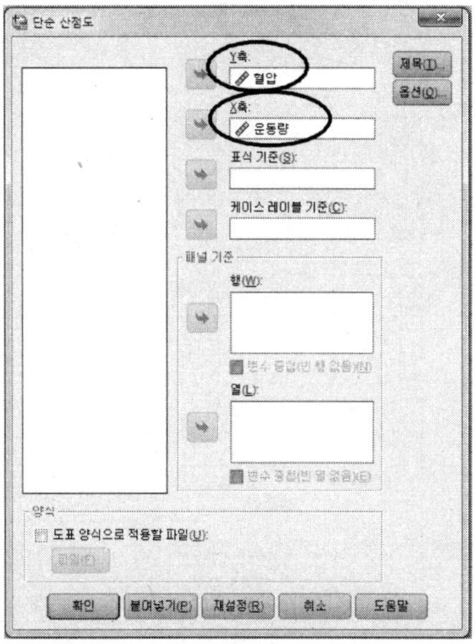

(5) "뷰어 화면"에 **"산점도"**가 나타난다.

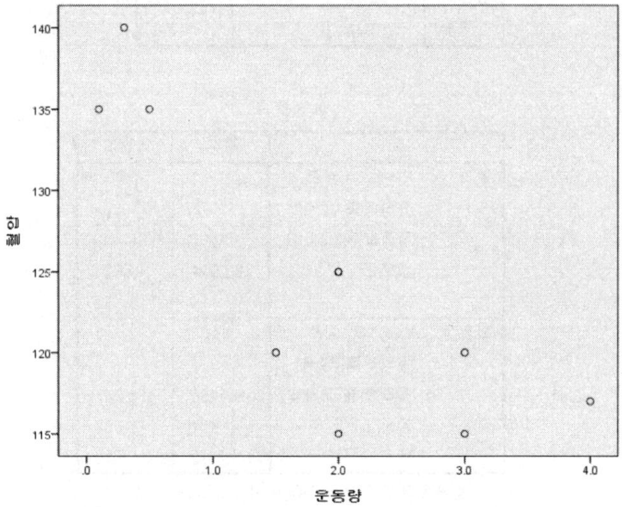

※ 운동량이 **증가하면** 혈압이 **감소하는** 양상을 보인다(또는 운동량이 **감소하면** 혈압이 **증가하는** 양상을 보인다). 그러므로 두 변수(운동량과 혈압) 사이에는 **음의 상관관계**가 나타난다.

(6) **운동량과 혈압과의 상관계수를 계산**한다.

① 메뉴에서 [**분석 → 상관분석 → 이변량 상관**]을 누른다.

② 나타나는 창에서 "**변수**" 아래로 "**혈압**"과 "**운동량**"을 옮긴다.

③ "**옵션**"을 선택하고 나타나는 창에서 "**□ 평균과 표준편차**", "**□ 교차곱 편차와 공분산**"을 선택하고 "계속", "확인"을 누른다.

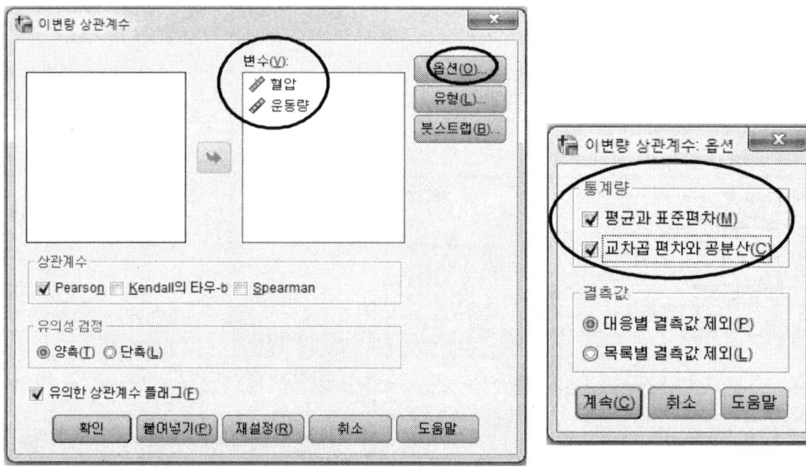

기술통계량

	평균	표준편차	N
혈압	124.70	9.056	10
운동량	1.840	1.2799	10

상관관계

		혈압	운동량
혈압	Pearson 상관	1	-.848**
	유의확률 (양측)		.002
	제곱합 및 교차곱	738.100	-88.480
	공분산	82.011	-9.831
	N	10	10
운동량	Pearson 상관	-.848**	1
	유의확률 (양측)	.002	
	제곱합 및 교차곱	-88.480	14.744
	공분산	-9.831	1.638
	N	10	10

**. 상관관계가 0.01 수준에서 유의합니다(양측).

④ **표본 상관계수**의 계산은 다음과 같다.

$$r = Corr(X,\ Y) = \frac{Cov(X,\ Y)}{\sqrt{V(X)}\ \sqrt{V(Y)}} = \frac{-9.831}{\sqrt{82.011}\ \sqrt{1.638}} = -0.848$$

두 변수의 상관계수는 -0.848로서 -1에 가까운 값을 취하므로 운동량과 혈압 사이에는 **매우 강한 음의 선형적 관련성**이 있다.

(7) 운동량과 혈압 사이의 **모집단 상관계수에 대한 가설검정**을 하자.

① 가설설정 H_0 : $\rho = 0$(운동량과 혈압 사이의 모집단 상관계수는 0이다.

⇔ 운동량과 혈압은 관련이 없다.)

여기서 ρ는 운동량과 혈압 사이의 모집단 상관계수

H_a : $\rho \neq 0$

② 검정통계량: $t^* = \dfrac{r - \rho_0}{\sqrt{\dfrac{1-r^2}{n-2}}}$

③ 유의수준의 결정: 유의수준 α는 5%를 사용한다.

④ 기각역의 결정:

t표로부터 $t_{(0.025\,:\,8)} = 2.306$이므로 $|t^*| > 2.306$이면 H_0 : $\rho = 0$을 기각한다.

$|t^*| \leq 2.306$이면 H_0 : $\rho = 0$을 채택한다.

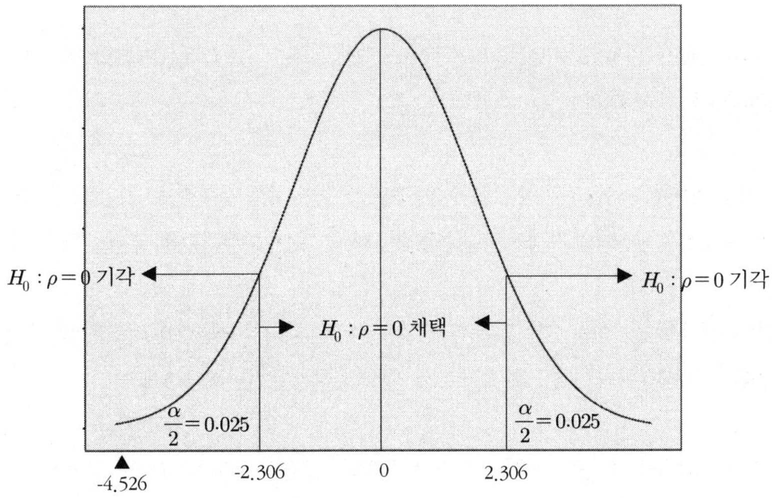

⑤ 검정통계량의 계산: $t^* = \dfrac{r - \rho_0}{\sqrt{\dfrac{1-r^2}{n-2}}} = \dfrac{-0.848 - 0}{\sqrt{\dfrac{1-(-0.848)^2}{10-2}}} = -4.526$,

※**유의확률**은 0.002이다.

⑥ 판정: $t^* = -4.526 \leq -2.306$이므로 유의수준 5%에서 H_0를 기각한다.

⑦ 결론: 그러므로 **운동량과 혈압 사이에는 통계적으로 유의한 상관관계가 존재한다.**

연 습 문 제

1. 앞의 "major_major_id_add" 자료로부터 학생들의 IQ(종속변수)와 키(독립변수)의 산점도를 그리고 두 변수의 상관계수를 계산하여라.

2. 1번 문제의 학생들의 IQ와 키의 모집단 상관계수가 0인지 유의수준 10%로 가설검정을 하여라. 가설, 검정통계량, 유의수준, 판정방법(기각역 결정), 검정통계량의 계산값, 유의확률, 결론을 모두 적어라.

3. 앞의 "major_major_id_add" 자료로부터 학생들의 평점(종속변수)과 키(독립변수)의 산점도를 그리고 두 변수의 상관계수를 계산하라.

4. 3번 문제의 학생들의 평점과 키의 모집단 상관계수가 0인지 유의수준 10%로 가설검정을 하여라. 가설, 검정통계량, 유의수준, 판정방법(기각역 결정), 검정통계량의 계산값, 유의확률, 결론을 모두 적어라.

5. 앞의 "major_major_id_add" 자료로부터 학생들의 평점(종속변수)과 IQ(독립변수)의 산점도를 그리고 두 변수의 상관계수를 계산하여라.

6. 5번 문제의 학생들의 평점과 IQ의 모집단 상관계수가 0인지 유의수준 1%로 가설검정을 하여라. 가설, 검정통계량, 유의수준, 판정방법(기각역 결정), 검정통계량의 계산값, 유의확률, 결론을 모두 적어라.

7. 5장에서 다룬 자료인 "학과_성별_몸무게" 자료로부터 34명의 학생들 가운데 남학생들의 멀리뛰기(종속변수)와 몸무게(독립변수)의 산점도를 그리고 두 변수의 상관계수를 계산하여라.

8. 7번 문제의 학생들의 남학생들의 멀리뛰기와 몸무게의 모집단 상관계수가 0인지 유의수준 5%로 가설검정을 하여라. 가설, 검정통계량, 유의수준, 판정방법(기각역 결정), 검정통계량의 계산값, 유의확률, 결론을 모두 적어라.

9. 5장에서 다룬 자료인 "학과_성별_몸무게" 자료로부터 34명의 학생들 가운데 여학생들의 멀리뛰기(종속변수)와 몸무게(독립변수)의 산점도를 그리고 두 변수의 상관계수를 계산하여라.

10. 9번 문제의 학생들의 여학생들의 멀리뛰기와 몸무게의 모집단 상관계수가 0인지 유의수준 5%로 가설검정을 하여라. 가설, 검정통계량, 유의수준, 판정방법(기각역 결정), 검정통계량의 계산값, 유의확률, 결론을 모두 적어라.

11. "학과_성별_몸무게" 자료로부터 34명 모든 학생들을 대상으로 멀리뛰기(종속변수)와 몸무게(독립변수)의 산점도를 그리고 두 변수의 상관계수를 계산하여라.

12. 11번 문제의 모든 학생들의 멀리뛰기와 몸무게의 모집단 상관계수가 0인지 유의수준 5%로 가설검정을 하여라. 가설, 검정통계량, 유의수준, 판정방법(기각역 결정), 검정통계량의 계산값, 유의확률, 결론을 모두 적어라.

13. 8장에서 사용한 자료인 "Reading"부터 "Understanding" 자료를 이용하여 Reading과 Writing의 산점도를 그리고 두 변수의 상관계수를 계산하여라.

14. 13번 문제에서 Reading과 Writing의 모집단 상관계수가 0인지 유의수준 5%로 가설검정을 하여라. 가설, 검정통계량, 유의수준, 판정방법(기각역 결정), 검정통계량의 계산값, 유의확률, 결론을 모두 적어라.

15. "Reading"부터 "Understanding" 자료를 이용하여 Reading과 Speaking의 산점도를 그리고 두 변수의 상관계수를 계산하여라.

16. 15번 문제에서 Reading과 Speaking의 모집단 상관계수가 0인지 유의수준 5%로 가설검정을 하여라. 가설, 검정통계량, 유의수준, 판정방법(기각역 결정), 검정통계량의 계산값, 유의확률, 결론을 모두 적어라.

17. "Reading"부터 "Understanding" 자료를 이용하여 Reading과 Understanding의 산점도를 그리고 두 변수의 상관계수를 계산하여라.

18. 17번 문제에서 Reading과 Understanding의 모집단 상관계수가 0인지 유의수준 5%로 가설검정을 하여라. 가설, 검정통계량, 유의수준, 판정방법(기각역 결정), 검정통계량의 계산값, 유의확률, 결론을 모두 적어라.

19. "Reading"부터 "Understanding" 자료를 이용하여 Writing과 Speaking의 산점도를 그리고 두 변수의 상관계수를 계산하여라.

20. 19번 문제에서 Writing과 Speaking의 모집단 상관계수가 0인지 유의수준 5%로 가설검정을 하여라. 가설, 검정통계량, 유의수준, 판정방법(기각역 결정), 검정통계량의 계산값, 유의확률, 결론을 모두 적어라.

21. "Reading"부터 "Understanding" 자료를 이용하여 Writing과 Understanding의 산점도를 그리고 두 변수의 상관계수를 계산하여라.

22. 21번 문제에서 Writing과 Understanding의 모집단 상관계수가 0인지 유의수준 5%로 가설검정을 하여라. 가설, 검정통계량, 유의수준, 판정방법(기각역 결정), 검정통계량의 계산값, 유의확률, 결론을 모두 적어라.

23. "Reading"부터 "Understanding" 자료를 이용하여 Speaking과 Understanding의 산점도를 그리고 두 변수의 상관계수를 계산하여라.

24. 23번 문제에서 Speaking과 Understanding의 모집단 상관계수가 0인지 유의수준 5%로 가설검정을 하여라. 가설, 검정통계량, 유의수준, 판정방법(기각역 결정), 검정통계량의 계산값, 유의확률, 결론을 모두 적어라.

25. 다음 X_1과 Y_1의 산점도를 작성하고 표본 상관계수를 계산하여라. 그리고 상관계수의 값이 왜 그런 값을 갖는지 그 이유를 설명하여라. 가설, 검정통계량, 유의수준, 판정방법(기각역 결정), 검정통계량의 계산값, 유의확률, 결론을 모두 적어라.

X_1	Y_1
1	2
2	5
5	10
7	15
10	17
12	16
15	11
17	6
20	1

26. 다음 X_2과 Y_2의 산점도를 작성하고 표본 상관계수를 계산하여라. 그리고 상관계수의 값이 왜 그런 값을 갖는지 그 이유를 설명하여라. 가설, 검정통계량, 유의수준, 판정방법(기각역 결정), 검정통계량의 계산값, 유의확률, 결론을 모두 적어라.

X_2	Y_2
5.0000	11
5.0000	16
5.0000	36
5.0000	78
5.0000	68
5.0000	21
5.0000	28
5.0000	39
5.0001	40
5.0000	99

27. 다음 X_3과 Y_3의 산점도를 작성하고 표본 상관계수를 계산하여라. 그리고 상관계수의 값이 왜 그런 값을 갖는지 그 이유를 설명하여라. 가설, 검정통계량, 유의수준, 판정방법(기각역 결정), 검정통계량의 계산값, 유의확률, 결론을 모두 적어라.

X_3	Y_3
1	1
2	3
3	6
4	7
5	9
6	15
7	19
8	24
9	28
10	35

28. 다음 X_4과 Y_4의 산점도를 작성하고 표본 상관계수를 계산하여라. 그리고 상관계수의 값이 왜 그런 값을 갖는지 그 이유를 설명하여라. 가설, 검정통계량, 유의수준, 판정방법(기각역 결정), 검정통계량의 계산값, 유의확률, 결론을 모두 적어라.

X_4	Y_4
1	35
2	28
3	24
4	19
5	15
6	9
7	7
8	6
9	3
10	1

29. 다음 X_5과 Y_5의 산점도를 그리고 표본 상관계수를 계산하여라. 그리고 상관계수의 값이 왜 그런 값을 갖는지 그 이유를 설명하여라. 가설, 검정통계량, 유의수준, 판정방법(기각역 결정), 검정통계량의 계산값, 유의확률, 결론을 모두 적어라.

X_5	Y_5
11	5.0000
16	5.0000
36	5.0000
78	5.0000
68	5.0000
21	5.0000
28	5.0000
39	5.0000
40	5.0001
99	5.0000

30. 다음 X_6과 Y_6의 산점도를 그리고 표본 상관계수를 계산하여라. 그리고 상관계수의 값이 왜 그런 값을 갖는지 그 이유를 설명하여라. 가설, 검정통계량, 유의수준, 판정방법(기각역 결정), 검정통계량의 계산값, 유의확률, 결론을 모두 적어라.

X_6	Y_6
1	16
2	3
3	1
4	20
5	30
6	21
7	9
8	7
9	26
10	6

11장 회귀분석

11.1 산점도와 회귀직선의 작성

앞에서 입력한 "major_major_id_add" 자료로부터 학생들의 **몸무게**(**종속**변수)를 예측하기 위하여 **키**(**독립**변수)를 사용한 **단순회귀모형**으로 가정하고 산점도를 작성하고 **추정회귀식**을 찾자.

(1) "데이터 보기" 화면에 "major_major_id_add" 자료를 부른다.

(2) 메뉴의 [분석 → 상관분석 → **이변량 상관**]을 눌러서 **"피어슨 상관계수"**를 계산한다.

상관관계

		키	몸무게
키	Pearson 상관	1	.707**
	유의확률 (양측)		.000
	N	40	40
몸무게	Pearson 상관	.707**	1
	유의확률 (양측)	.000	
	N	40	40

**. 상관관계가 0.01 수준에서 유의합니다(양측).

※ 키와 몸무게의 피어슨 상관계수(표본 상관계수)는 +0.707이다.

(3) 메뉴의 [그래프 → 레거시 대화상자 → **산점도/점도표**]를 눌러서 산점도를 작성한다.

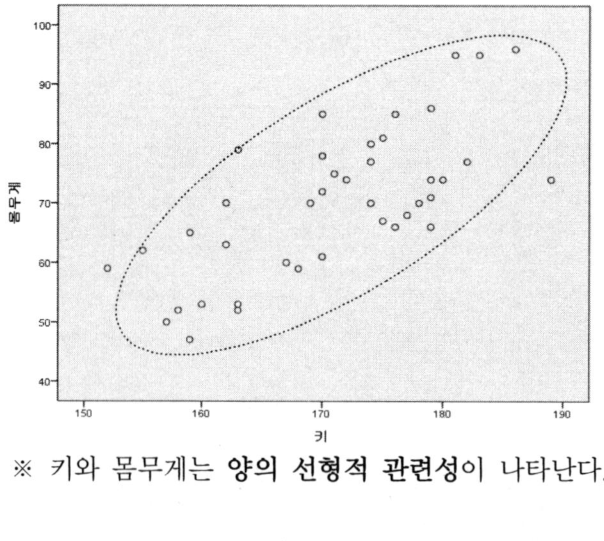

※ 키와 몸무게는 **양의 선형적 관련성**이 나타난다.

(4) 위에서 작성된 산점도에 **"회귀직선식"**을 그린다.

① "뷰어 화면"에 나타난 **"산점도"**를 **더블 클릭**한다.

② 나타나는 **"도표 편집기"** 화면에서 **[메뉴 → 요소 → 전체 회귀선 적합]**을 누른다.

③ 나타나는 **"특성"** 창에서 **"◉ 선형"**이 선택된 상태에서 "닫기", 도표 편집기의 대화상자를 닫는다.

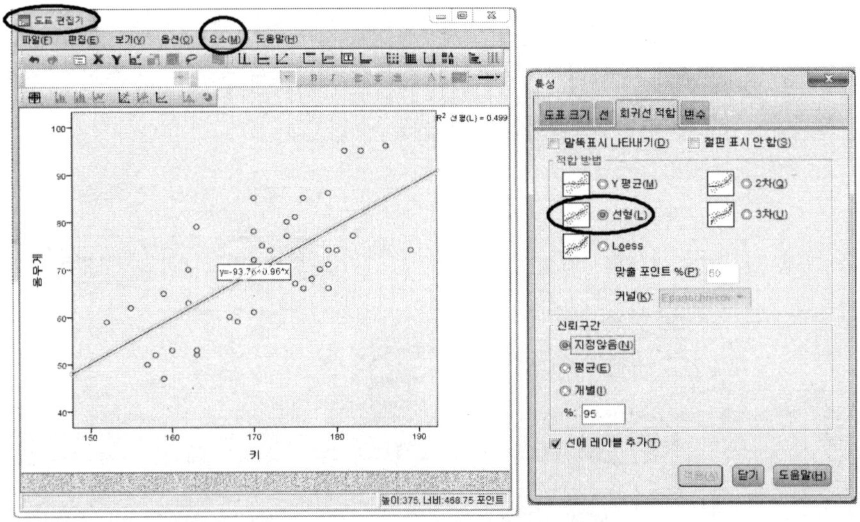

(5) "뷰어 화면"에 다음과 같이 회귀직선식이 완성된다.

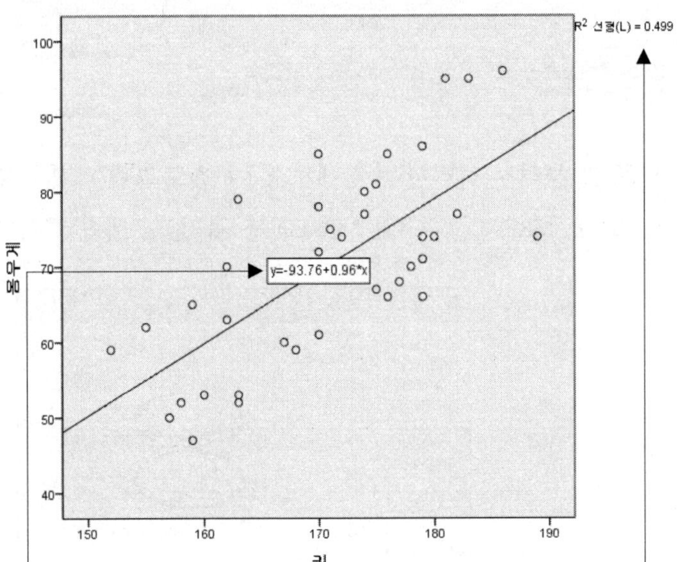

① 회귀직선식: $\hat{Y} = -93.76 + 0.96X$ 여기서 X: 키, Y: 몸무게를 의미한다.

② 결정계수: $R^2 = 0.499$(또는 49.9%)

11.2 단순회귀분석 및 추론

회귀분석식에 관한 구체적인 추론을 위하여 회귀분석을 실행한다.

(1) 메뉴에서 [**분석 → 회귀분석 → 선형**]을 누른다.

(2) 나타나는 창에서 **"종속변수"**에 **"몸무게"**, **"독립변수"**에 **"키"**를 옮긴다.

(3) **"저장"**을 눌러서 나타나는 창에서 **"예측값"**의 **"비표준화"**, **"표준화"**, **"잔차"**의 **"비표준화"**, **"표준화"**를 선택하고 "계속"을 누른다.

(4) **"도표"**를 눌러서 나타나는 창에서 **"☐ 히스토그램"**과 **"☐ 정규확률도표"**를 선택하고 **"Y"**에 **"*SRESID"**, **"X"**에 **"*ZPRED"**를 옮기고 "계속", "확인"을 누른다.

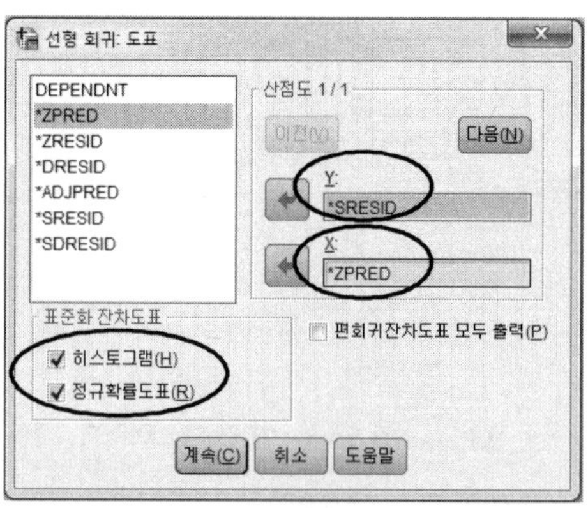

(5) "데이터 보기" 화면에 40개 각 값에 대한 **"비표준화된 예측값(PRE_1)"**, **"비표준화된 잔차값(RES_1)"**, **"표준화된 예측값(ZPR_1)"**, **"표준화된 잔차값(ZRE_1)"**이 나타난다.

예측값: $\hat{Y} = -93.76 + 0.96X = -93.76 + 0.96(155) \cong 55.04$, 잔차: $62 - 55.01374 = 6.98626$

키	몸무게	IQ	평점	PRE_1	RES_1	ZPR_1	ZRE_1
155	62	115	3.02	55.01374	6.98626	-1.74888	.78915
171	75	153	4.41	70.37098	4.62902	.01100	.52288
176	85	107	3.62	75.17012	9.82988	.56096	1.11036
170	72	103	3.75	69.41116	2.58884	-.09899	.29243

(6) "뷰어 화면"에는 회귀분석 결과에 따른 5개의 **"표"**와 함께 **"그래프"**들이 나타난다(잔차 통계량의 표는 생략).

입력/제거된 변수[a]

모형	입력된 변수	제거된 변수	방법
1	키[b]	.	입력

a. 종속변수: 몸무게

b. 요청된 모든 변수가 입력되었습니다.

모형 요약[b]

모형	R	R 제곱	수정된 R 제곱	추정값의 표준오차
1	.707[a]	.499	.486	8.853

a. 예측자: (상수), 키

b. 종속변수: 몸무게

ANOVA[a]

모형		제곱합	자유도	평균제곱	F	유의확률
1	회귀	2969.802	1	2969.802	37.893	.000[b]
	잔차	2978.173	38	78.373		
	전체	5947.975	39			

a. 종속변수: 몸무게

b. 예측자: (상수), 키

계수[a]

모형		비표준화 계수		표준화 계수	t	유의확률
		B	표준오차	베타		
1	(상수)	-93.760	26.684		-3.514	.001
	키	.960	.156	.707	6.156	.000

a. 종속변수: 몸무게

① 단순회귀모형 $Y = \beta_0 + \beta_1 X + \epsilon$의 추정회귀직선식은 $\hat{Y} = \hat{\beta_0} + \hat{\beta_1} X = $ $\mathbf{-93.76 + 0.96X}$이 된다. 여기서 Y는 몸무게, X는 키를 의미한다.

② 회귀계수들의 추정값들은 **통계적으로 유의**하다(왜냐하면 이들의 유의확률은

모두 유의수준 1%보다 작다). 앞의 단순회귀모형에서 **회귀계수 β_1의 유의성(⇔ 몸무게는 키와 선형적 관련성이 있는가?)**을 **검정**한다.

(i) 가설의 설정: $H_0 : \beta_1 = 0$, $H_a : \beta_1 \neq 0$ (양쪽 검정)

(ii) 검정통계량: $t^* = \dfrac{\widehat{\beta_1} - \beta_{10}}{S.E.(\widehat{\beta_1})} = \dfrac{\widehat{\beta_1} - \beta_{10}}{\sqrt{\dfrac{MSE}{\Sigma(X_i - \overline{X})^2}}}$, 여기서 β_{10}는 $H_0 : \beta_1 = 0$ 에서 우변의 값을 의미한다.

(iii) 유의수준의 결정: 유의수준 α는 5%를 사용한다.

(iv) 기각역의 결정: t표로부터 $t_{(0.025\,:\,38)} = 2.024$이므로

$|t^*| > 2.024$이면 $H_0 : \beta_1 = 0$를 기각한다.

$|t^*| \leq 2.024$이면 $H_0 : \beta_1 = 0$를 채택한다.

(v) 검정통계량의 계산:

$$t^* = \frac{\widehat{\beta_1} - \beta_{10}}{S.E.(\widehat{\beta_1})} = \frac{0.96 - 0}{0.156} \cong 6.156$$

(vi) 판정: 검정통계량의 계산값, $t^* = 6.156 > 2.024$이므로 H_0를 기각한다(유의확률 0.000).

(vii) 결론: 그러므로 **몸무게는 키와 선형적 관련성이 있다는 충분한 통계적 증거가 있다.**

※ 같은 방법으로 절편인 회귀계수 β_0의 유의성을 검정할 수 있다.

③ **분산분석표(ANOVA)**로부터 키는 몸무게를 예측하는 유의한 독립변수임을 볼 수 있다.

④ 결정계수 $R^2 = 49.9\%$: **키는 몸무게 값들의 변동 가운데 49.9%를 설명**한다.

(7) "뷰어 화면"에 **"표준화된 잔차값(ZRE_1)"**들의 **"히스토그램"**과 **"정규 P-P 도표"**와 **"산점도"**가 나타난다.

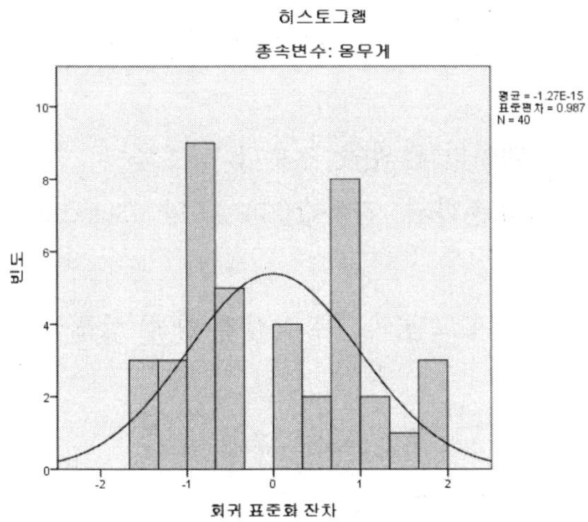

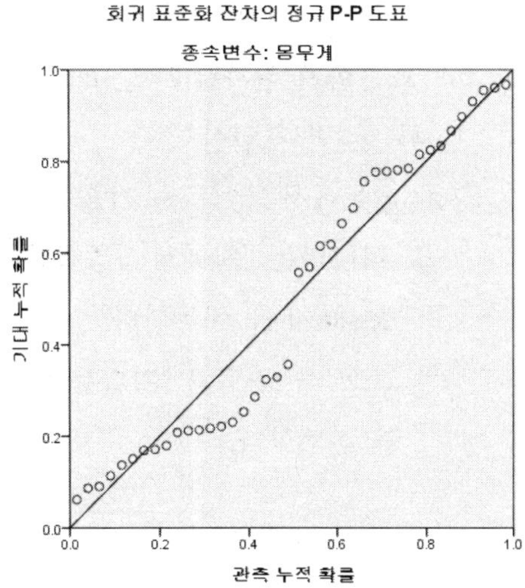

① **"표준화된 잔차값"**의 **"히스토그램"**은 중간 부분이 비어 있고 봉우리가 2개 나타나서 정규분포에서 약간 벗어난 모양을 하고 있다(이것은 40명이 남학생과 여학생의 두 집단으로 구성되었기 때문이다).

② **"표준화된 잔차값"**의 **"정규 P-P 도표"**도 점들이 45도 직선의 **중간 부분**에서 아래쪽과 위쪽으로 약간 벗어난 모습을 보인다.

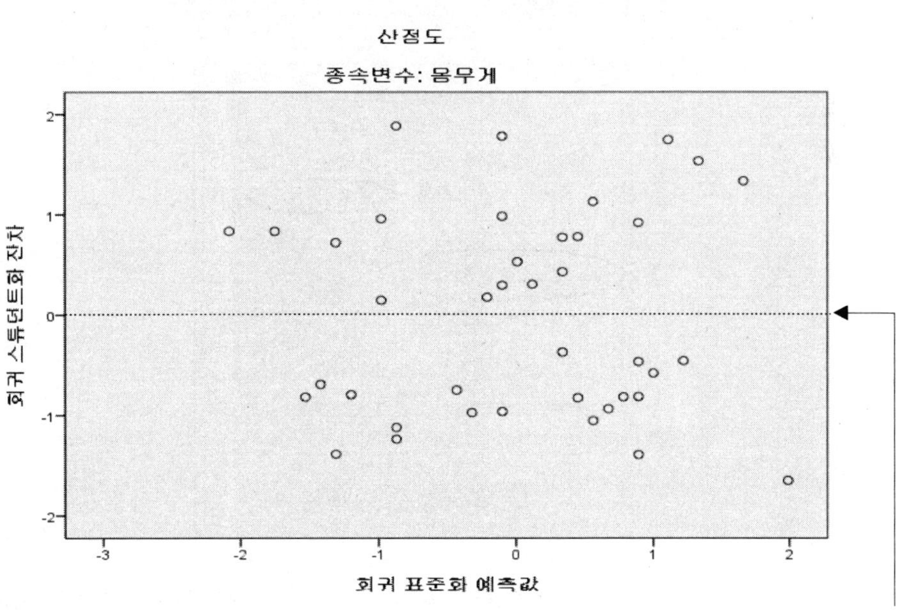

③ **"표준화된 잔차값"**의 **"산점도"**는 **"회귀스튜던트 잔차"**값이 **0인 지점에서 수평선을 그어보면** 그 수평선을 중심으로 ○으로 표시된 **"표준화된 잔차값"**들이

골고루 퍼져 있어 등분산의 모양을 보인다.

(8) **"표준화된 잔차값(ZRE_1)"**들이 정규분포를 하는지 **"데이터 탐색"**을 이용하여 다시 한 번 확인한다.

① 메뉴에서 [분석 → 기술통계량 → **데이터 탐색**]을 누른다.

② 나타나는 창에서 **"종속변수"**에 **"표준화된 잔차값(ZRE_1)"**인 "Standardized Residual"을 이동한다.

③ **"도표"**를 누르고 **"기술통계"**에서 **"히스토그램"**과 "☐ **검정과 함께 정규성도표**"를 선택한다.

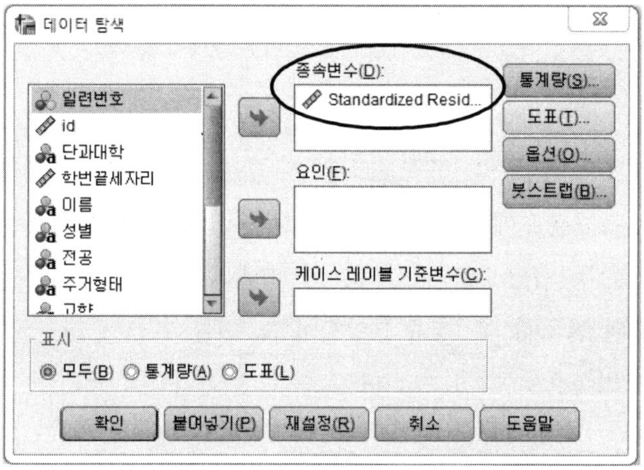

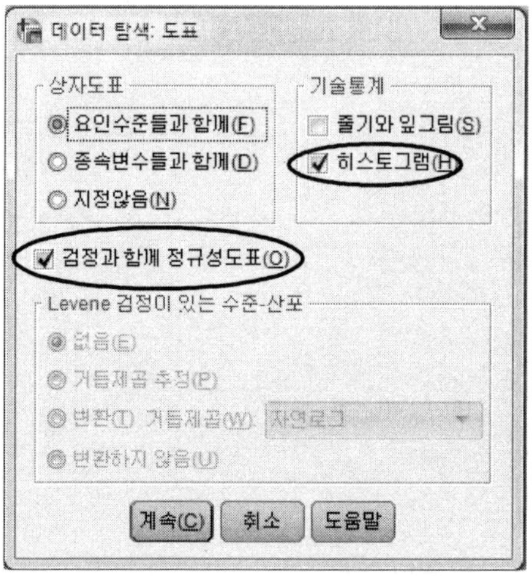

④ "뷰어 화면"에 "Standardized Residual"의 **정규성**을 확인할 수 있는 "Shapiro-Wilk **검정통계량의 계산값"**, **"히스토그램"**, **"정규 Q-Q 도표"**, **"상자그림"**들이 나타난다.

정규성 검정

	Kolmogorov-Smirnov[a]			Shapiro-Wilk		
	통계량	자유도	유의확률	통계량	자유도	유의확률
Standardized Residual	.150	40	.024	.932	40	.019

a. Lilliefors 유의확률 수정

※ **"표준화된 잔차값(ZRE_1)"**의 정규성 검정 결과, **"Shapiro-Wilk 검정통계량의 계산값"**에 대한 **유의확률이** 0.019라서 유의수준 5%를 기준으로 하면 "Standardized Residual"값들이 정규분포에서 벗어나지만, 유의수준 1%를 기준으로 하면 "Standardized Residual"값들이 정규분포에서 벗어나지 않는다고 말할 수 있다. 이와 유사하게 Kolmogorov-Smirnov 검정통계량의 유의확률도 0.024로서 5%와 1% 사이의 값이다.

Standardized Residual

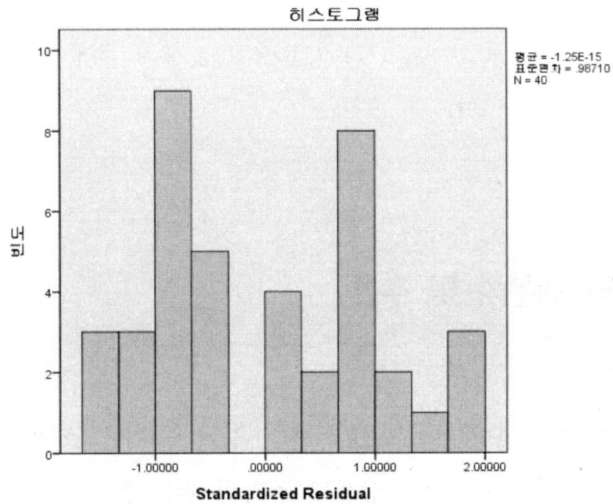

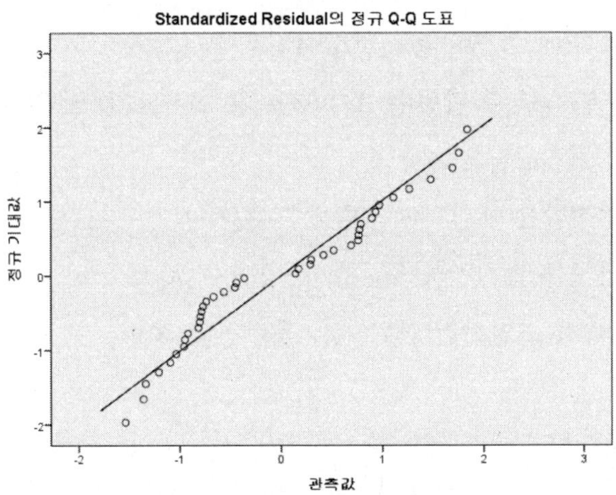

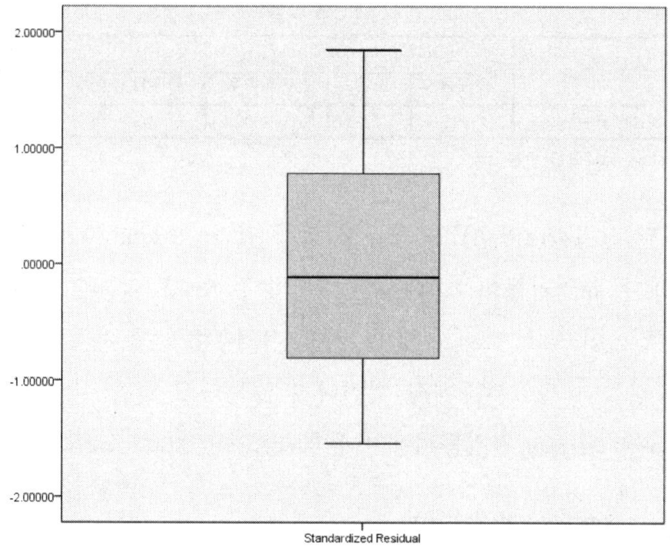

※ 위의 "**정규 Q-Q 도표**"는 앞의 회귀 표준화 잔차의 "**정규 P-P 도표**"와 "$Y = X$ 직선"에 대하여 **대칭이다.**

11.3 중회귀분석 및 추론

다음 자료를 사용하여 **아파트 가격(종속변수)을 예측**하기 위하여 선택한 **여러 독립변수들을 포함하는 중회귀모형**을 가정하고 **추정회귀함수**를 찾자. 각 자료의 값들은 다음을 의미한다.

아파트 가격(단위: 백만 원, 종속변수 Y),

아파트 크기(단위: m^2, 독립변수 X_1, 83 m^2은 25평, 109 m^2은 33평, 138 m^2은 42평, 172 m^2는 52평, 215 m^2는 65평),

주요 상급학교 진학률(단위: %, 독립변수 X_2),

대중교통시설까지 도달시간(단위: 분, 독립변수 X_3),

주요 편의시설까지 도달시간(단위: 분, 독립변수 X_4).

(1) 다음 자료를 "데이터 보기" 화면에 입력한다.

	가격	크기	진학률	대중교통	편의시설
1	150	83	88	17	20
2	200	83	89	10	15
3	130	83	85	13	17
4	280	109	91	10	10
5	240	109	89	13	15
6	300	109	93	11	9
7	370	138	88	8	9
8	390	138	91	6	8
9	400	138	94	7	15
10	470	172	88	6	7
11	490	172	91	5	6
12	450	172	93	9	12
13	560	215	97	4	13
14	540	215	90	5	5
15	520	215	96	10	9

(2) 메뉴의 [분석 → 상관분석 → **이변량 상관**]을 누르고, 나타나는 창의 **"변수"** 아래에 **모든 변수**를 이동시키고 "확인"을 눌러서 **"피어슨 상관계수"**를 계산한다.

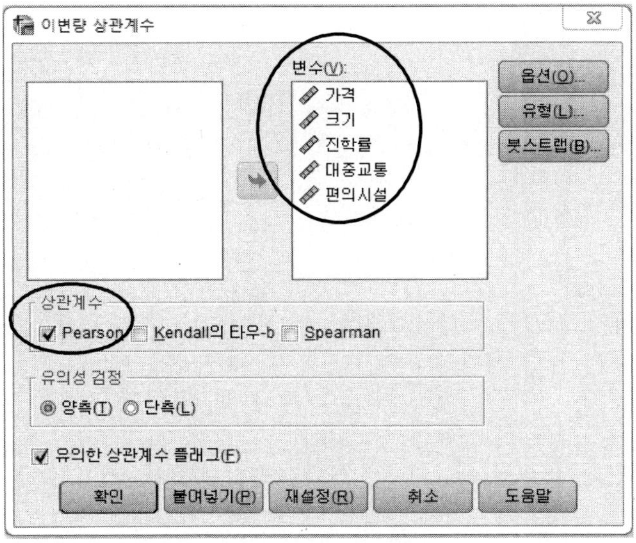

상관관계

		가격	크기	진학률	대중교통	편의시설
가격	Pearson 상관	1	.967**	.647**	-.836**	-.708**
	유의확률 (양측)		.000	.009	.000	.003
	N	15	15	15	15	15
크기	Pearson 상관	.967**	1	.614*	-.725**	-.623*
	유의확률 (양측)	.000		.015	.002	.013
	N	15	15	15	15	15
진학률	Pearson 상관	.647**	.614*	1	-.418	-.212
	유의확률 (양측)	.009	.015		.121	.449
	N	15	15	15	15	15
대중교통	Pearson 상관	-.836**	-.725**	-.418	1	.716**
	유의확률 (양측)	.000	.002	.121		.003
	N	15	15	15	15	15
편의시설	Pearson 상관	-.708**	-.623*	-.212	.716**	1
	유의확률 (양측)	.003	.013	.449	.003	
	N	15	15	15	15	15

**. 상관관계가 0.01 수준에서 유의합니다(양측).

*. 상관관계가 0.05 수준에서 유의합니다(양측).

(3) **"아파트 가격"**을 **"종속변수"**로 하고 나머지를 독립변수로 하여 아파트 가격과 각 독립변수들의 산점도를 그린다.

① 메뉴의 [그래프 → 레거시 대화상자 → **산점도/점도표**]를 누르고 **"단순산점도"**를 눌러서 **"Y축"**에 **"가격"**, **"X축"**에 다른 **독립변수**를 옮기고 "확인"을 눌러서 4개의 산점도를 작성한다.

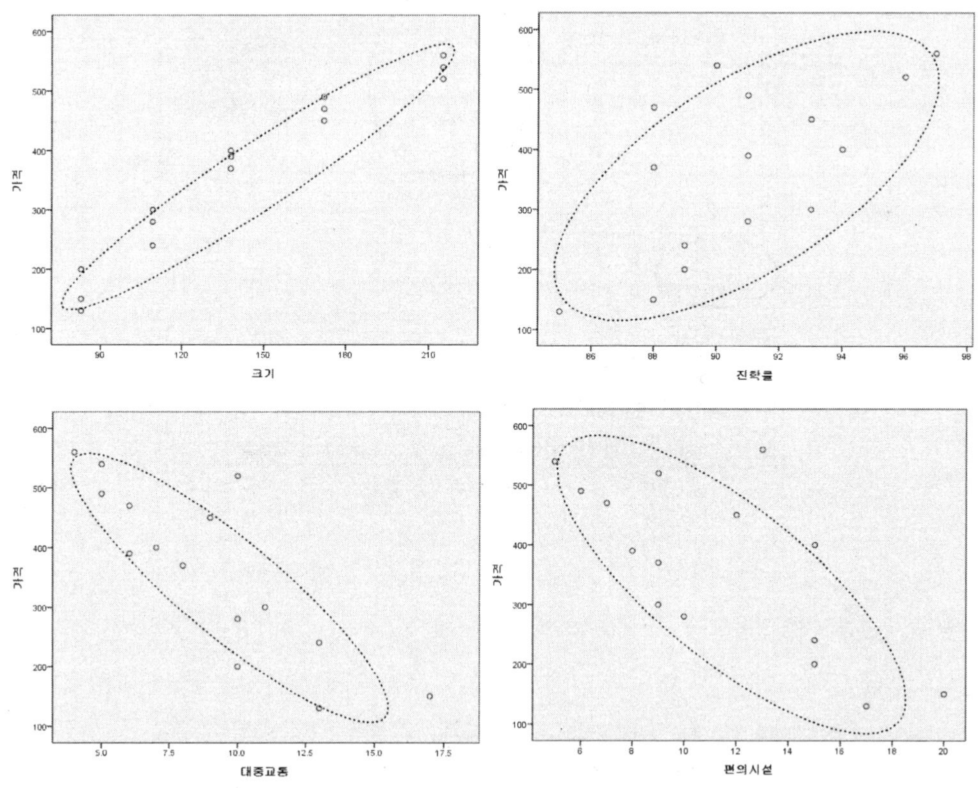

※ 아파트 가격과 선형적 관련성이 가장 큰 것은 아파트 크기(+0.967)이고, 가장 작은 것은 진학률(+0.647)이다.

+, - 부호와 관계없이 절대값이 1에 가까운 값이 상관관계가 큰 것을 의미한다.

② 또는 메뉴의 [그래프 → 레거시 대화상자 → **산점도/점도표**]를 누르고 **"행렬 산점도"**를 눌러서 **"행렬 변수"** 아래에 **모든 변수**들을 옮기고 "확인"을 눌러서 한 개의 **행렬 산점도**를 작성한다.

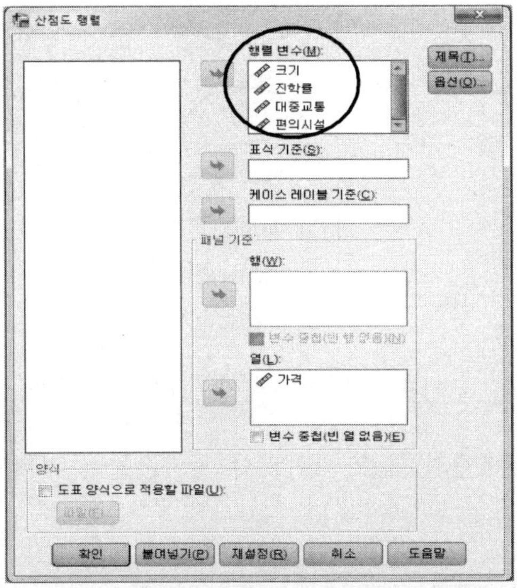

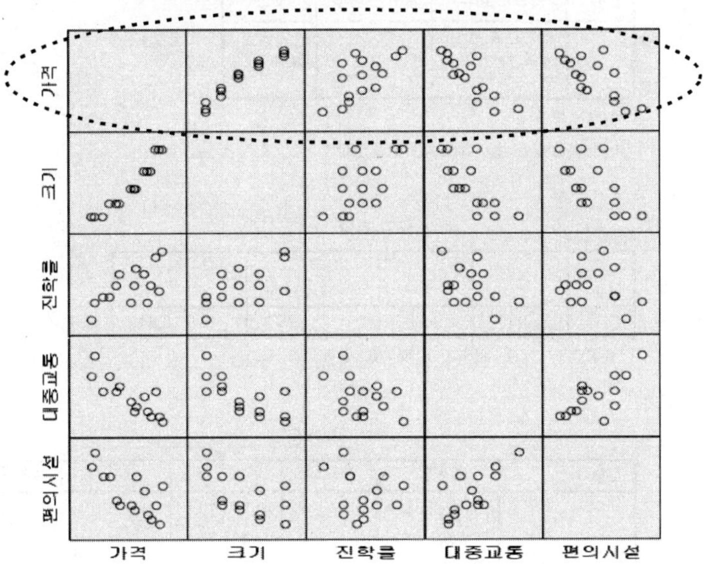

※ 원소가 산점도인 5행 5열의 행렬 산점도가 만들어진다. 제1행의 4개의 산점도는 앞의 "뷰어 화면"에 제시된 4개의 산점도를 나타낸다.

(4) 모든 독립변수(X_1, X_2, X_3, X_4)들을 사용하여 아파트 가격(Y)을 추정하기 위한 회귀식을 찾는다.

① 메뉴에서 [**분석 → 회귀분석 → 선형**]을 누른다.

② **"종속변수"**에 **"가격"**, **"독립변수"**에 4개의 독립변수를 모두 옮기고 "확인"을 누른다. 자동으로 모든 독립변수들이 입력된다.

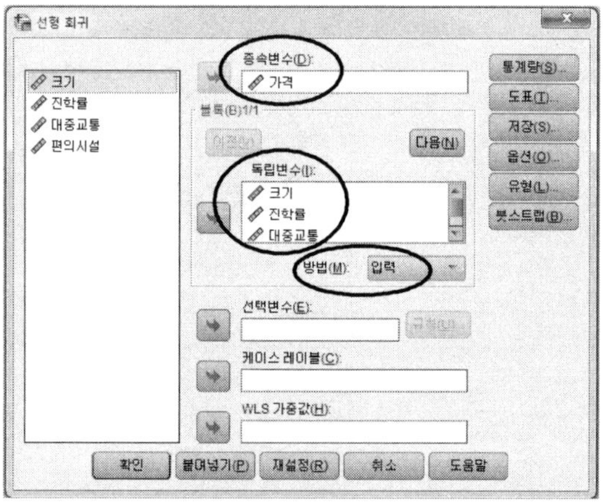

③ "뷰어 화면"에 4개의 표로 회귀분석 결과값들이 나타난다.

입력/제거된 변수[a]

모형	입력된 변수	제거된 변수	방법
1	편의시설, 진학률, 대중교통, 크기[b]	.	입력

a. 종속변수: 가격

b. 요청된 모든 변수가 입력되었습니다.

모형 요약

모형	R	R 제곱	수정된 R 제곱	추정값의 표준오차
1	.992[a]	.985	.979	20.850

a. 예측자: (상수), 편의시설, 진학률, 대중교통, 크기

ANOVA[a]

모형		제곱합	자유도	평균제곱	F	유의확률
1	회귀	279812.587	4	69953.147	160.908	.000[b]
	잔차	4347.413	10	434.741		
	전체	284160.000	14			

a. 종속변수: 가격

b. 예측자: (상수), 편의시설, 진학률, 대중교통, 크기

계수[a]

모형		비표준화 계수 B	비표준화 계수 표준오차	표준화 계수 베타	t	유의확률
1	(상수)	-289.408	190.197		-1.522	.159
	크기	1.945	.205	.657	9.466	.000
	진학률	5.470	2.257	.126	2.423	.036
	대중교통	-9.047	2.583	-.230	-3.502	.006
	편의시설	-3.506	1.955	-.108	-1.793	.103

a. 종속변수: 가격

④ 중회귀모형 $Y = \beta_0 + \beta_1 X_1 + \beta_2 X_2 + \beta_3 X_3 + \beta_4 X_4 + \epsilon$의

추정회귀함수는 $\hat{Y} = -289.4 + 1.9X_1 + 5.5X_2 - 9.0X_3 - 3.5X_4$가 된다. 여기서 Y는 아파트 가격, X_1은 아파트 크기, X_2는 진학률, X_3는 대중교통, X_4는 편의시설을 의미한다.

※ 그러나 모든 회귀계수들의 추정값이 **통계적으로 유의하지 않다**(왜냐하면 유의확률이 모두 유의수준 5% 또는 1% 보다 작지 않다. **편의시설의 유의확률은** 0.103).

⑤ 각 회귀계수들의 유의성($H_0 : \beta_i = 0$)을 $t^* = \dfrac{\widehat{\beta_1} - \beta_{10}}{S.E.(\widehat{\beta_1})}$ 검정통계량으로 **하나씩 검정**하여 **유의한 독립변수만 포함하는 회귀모형**을 찾을 수 있다. SPSS에서는 여러 가지 방법으로 회귀모형을 찾을 수 있으나 여기서는 "**단계적 선택**" 방법을 사용하자.

(i) 메뉴에서 [**분석 → 회귀분석 → 선형**]을 누른다.

(ii) "**종속변수**"에 "**가격**", "**독립변수**"에 4개의 독립변수를 **모두** 옮긴다.

(iii) "**방법**"에서 "**단계 선택**"을 선택하고 "확인"을 누른다.

(iv) "**옵션**"을 눌러서 "**독립변수**"가 회귀모형에 들어가는(**진입**) 기준으로는 "**F-확률사용**"(F검정통계량)의 유의확률이 0.05보다 작아야 하고, 회귀모형에서 나가는(**제거**) 기준으로는 "**F-확률사용**"(F검정통계량)의 유의확률이 0.10보다 커야 하는 것을 의미한다.

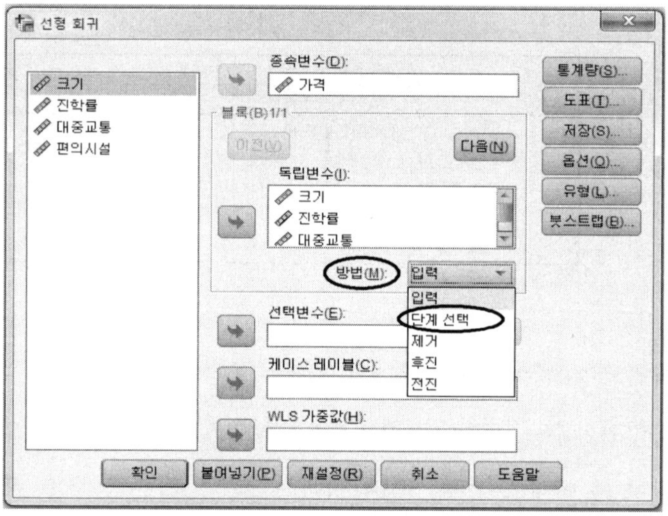
선형 회귀
종속변수(D):
가격
크기
진학률
대중교통
편의시설
블록(B)1/1
이전(V)
다음(N)
독립변수(I):
방법(M):
입력
단계 선택
제거
후진
전진
선택변수(E):
케이스 레이블(C):
WLS 가중값(H):
통계량(S)...
도표(T)...
저장(S)...
옵션(O)...
유형(L)...
붓스트랩(B)...
확인
붙여넣기(P)
재설정(R)
취소
도움말

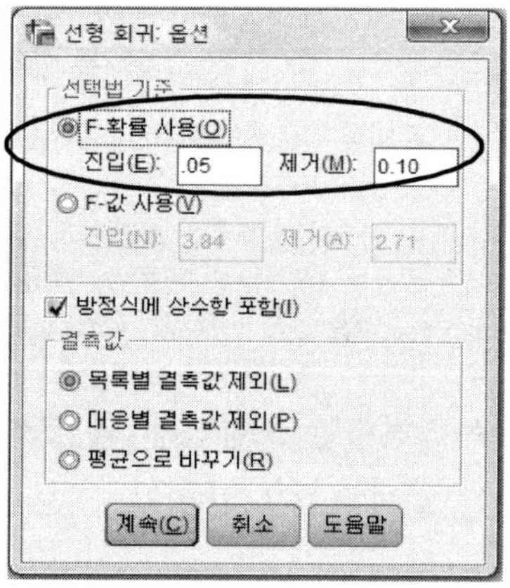
선형 회귀: 옵션
선택법 기준
F-확률 사용(O)
진입(E): .05
제거(M): 0.10
F-값 사용(V)
진입(N): 3.84
제거(A): 2.71
방정식에 상수항 포함(I)
결측값
목록별 결측값 제외(L)
대응별 결측값 제외(P)
평균으로 바꾸기(R)
계속(C)
취소
도움말

(v) "뷰어 화면"에 다음의 분석 결과가 나타난다.

입력/제거된 변수[a]

모형	입력된 변수	제거된 변수	방법
1	크기		단계선택 (기준: 입력에 대한 F의 확률 <= .050, 제거에 대한 F의 확률 >= .100).
2	대중교통		단계선택 (기준: 입력에 대한 F의 확률 <= .050, 제거에 대한 F의 확률 >= .100).

a. 종속변수: 가격

모형 요약

모형	R	R 제곱	수정된 R 제곱	추정값의 표준오차
1	.967[a]	.936	.931	37.397
2	.987[b]	.974	.969	24.943

a. 예측자: (상수), 크기

b. 예측자: (상수), 크기, 대중교통

ANOVA[a]

모형		제곱합	자유도	평균제곱	F	유의확률
1	회귀	265978.890	1	265978.890	190.182	.000[b]
	잔차	18181.110	13	1398.547		
	전체	284160.000	14			
2	회귀	276693.931	2	138346.965	222.361	.000[c]
	잔차	7466.069	12	622.172		
	전체	284160.000	14			

a. 종속변수: 가격

b. 예측자: (상수), 크기

c. 예측자: (상수), 크기, 대중교통

계수[a]

모형		비표준화 계수		표준화 계수	t	유의확률
		B	표준오차	베타		
1	(상수)	-44.767	31.312		-1.430	.176
	크기	2.864	.208	.967	13.791	.000
2	(상수)	141.472	49.499		2.858	.014
	크기	2.258	.201	.763	11.220	.000
	대중교통	-11.120	2.680	-.282	-4.150	.001

a. 종속변수: 가격

제외된 변수[a]

모형		베타 입력	t	유의확률	편상관계수	공선성 통계량
						공차
1	진학률	.086[b]	.965	.353	.268	.62
	대중교통	-.282[b]	-4.150	.001	-.768	.47
	편의시설	-.171[b]	-2.165	.051	-.530	.61
2	진학률	.099[c]	1.815	.097	.480	.62
	편의시설	-.065[c]	-.950	.363	-.275	.46

a. 종속변수: 가격

b. 모형내의 예측자: (상수), 크기

c. 모형내의 예측자: (상수), 크기, 대중교통

※ 위의 5개의 표에서 "모형 1"과 "모형 2"의 두 가지 모형이 적합되었다.

(a) "**모형** 1"의 결과로부터 처음으로 회귀모형에 진입한 독립변수는 "**아파트 크기**"인 X_1이다. 이때 적합된 추정회귀식은 $\hat{Y} = -44.8 + 2.9X_1$이다.

(b) "**모형** 2"의 결과로부터 두 번째로 회귀모형에 진입한 독립변수는 "**대중교통**"인 X_3이다. 적합된 추정회귀함수는 $\hat{Y} = -141.5 + 2.3X_1 - 11.1X_3$이다.

(c) "**단계 선택**"의 방법을 사용했을 때 중회귀모형에 진입 기준인 "**F-확률사용**"의 유의확률이 **0.05보다 작은 독립변수가 더 이상 없고**, 현재 중회귀모형에 있는 독립변수들은 제거 기준인 "**F-확률사용**"의 유의확률은 **0.10보다 큰 독립변수가 없으므로** "모형 2"에서 끝낸다.

(d) 그러므로 "단계적 선택" 방법으로 찾은 최종 추정회귀함수는 $\hat{Y} = -141.5 + 2.3X_1 - 11.1X_3$이다. "아파트 가격"의 변동의 97.4%를 "아파트 크기"와 "대중교통시설까지 도달시간"이 설명한다.

11.4 가변수를 이용한 회귀분석

다음은 랜덤으로 선택한 국내산 자동차와 외국산 자동차의 주행거리와 중고차 가격을 정리한 표이다. **국내산 차와 외국산 자동차 사이에 주행거리에 따른 중고차 가격에 차이가 있는지 가변수를 이용한 회귀모형**으로 확인하자. 표의 제품에서 D는 국내산 자동차, F는 외국산 자동차, 주행거리의 단위는 1,000 km, 자동차 가격의 단위는 만 원을 각각 의미한다.

(1) "데이터 보기" 화면에 다음과 같이 "Auto_price" 자료를 입력한다.

	제품	주행거리	가격
1	D	22	2900
2	D	35	2100
3	D	15	3400
4	D	65	1200
5	D	53	1800
6	F	27	3400
7	F	31	3100
8	F	20	4600
9	F	74	2000
10	F	49	2400

(2) 회귀모형에서 "**종속변수**"인 "**차 가격**"을 예측하기 위하여 "**주행거리**"를 "**독립변수**"로 사용한다.

(3) "**국내산 자동차**"인 "D"를 "1", "외국산 자동차"인 "F"를 "0"로 바꾸기 위하여 **새로운 변수로 변경**한다: 메뉴에서 [**변환 → 다른 변수로 코딩변경**]을 누른다.

(4) 나타나는 창에서 [**문자변수 → 출력변수**] 아래에 "제품"을 옮긴다. "**출력변수**"의 "**이름**" 아래에 "**제품2**"로 입력하고 "**변경**"을 누른다.

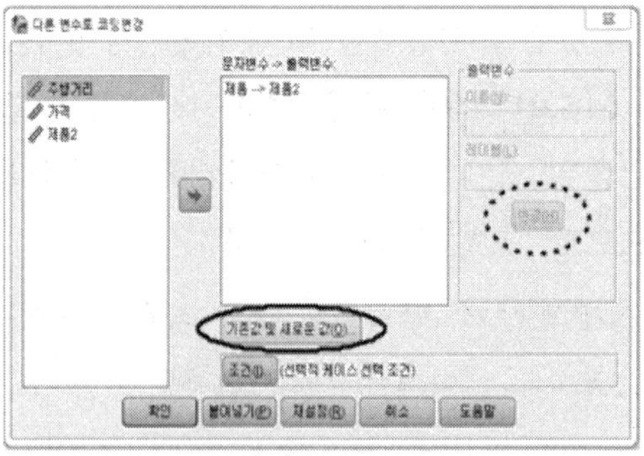

(5) “**기존값 및 새로운 값**”을 눌러서 나타나는 창에서 “**기존값**” 아래의 “◉ **값**” 아래에 “D”를 입력하고 “**새로운 값**” 아래의 “◉ **기준값**” 옆에 “1”을 입력하고 “**추가**”를 누른다. 같은 방법으로 “F”를 “0”으로 입력하고 “계속”, “확인”을 누른다.

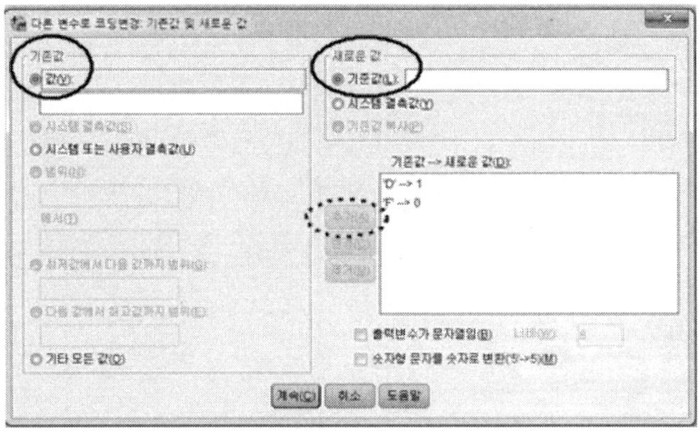

(6) 다음은 “데이터 보기” 화면에서 “**제품2**”의 “소수점이하자리”를 0, “열” 크기를 “8”로 조정한 결과이다.

	제품	주행거리	가격	제품2
1	D	22	2900	1
2	D	35	2100	1
3	D	15	3400	1
4	D	65	1200	1
5	D	53	1800	1
6	F	27	3400	0
7	F	31	3100	0
8	F	20	4600	0
9	F	74	2000	0
10	F	49	2400	0

(7) 메뉴의 [**그래프 → 레거시 대화상자 → 산점도/점도표 → 단순산점도**]를 눌러서 “**Y축**”에 “**가격**”, “**X축**”에 “**주행거리**”, “**표식기준**”에 “**제품2**”를 옮기고 “확인”을 누른다.

(8) "뷰어 화면"에 "**외국산 자동차**"는 "0", "**국내산 자동차**"는 "1"로 표시되어 "주행거리"와 "가격"의 산점도가 나타난다.

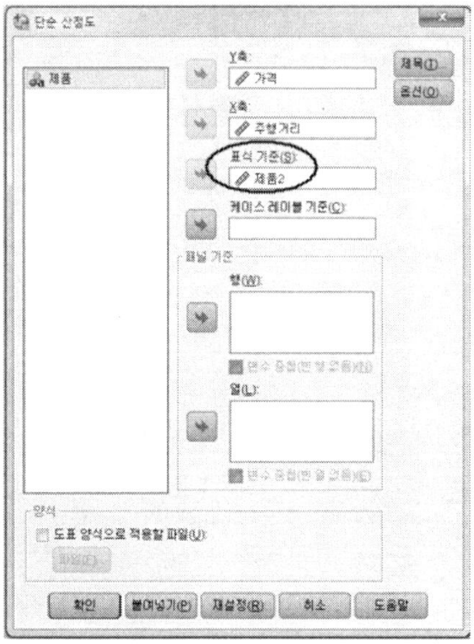

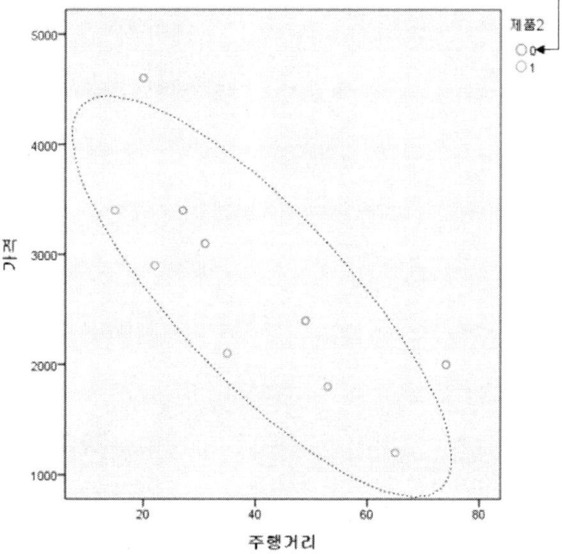

① 주행거리가 늘어남에 따라 자동차 가격은 낮아지는 **음의 선형적 관련성**이 나타난다.

② 같은 주행거리라고 할지라도 국내산 자동차의 가격이 외국산 차에 비하여 낮은 경향이 있어서 국내산 차와 외국산 차 사이에는 **가격의 차이**가 있어 보인다.

③ "도표 편집기"에서 **[메뉴 → 요소 → 부집단 회귀선 적합]**을 누르고 "특성" 창에서 **"◉ 선형"**이 선택된 상태에서 "적용"을 누르고 도표 편집기의 대화상자를 닫는다.

(9) 산점도에 **제품에 따른** "**회귀직선식**"을 그린다.

① "뷰어 화면"에 나타난 "**산점도**"를 **더블 클릭**한다.

② 나타나는 "**도표 편집기**" 화면에서 "0"으로 표시된 "○"만 마우스로 **선택**한다.

③ 나타나는 "**특성**" 메뉴의 "**표식**"이 선택된 상태에서 "X"를 선택하고 "**색상**"에서 "□ **채움**"을 선택하고 "적용"을 누른다.

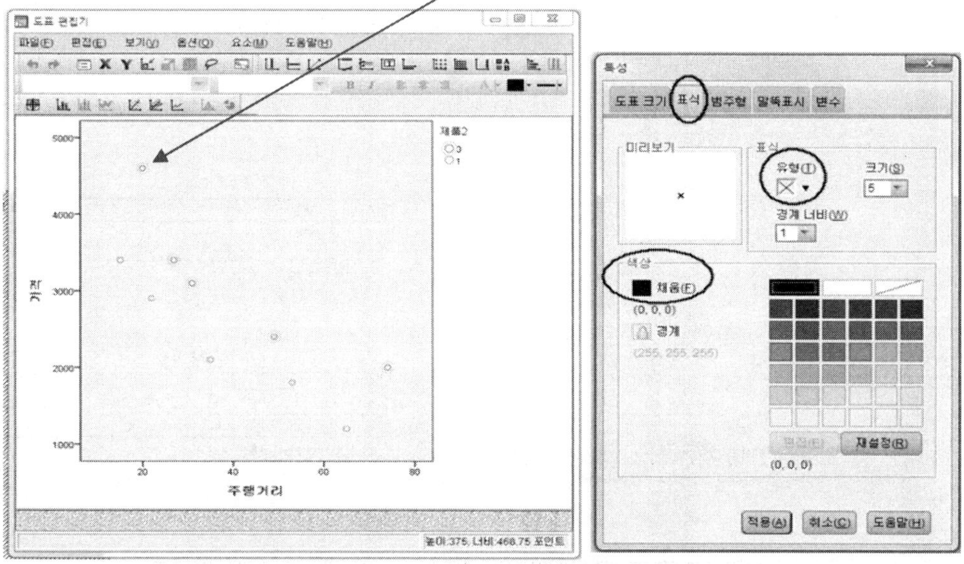

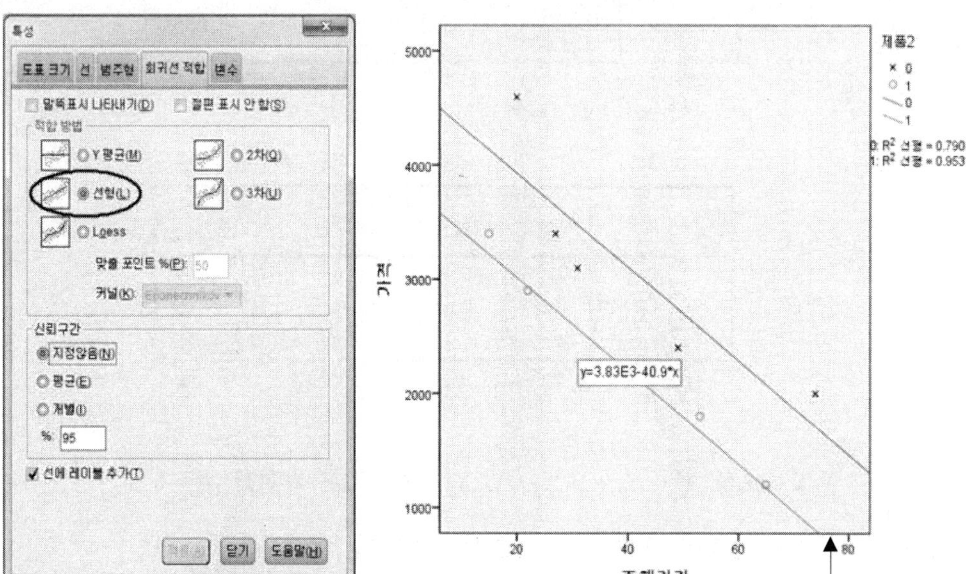

※ 산점도에 나타난 **2개**의 **추정회귀직선식**이 서로 평행하게 나타난다.

(10) 앞에서 찾은 2개의 추정회귀직선식이 통계적으로 의미가 있는지 보기 위하여 회귀분석을 실행한다.

① 메뉴에서 [**분석 → 회귀분석 → 선형**]을 누른다.

② 나타나는 창에서 "**종속변수**"에 "**가격**", "**독립변수**"에 "**주행거리**", "**제품2**"를 옮기고 "확인"을 누른다.

③ "뷰어 화면"에 회귀분석의 결과, 4개의 표가 나타난다.

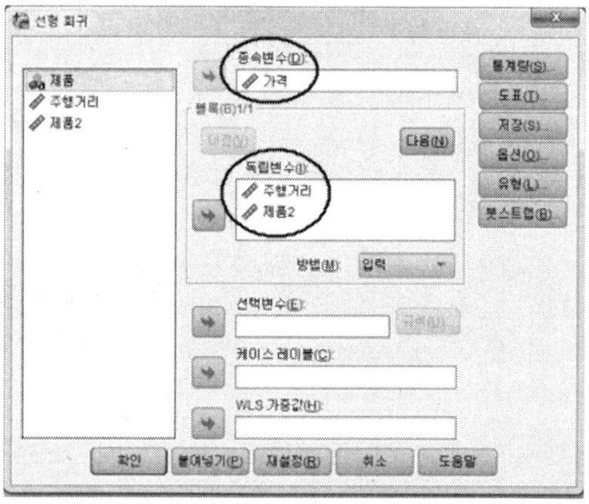

입력/제거된 변수[a]

모형	입력된 변수	제거된 변수	방법
1	제품2, 주행거리[b]	.	입력

a. 종속변수: 가격

b. 요청된 모든 변수가 입력되었습니다.

모형 요약

모형	R	R 제곱	수정된 R 제곱	추정값의 표준오차
1	.942[a]	.887	.855	376.430

a. 예측자: (상수), 제품2, 주행거리

ANOVA[a]

모형		제곱합	자유도	평균제곱	F	유의확률
1	회귀	7797102.674	2	3898551.337	27.513	.000[b]
	잔차	991897.326	7	141699.618		
	전체	8789000.000	9			

a. 종속변수: 가격

b. 예측자: (상수), 제품2, 주행거리

계수[a]

모형		비표준화 계수		표준화 계수	t	유의확률
		B	표준오차	베타		
1	(상수)	4749.010	302.225		15.713	.000
	주행거리	-41.020	6.244	-.836	-6.570	.000
	제품2	-910.244	238.471	-.485	-3.817	.007

a. 종속변수: 가격

④ 중회귀모형 $Y = \beta_0 + \beta_1 X_1 + \beta_2 X_2 + \epsilon$의 추정회귀함수는 $\hat{Y} = \hat{\beta_0} + \hat{\beta_1} X_1 + \hat{\beta_1} X_2 = 4749.0 - 41.0X_1 - 910.2X_2$가 된다.

여기서 Y는 차의 가격, X_1는 주행거리, 제품2인 $X_2 = \begin{cases} 1: \text{국내산 자동차} \\ 0: \text{외국산 자동차} \end{cases}$를 의미한다. 여기서 각 회귀계수의 추정값들은 모두 통계적으로 유의하다.

그러므로 **국내산 차**와 **외국산 차** 사이에 **주행거리**에 따른 **중고차 가격**에 **유의한 차이가 있고** "**국내산 자동차**"일 때 $X_2 = 1$을 위의 식에 대입하면 추정회귀직선식은 $\hat{Y} = 3838.8 - 41.0\,X_1$, "**외국산 자동차**"일 때 $X_2 = 0$을 위의 식에 대입하면 추정회귀직선식은 $\hat{Y} = 4749.0 - 41.0\,X_1$으로서 2개의 회귀직선식이 앞 페이지의 산점도에 각각 나타났다.

연 습 문 제

1. 앞의 "major_major_id_add" 자료로부터 학생들의 평점(종속변수)을 예측하기 위하여 IQ(독립변수)를 사용한 추정회귀직선식을 찾아라.

2. 1번 문제의 산점도를 그리고 그 산점도에 추정회귀직선식을 그려라.

3. 1번 문제에서 IQ(독립변수)는 유의한 독립변수인지 t^* 검정통계량을 사용하여 유의수준 1%로 검정하여라. 가설, 검정통계량, 유의수준, 판정방법(기각역 결정), 검정통계량의 계산값, 유의확률, 결론을 모두 적어라.

4. 1번 문제의 분석결과 계산된 결정계수를 적고 그 의미를 설명하라. 그리고 적절한 값인지 설명하여라.

5. 1번 문제의 분석결과를 이용하여 "뷰어 화면"에 "표준화된 잔차값(ZRE_1)"들의 "히스토그램"과 "정규 P-P 도표"와 "산점도"를 그려라. 그리고 잔차들이 정규분포를 하는지, 등분산을 하는지 설명하여라.

6. 1번 문제의 분석결과를 이용하여 "표준화된 잔차값(ZRE_1)"에 대한 상자그림을 그려라. 그리고 Shapiro-Wilk 검정통계량의 유의확률을 계산하고 잔차들이 정규분포를 하는지 설명하여라.

7. 5장에서 다룬 자료인 "학과_성별_몸무게" 자료로부터 학생들의 제자리 멀리뛰기를 예측하기 위하여 몸무게를 독립변수로 사용한 추정회귀직선식을 찾아라.

8. 7번 문제의 산점도를 그리고 그 산점도에 추정회귀직선식을 그려라.

9. 7번 문제에서 IQ(독립변수)는 유의한 독립변수인지 t^* 검정통계량을 사용하여 유의수준 1%로 검정하여라. 가설, 검정통계량, 유의수준, 판정방법(기각역 결정), 검정통계량의 계산값, 유의확률, 결론을 모두 적어라.

10. 7번 문제의 분석결과 계산된 결정계수를 적고 그 의미를 설명하여라. 그리고 적절한 값인지 설명하여라.

11. 7번 문제의 분석결과를 이용하여 "뷰어 화면"에 "표준화된 잔차값(ZRE_1)"들의 "히스토그램"과 "정규 P-P 도표"와 "산점도"를 그려라. 그리고 잔차들이 정규분포를 하는지, 등분산을 하는지 설명하여라.

12. 7번 문제의 분석결과를 이용하여 "표준화된 잔차값(ZRE_1)"에 대한 상자그림을 그려라. 그리고 Shapiro –Wilk 검정통계량의 유의확률을 계산하고 잔차들이 정규분포를 하는지 설명하여라.

13. 8장에서 사용한 자료인 "Reading"부터 "Understanding" 자료를 이용하여 Understanding을 예측하기 위하여 Reading을 독립변수로 사용한 추정회귀직선식을 찾아라.

14. 13번 문제의 산점도를 그리고 그 산점도에 추정회귀직선식을 그려라.

15. 13번 문제에서 IQ(독립변수)는 유의한 독립변수인지 t^* 검정통계량을 사용하여 유의수준 1%로 검정하라. 가설, 검정통계량, 유의수준, 판정방법(기각역 결정), 검정통계량의 계산값, 유의확률, 결론을 모두 적어라.

16. 13번 문제의 분석결과 계산된 결정계수를 적고 그 의미를 설명하여라. 그리고 적절한 값인지 설명하여라.

17. 13번 문제의 분석결과를 이용하여 "뷰어 화면"에 "표준화된 잔차값(ZRE_1)"들의 "히스토그램"과 "정규 P–P 도표"와 "산점도"를 그려라. 그리고 잔차들이 정규분포를 하는지, 등분산을 하는지 설명하여라.

18. 13번 문제의 분석결과를 이용하여 "표준화된 잔차값(ZRE_1)"에 대한 상자그림을 그려라. 그리고 Shapiro –Wilk 검정통계량의 유의확률을 계산하고 잔차들이 정규분포를 하는지 설명하여라.

19. 8장에서 사용한 자료인 "Reading"부터 "Understanding" 자료를 이용하여 Understanding을 예측하기 위하여 Reading, Writing, Speaking, Year, Train을 모두 독립변수로 사용한 추정회귀함수를 찾아라.
※ 문자변수 Train을 A→4, B→3, C→2, D→1의 수치변수 Train2로 변경한 후 회귀분석을 하여라.

20. 19번 문제에서 찾은 추정회귀함수로부터 유의하지 않은 독립변수들을 찾아라(유의수준은 5%를 사용할 것). 가설, 검정통계량, 유의수준, 판정방법(기각역 결정), 검정통계량의 계산값, 유의확률, 결론을 모두 적어라.

21. 19번 문제에서 독립변수의 선택방법으로 "단계 선택"을 사용하여 각 단계별 추정회귀함수와 최종 추정회귀함수를 적어라. F–확률사용의 진입과 제거 기준은 SPSS에 주어진 값을 사용하여라.

22. 19번 문제에서 독립변수의 선택방법으로 "전진"을 사용하여 각 단계별 추정회귀함수와 최종 추정회귀함수를 적어라. F–확률사용의 진입과 제거 기준은 SPSS에 주어진 값을 사용하여라.

23. 19번 문제에서 독립변수의 선택방법으로 "후진"을 사용하여 각 단계별 추정회귀함수와 최종 추정회귀함수를 적어라. F–확률사용의 진입과 제거 기준은 SPSS에 주어진 값을 사용하여라.

24. 21~23번 문제의 최종 추정회귀함수가 서로 차이가 있는지 같은지를 비교하고 설명하여라.

25. 8장에서 사용한 자료인 "Reading"부터 "Understanding" 자료를 이용하여 Understanding을 예측하기 위하여 Reading과 Gender(성별)를 독립변수로 사용한 2개의 추정회귀직선식을 찾아라.

26. 25번 문제의 분석결과 Gender(성별)는 유의한 독립변수인지 아닌지 설명하여라.

27. 앞의 "major_major_id_add" 자료로부터 학생들의 평점(종속변수)을 예측하기 위하여 IQ와 성별을 독립변수로 사용할 때 성별에 따른 IQ와 평점의 2개의 추정회귀직선식을 찾아라.

28. 27번 문제의 분석결과 성별은 유의한 독립변수인지 아닌지 설명하여라.

29. 다음 자료를 보고 산점도를 그려라. 그리고 산점도에서 추정회귀직선식을 그려라.

섭씨온도 X	와트 Y
30	600
32	700
34	940
29	400
36	910

30. 29번 문제에서 섭씨온도는 유의한 독립변수인지 t^* 검정통계량을 사용하여 유의수준 1%로 검정하여라. 가설, 검정통계량, 유의수준, 판정방법(기각역 결정), 검정통계량의 계산값, 유의확률, 결론을 모두 적어라.

31. 29번 문제의 분석결과 계산된 결정계수를 적고 그 의미를 설명하여라. 그리고 적절한 값인지 설명하여라.

32. 29번 문제의 분석결과를 이용하여 "뷰어 화면"에 "표준화된 잔차값(ZRE_1)"들의 "히스토그램"과 "정규 P-P 도표"와 "산점도"를 그려라. 그리고 잔차들이 정규분포를 하는지, 등분산을 하는지 설명하여라.

33. 29번 문제의 분석결과를 이용하여 "표준화된 잔차값(ZRE_1)"에 대한 상자그림을 그려라. 그리고 Shapiro-Wilk 검정통계량의 유의확률을 계산하고 잔차들이 정규분포를 하는지 설명하여라.

34. 다음 자료는 랜덤으로 선택한 부경대 통계학과 학생들의 토익점수(Y), 시험준비시간(X_1), 영어능력점수(100점 만점으로 계산한 점수, X_2), 성별(X_3)이다.

토익점수 Y	시험준비시간 X_1	영어능력점수 X_2	성별 X_3
850	120	92	여
910	150	90	남
750	100	70	여
690	70	60	남
800	110	70	남
790	115	75	남
810	90	80	여
730	100	65	여
790	130	82	남
630	50	62	여

35. 34번 문제에서 토익점수를 종속변수, 나머지를 독립변수로 하여 토익점수와 시험준비시간의 산점도와 토익점수와 영어능력점수의 산점도 2개를 작성하고 각각 산점도에서 상관계수를 계산하고 변수들의 관련성을 설명하여라.

36. 34번 문제에서 독립변수의 선택방법으로 "단계 선택"을 사용하여 각 단계별 추정회귀함수와 최종 추정회귀함수를 적고, 각 단계별 결정계수를 적고 그 의미를 설명하여라. SPSS에서 주어진 F-확률사용의 진입과 제거 기준을 사용하여라.

37. 34번 문제의 자료에서 토익점수를 종속변수, 영어능력점수와 성별만을 독립변수로 하여 남학생과 여학생의 추정회귀직선식을 찾아라.

38. 37번 문제에서 영어능력점수에 따른 토익점수가 남학생과 여학생 간에 유의한 차이가 나는지 검정하여라.

찾아보기

저자 소개

박 동 준
Arizona State University 응용통계학과 (이학박사)
현: 부경대학교 자연과학대학 통계학과 교수

윤 민
연세대학교 대학원 응용통계학과 (통계학박사)
현: 부경대학교 자연과학대학 통계학과 교수

SPSS(v.23)의 활용
통계 프로그래밍 실습

저 자 박동준·윤민
발 행 인 주정희
발 행 처 자유아카데미
주 소 경기도 파주시 회동길 37-42
파주출판도시
전 화 031-955-1321
팩 스 031-955-1322
홈페이지 www.freeaca.com
전자우편 main@freeaca.com (대표)
editor@freeaca.com (편집)
crm@freeaca.com (영업)
등 록 제406-2003-017호, 1980. 7. 12
제1판1쇄 2017년 8월 10일 발행
정 가 20,000원

저자와의
협의하에
인지생략

ISBN 979-11-5808-140-9 93310